Nadine Pungs

Frühling in Saudi-Arabien

Nadine Pungs

FRÜHLING IN SAUDI-ARABIEN

Begegnungen in einem
Land der Widersprüche

Mit 55 farbigen Abbildungen
und einer Karte

MALIK

Mehr über unsere Autorinnen, Autoren und Bücher:
www.malik.de

Wenn Ihnen dieses Buch gefallen hat, schreiben Sie uns unter Nennung des Titels »Frühling in Saudi-Arabien« an *empfehlungen@piper.de*, und wir empfehlen Ihnen gerne vergleichbare Bücher.

Von Nadine Pungs liegen im Malik Verlag und im Piper Verlag vor:
Das verlorene Kopftuch
Meine Reise ins Übermorgenland
Frühling in Saudi-Arabien
Nichtmuttersein

Unser Versprechen für mehr Nachhaltigkeit
Klimaneutrales Produkt
FSC®-zertifiziertes Papier
Hergestellt in Europa

FSC
www.fsc.org
MIX
Papier | Fördert gute Waldnutzung
FSC® C083411

ISBN 978-3-89029-552-7

Innenteilfotos: Nadine Pungs, außer im Bildteil S. 11 unten (Amal al-Hatim); S. 9 unten rechts, 12 Mitte und unten, 13 oben und 16 unten (Lutz Jäkel)
Ornament: Freepik
Karte: Marlise Kunkel, München
Satz: Satz für Satz, Wangen im Allgäu
Gesetzt aus der Minion und der Citrus Gothic
Litho: Lorenz & Zeller, Inning am Ammersee
Druck und Bindung: CPI books GmbH, Leck
Printed in the EU

Für die Girls von Riad, Dammam, Khobar, Hofuf,
Buraida, Nadschran, Dschidda

INHALT

VORWORT		9
ZWISCHEN VERGEHEN UND WERDEN		10
DAMMAM	الدمّام	11
KHOBAR	الخُبر	48
HOFUF	الهفوف	69
HA'IL	حائل	81
BURAIDA	بريدة	89
RIAD	الرياض	109
DIRIYAH	الدرعية	152
RIAD	الرياض	158
NADSCHRAN	نجران	173
ABHA	أبها	196
DSCHAZAN	جازان	203

FARASAN-INSELN جزر فرسان 213

HIDSCHAZ الحجاز 221

DSCHIDDA جدّة 228

MEDINA المَدِينَةُ المُنَوَّرَة 256

AL-'ULA العلا 264

RIAD الرياض 271

ZWISCHEN WERDEN UND VERGEHEN 273

DANK 277

GESCHENKE VON SAUDIS AN MICH 278

ANMERKUNGEN 280

QUELLENNACHWEIS DER ZITATE 282

LITERATUR 284

Lasst mich an einen fallenden Wassertropfen mich halten.

AISHA ARNA'UT

VORWORT

Dieses Buch ist kein Reiseführer. Eher ein Notizheft, eine Geschichtensammlung, in der es um Saudi-Arabien und die Menschen in Saudi-Arabien geht. Ich erzähle von normalen Frauen und Männern. Von ihren Hoffnungen. Von ihren Zerrüttungen. Von all den Vieldeutigkeiten, die ein Leben vielschichtig machen. Manche suchen das Glück, einige sehnen sich nach Liebe, andere zerbrechen am Dasein. Ein Streifblick auf allzu Menschliches. Und ja, das Buch handelt von Brüchen: von Umbrüchen, Abbrüchen, Ausbrüchen, Aufbrüchen. Davon, wie eine neue Welt entsteht. Und alte Überzeugungen nicht mehr überzeugen. Von einem Land, das den tiefgreifendsten Wandel seiner Historie durchlebt. Dazu Gedanken und Nebengeräusche, Seitenhiebe, Skurriles, Beobachtungen, Politisches, Miniaturen, Flunkereien, Heimlichkeiten und Alltägliches aus dem Fluss des Alltags; weniger wahr als wahrscheinlich. Das Schreckliche und das Schöne, Wunden und Wunderliches und alles andere. Aufgesammelt in den Monaten des Reisens. In einer Zeit zwischen dem Nicht-Mehr und dem Noch-Nicht. Letztlich ein Mosaik aus meinen Betrachtungen und Erinnerungen, die stets subjektiv bleiben müssen. Es ist ähnlich dem, wie der Maler Günther Uecker ehemals ein künstlerisches Experiment – einen »Blickversuch« – in der libyschen Wüste beschrieb: mit geöffneten Augen in die Sonne schauen, dabei das grelle Licht direkt einfallen lassen, bis es nicht mehr zu ertragen ist. Die Augen sodann schließen und die Bilder, welche bei geschlossenen Augen erscheinen, malen. So ist das Buch – ein Blickversuch.

ZWISCHEN VERGEHEN UND WERDEN

Risse im Asphalt. Wie Nervenbahnen, die aufeinander zulaufen, sich verbinden, auseinanderstieben. Ich hocke mich hin, zeichne die feinen Linien und Furchen mit meinem Zeigefinger nach, von rechts nach links, als würde ich eine fremde Schrift einüben. Die Fingerbeere erfühlt die Unebenheiten, kleine, spitze Sandkörner, die faltige Haut der Straße.

Die Bruchlinien erinnern an das Craquelé in einem Ölgemälde. In der Malerei entstehen die Risse durch das Nachlassen der Elastizität bei den verwendeten Bindematerialien. Diese können den Bewegungen des hölzernen oder textilen Untergrunds nicht mehr folgen. Die Farbschicht wird gezogen und gepresst, sie zersplittert, blättert ab. Es ist ein Angriff der Jetztzeit auf das Gestern. Werden und Vergehen.

Ähnliches geschieht mit Gewissheiten, zuweilen werden auch sie rissig. Widersprüche kommen auf. Ambiguitäten. Man kann die Vergänglichkeit beweinen. Allenfalls aushalten, was kommt. Oder man lässt sich erreichen. Gar berühren. Denn vielleicht gelangt durch die Risse das Licht hinein, bricht die Dunkelheit, und das Helle streift das Bodenlose. Werden und Vergehen und erneutes Werden.

Angenommen, der Bruch ist nicht das »Loch im Sein«, wie Sartre das Nichts beschrieb, sondern der Bruch ist ein Raum, der zwischen den Fragmenten liegt. Ein leerer Spielraum. Das Noch-nicht-Angefüllte, aus dem indes neue Bilder und neue Ausblicke erwachsen.

Welche Möglichkeiten wir doch hätten.

DAMMAM

الدمّام

Die nächste globale Renaissance in den kommenden dreißig Jahren wird im Nahen Osten sein, so Gott will.

KRONPRINZ MUHAMMAD BIN SALMAN

Februar 2020. Es regnete, als ich die Gangway hinabstieg, am Himmel zuckten Blitze. Ich wickelte mir den Schal um den Kopf, und doch war ich in diesem Moment sehr glücklich. Saudi-Arabien, endlich Saudi-Arabien! Eine Blackbox, unbekannt und unergründlich. Jahrzehntelang war der Golfstaat nahezu abgeriegelt. Eines der verschlossensten Länder der Welt, sechsmal so groß wie Deutschland. Einflüsse von auswärts nicht erwünscht und Tourismus nicht geboten. Nur Pilger, Gastarbeiter und Geschäftsleute erhielten auf Einladung und unter strengen Auflagen zeitweise Zutritt ins Königreich. Ein halbes Dutzend Bücher hatte ich bereits über dieses rätselhafte Land gelesen, war an dessen Rändern entlanggereist, blickte hinein und musste dennoch draußen bleiben. Jetzt öffnete Saudi-Arabien plötzlich seine Grenzen, vergibt seit 2019 Touristenvisa für jedermann und jederfrau.

Es war Nacht, als ich das Land zum ersten Mal betrat. Dass die Nachrichten von einem neuartigen Virus berichteten, welches soeben in China ausgebrochen war, interessierte noch niemanden.

Istanbul, drei Jahre später. Auf dem Bildschirm in der Abflughalle blinkt »Boarding«. Vor dem Gate haben sich die anderen Passagiere bereits aufgestellt. Es sind nicht viele, die nach Dammam wollen, einer Ölstadt an der Ostküste. Ein paar asiatische Businessmen, einige Saudis mit Plastiktüten aus dem Duty-free-Shop, nur wenige der Männer tragen den *Thawb* – das knöchellange Gewand der männlichen Golfaraber –, eher Hose und Hemd. Die Frauen werden ihre Skinny Jeans und ihre figurbetonten Blusen erst während des Landeanflugs mit der fußlangen *Abaya* verhüllen.

Bei meiner ersten Reise blieb ich bloß 21 Tage im Königreich, zu kurz, um die Komplexität dieses so vielschichtigen Landes zu erfassen. Jetzt sollen es drei Monate werden, von Februar bis Mai, kreuz und quer, von rechts nach links, von unten nach oben und zurück. Kaum jemand beneidet mich um diese Reise. Schon drei Jahre zuvor verstand niemand meine Faszination für jene Weltgegend, denn Saudi-Arabien hat ein Imageproblem, und das besteht im Wesentlichen aus: Saudi-Arabien.

Fürwahr, da sind Dutzende Gründe, den Golfstaat zu verurteilen. Die Janusköpfigkeit des Regimes, die Menschenrechtslage. Abgrenzung nach außen, Eingrenzung im Innern. Saudi-Arabien ist bei uns ähnlich beliebt wie Nordkorea. Hinzu kommt ein dogmatisches Islamverständnis, das abschreckt und das Land von anderen muslimischen Staaten unterscheidet. Aber verurteilen ist leicht und trägt selten zu Einsichten bei. Der Philosoph John Stuart Mill formulierte es so: Wer nur die eigene Seite der Debatte kennt, kennt auch die kaum.

Ich reise in einer Zeit des Wandels durch Saudi-Arabien. Seit Salman bin Abdul Aziz Al Saud im Jahr 2015 den Thron bestieg und sein Sohn Muhammad bin Salman, kurz MbS, de facto die Regierungsgeschäfte führt, öffnet sich das Königreich in eine Zukunft, die die Einwohner gleichermaßen beflügelt wie beunruhigt. Ein rasanter, aber auch rücksichtsloser politischer, ökonomischer und gesellschaftlicher Transformationsprozess hat eingesetzt. Stammeshierarchien, patriarchale Strukturen und die Macht der religiösen Autoritäten werden zunehmend in Zweifel gezogen. Die Korruption wird bretthart bekämpft, die überbordende Bürokratie abgebaut, ausländische Investoren eingeladen. Es gibt jetzt Wrestling, Popkonzerte, Frauenfußball und Monstertruck-Shows. Vorher alles verboten. Die Geschlechtertrennung wurde aufgehoben, die Religionspolizei entmachtet. Viele Frauen streben nach vorne, manche Männer sind verunsichert. Der Golfstaat sperrt auf, muss aufsperren, wenn er wirtschaftlich in Zeiten der Energiewende und der globalen Krisen erfolgreich sein will. Der Aufbruch schlägt Funken. Zugleich ist da die Sorge, die eigene Kultur und Tradition zu verlieren. Wandel bedeutet eben auch Ungewissheit.

Jene gewaltigen gesellschaftlichen Umwälzungen im größten Land auf der Arabischen Halbinsel – irgendwo am Rande unseres Gesichtskreises – spielen in deutschen Medien nur eine untergeordnete Rolle. Trotzdem meinen wir Europäer, Bescheid zu wissen über den saudischen Wüstenstaat und die Menschen, die darin leben, lachen, weinen und lieben. In Wahrheit kommen wir über Plattitüden nicht hinaus. Und die wenigsten Deutschen werden jemals nach Saudi-Arabien reisen, um sich selbst ein Bild abseits der Gemeinplätze zu machen. Dennoch stimmt auch das: Es gibt hier keine Pressefreiheit, keine Versammlungsfreiheit und keine Meinungsfreiheit. Denn wer eine Meinung hat, hat ein Problem. Der König regiert als absoluter Monarch. Der Koran und die *Sunna* – die Handlungen und die Lebensweise des Propheten – sind die Verfassung des Landes, und Straftaten werden streng geahndet. Noch immer verrotten Kritiker und Unliebsame in Gefängnissen. Noch immer ist politischer Aktivismus gefährlich, lebensgefährlich. Noch immer werden Männer und Frauen hingerichtet.

Am Ende der Passagierbrücke begrüßt eine Flugbegleiterin die Geschäftsleute, Gastarbeiter, Saudis und mich mit einem eingeübten Lächeln, das rote Halstuch zur Schleife gebunden. Ich setze mich, schnalle mich an, es ist halb zehn abends, draußen regnet es in dicken Tropfen. Auf dem Display wird ein Video abgespielt, auf Englisch und auf Türkisch, in dem eine animierte Stewardess mit Silberblick zu Sicherheitsmaßnahmen animiert, weil ihr Flieger offenbar in Not geraten ist. Die Fluggäste ziehen die Sauerstoffmaske über Mund und Nase, legen die Schwimmweste an. Dabei sehen alle sehr vergnügt aus.

Als unsere Boeing beschleunigt und ich in den Sitz gedrückt werde, ist mir bange, habe ich Muffensausen, ob ich der langen Reise gewachsen bin. Ob ich überhaupt fähig sein werde, mit halbwegs klugen Gedanken über dieses zwölftgrößte Land der Welt zu schreiben, das mir immer noch so schleierhaft erscheint wie Dunkle Materie. Und ja, Saudi-Arabien ist ein kompliziertes Kaleidoskop aus Konventionen, Stimmungen, Beziehungen, Bräuchen und Doppeldeutigkeiten. Man sitzt zwischen den Stühlen und liest zwischen den Zeilen. Der Schriftsteller Felix Hartlaub hat einmal in einem anderen Zusammenhang gesagt: »Eigentlich kann man hier nur als staatlich geprüfter Seiltänzer bestehen.« Der Satz passt.

Schon vor der Reise habe ich beschlossen, mich dem Land, seinen Regeln und seinem Rhythmus hinzugeben. Mitzuschwingen. Doch jetzt bindet sich eine seltsame Angst wie ein Tuch um mein Herz und nimmt mir die Zuversicht, dass alles gut werden wird. Durch Saudi-Arabien zu reisen ist das eine. Über Saudi-Arabien zu schreiben etwas völlig anderes.

Das Anschnallzeichen über uns erlischt. Der Mann links neben mir schaut *Top Gun*. Der Mann rechts neben mir schaut *Top Gun*. Ich schaue in die Röhre, höre nur ein Knistern. Meine Kopfhörerbuchse ist kaputt. Also blättere ich in dem kleinen Reisewörterbuch (Golfarabisch), das ich aus Deutschland mitgebracht habe, präge mir die Sätze ein: *Atkallam arabi galil bas.* – Ich spreche nur wenig Arabisch. Und: *Ma fahimtkum.* – Ich habe Sie nicht verstanden.

Wir gleiten durch die Nacht. Unter den Tragflächen das Düsterschwarz des Persischen Golfs, der in dieser Hemisphäre Arabischer Golf heißt. Ich erinnere mich, wie ich vor einigen Jahren im Nachbarland Katar an einem Binnenmeer stand und hinüberblickte nach Saudi-Arabien. Vor Jahrtausenden hatte sich der Golf durch den Süden Katars gewühlt und die beiden Länder an dieser einen Stelle voneinander getrennt. Auf der anderen Seite des Ufers wellten sich die graubraunen Hügel Saudi-Arabiens in die Landschaft. Das unbetretbare Königreich. Ich erspähte einen kleinen Militärposten, aber keine Menschen, keine Tiere, nichts. Derselbe blaue Himmel, auch wenn beide Staaten in jenen Tagen sämtliche diplomatischen Beziehungen zueinander abgebrochen hatten. Nur ein paar Schwimmzüge lagen zwischen mir und einem unbekannten Planeten. Unerreichbar nah. Vielleicht ja irgendwann, dachte ich.

Um 1.15 Uhr landet die Maschine in Dammam. Ich ziehe die schwarze Abaya aus meiner Tasche, streife sie über und lege einen schwarzen Chiffonschal um die Schultern. Vor dem 4. März 1938 war die Stadt am Golf mit ihren heute 900 000 Einwohnern bloß ein verschlafenes Dorf, das von der Fischerei und vom Perlentauchen lebte. Bis das Erdöl aus dem Erdboden sprudelte und sich alles änderte. Innerhalb von drei Jahrzehnten wuchs Dammam zur Hauptstadt der Ostprovinz heran, in der sich die meisten Ölreserven des Ölstaates befinden.

Das Reisewörterbuch verspricht eine »zeitraubende« Passkontrolle. Launig steht da: »Ruhe und Gelassenheit sind Tugenden im Königreich, diese können Sie bereits hier einüben.«

In der Schlange warten. Vor mir Inder, hinter mir Pakistaner. Es ist schallend laut in der Halle, denn seit einigen Minuten schrillt von irgendwoher eine Alarmglocke wie ein durchgeknallter Wecker auf Speed, doch niemand dreht den Fehlalarm ab, niemand stört sich am Höllenkrach. Weder die Saudis an der Passkontrolle, die mit einer unerschütterlichen Langsamkeit die Ausweispapiere stempeln, noch die Gastarbeiter und Businesspeople in den Warteschlangen.

Endlich darf ich vortreten. Der Beamte am Schalter schaut in meinen Pass, schaut in mein Gesicht, schaut in meinen Pass. Die Glocke plärrt noch immer, ihr Tirilieren bohrt sich als Schraubstock ins Hirn, der Saudi rückt seinen rot-weißen *Shemagh* auf dem

Kopf zurecht, streicht seinen sauber gestutzten Backenbart glatt und fragt: »هل كنت هنا من قبل؟« Ich höre ihn nicht, er wiederholt die Frage, diesmal lauter: »هل كنت هنا من قبل؟« Jetzt verstehe ich ihn nicht, denn ich spreche außer vier, fünf eckigen Sätzen kein Arabisch, antworte auf Englisch und auf gut Glück: »Der Stempel ist drei Jahre alt.« Er kapiert nicht, was ich sage, ich kapiere nicht, was er will, er schickt mich zum nächsten Schalter. Ähnliches Prozedere.

»هل كنت هنا من قبل؟«, möchte der junge Mann hinter der Scheibe wissen, doch er wirkt matt von der Schalterarbeit, stellt nach zwei weiteren Versuchen seine Erkundigungen ein. Dafür weigert sich der Fingerabdrucksensor, meine Fingerabdrücke zu scannen. Der matte Mann drückt meinen Zeigefinger fester auf das Glasplättchen, für diese Anstrengung reicht gerade eben seine Kraft, bis die Aufnahme endlich im Kasten ist und ich im System bin. Als ich meinen Pass zurückbekomme, gibt die Glocke auf, und ich lese das gestempelte Datum; wir schreiben das Jahr 1444 nach islamischer Zeitrechnung, die mit der Auswanderung des Propheten Muhammad – der *Hidschra* – von Mekka nach Medina beginnt. Nach christlicher Zählung war das im Jahr 622.

Das Erste, was ich hinter der Passkontrolle erblicke, ist kein Bild von der *Kaaba*, dem Haus Gottes, sondern eine Werbung von Saudi Aramco. »Where Energy is opportunity« steht in blau-grünen Lettern auf einem Banner gedruckt. Das Blau-Grün soll an Himmel und Erde erinnern, an Wasser und Wald, und lässt Assoziationen an eine Umweltorganisation aufkommen, die sich für Nachhaltigkeit und Artenschutz einsetzt. Mein erster Lacher an diesem noch jungen Tag. Aramco ist die größte Erdölfördergesellschaft der Welt. Eine Untersuchung aus dem Jahr 2019 ergab, dass der Konzern für fünf Prozent aller von Menschen ausgestoßenen Treibhausgase verantwortlich ist. Nach eigenen Angaben fördert Aramco 10,2 Millionen Barrel Rohöl täglich und verfügt über Reserven von 261,1 Milliarden Barrel. Im Jahr 2022 verzeichnete das Unternehmen einen Nettogewinn von 161 Milliarden US-Dollar. Zum Vergleich: Apple kassierte im selben Zeitraum 95 Milliarden US-Dollar.

Am Automaten ziehe ich Geld, kaufe eine SIM-Karte und handle einen der vielen Taxifahrer von 200 auf 130 Riyal runter, umgerechnet dreißig Euro. Ich folge ihm in die Tiefgarage zu seinem Hyundai. Der weiße Lack ist an den Türen abgeplatzt, die Rückbank in Plastik eingeschlagen. Der Mann spricht kein Englisch, spricht ohnehin nicht, startet den Motor, der Schlagbaum zur Nacht öffnet sich wie das Felsentor zur Schatzkammer. Eintritt ins Königreich Saudi-Arabien. *Al-mamlakat al-'Arabiya as-Sa'udiya.* So die arabische Bezeichnung.

Ich lasse das Fenster ein Stück herunter, um den Nahen Osten einzuatmen. Es ist jener gewisse Duft, den man nirgendwo sonst auf dieser Erde riechen kann. Nur hier. Eine Melange aus Sand, Weihrauch, Abgasen und Jasmin, dazu das Salz des Golfs. Der Geruch beruhigt, macht milde. Die Nachtluft kühlt die erhitzten Wangen. Wir fahren über Autobahnen und Ringstraßen, drehen Runden in Kreiseln, in deren Mitte übergroße Kaffeekannen oder Segel aus Stahl aufgestellt sind. An den Boulevards wiegen sich Palmen im Winterwind, die meisten sind echt, dazwischen jedoch Funkmasten, die Palmen nachempfunden sind. Dann die Moscheen, 94 000 gibt es im Land. Ihre Minarette stoßen wie gespitzte Bleistifte in den Himmel. Goldene Mondsicheln auf ihren Kuppeln.

Grün strahlen die Laternen der Highways ins Auto hinein, tänzeln in Rauten auf meinen Oberschenkeln, während König Salman und sein Sohn über uns schweben wie Damoklesschwerter. Tausende Male hängen, kleben und haften ihre Konterfeis im Königreich. An Häuserwänden, in Hotellobbys, Behörden und Kebabbuden. Längst nicht so penetrant wie die Despoten im Iran, Syrien oder im einstigen Saddam-Hussein-Irak. Da sind keine Szenen mit blumenbringenden Kindern oder sich aufbäumenden Pferden. Keine Orden, keine Uniformen. Nur die royalen Köpfe sowie die Entschlossenheit in ihren Gesichtern, und immer umspielt ein leises Lächeln die Münder. Meistens ist ihr Blick in die Ferne gerichtet, in ein leuchtendes Übermorgen, das nur sie zu kennen scheinen. »Zwar ist der König der Herrscher, aber MbS ist die Zukunft

Saudi-Arabiens, das sollen die Bilder zeigen«, schrieb die Journalistin Susanne Koelbl.

Seit meinem letzten Besuch vor drei Jahren ist alles teurer geworden, die Zimmer, die Taxifahrten, der Cappuccino am Morgen. Subventionen in den Bereichen Benzin, Strom und Wasser wurden gestrichen. Frisches Obst und Gemüse, importiert aus Ägypten oder den USA , kostet mehr als in Europa. Die Mehrwertsteuer ist von fünf auf fünfzehn Prozent gestiegen. Zum ersten Mal finanzieren die Bürger die Regierung mit.

Die fetten Jahre sind vorbei, und das soziale Gefälle ist massiv. Ein Fünftel der Bevölkerung lebt an der Armutsgrenze. Saudi-Arabiens Pro-Kopf-Einkommen liegt weltweit nur an der dreißigsten Stelle (Stand 2022), zehn Plätze hinter Deutschland. Da sind bisweilen Mittellose und Schrottsammler, lokale Hilfsorganisationen verteilen Lebensmittel. Da ist märchenhafter Reichtum bei einer kleinen Gruppe von Menschen, aber da sind ebenso prekäre Lebensumstände, viele junge Leute müssen hart arbeiten, haben wenig Geld. Die Jugendarbeitslosigkeit lag 2022 trotz zwischenzeitlicher Erfolge bei 23 Prozent. Auch ich muss haushalten, mein Budget ist knapp. Das günstige Hotel, in das ich 2020 eingecheckt hatte, gibt es nicht mehr.

Wir fahren vorbei an McDonald's, Kentucky Fried Chicken, Hamburgini, Herfy, Burger King, Hardee's, dazwischen noch Dutzende arabische Schnellrestaurants, die das gleiche Food wie die amerikanischen Originale frittieren und außer Pommes und Cola auch Typ-2-Diabetes im Angebot haben, nur billiger. Von den fast siebenunddreißig Millionen Einwohnern sind bereits über fünf Millionen betroffen, heißt es. Tendenz steigend. Die Amerikanisierung der Lebensmittelindustrie ist leicht an den schweren Bäuchen zu erahnen, nicht wenige Saudis schwappen über.

»Ahlan wa sahlan«, herzlich willkommen, sagt der Rezeptionist, überreicht mir die Schlüsselkarte und lächelt. Über ihm schweben von links nach rechts der Kronprinz Muhammad bin Salman bin Abdul Aziz Al Saud, daneben sein Großvater, der Staatsgründer

Abdul Aziz bin Abd ar-Rahman bin Faisal Al Saud, und dann dessen Sohn, der aktuelle König Salman bin Abdul Aziz Al Saud. Sie schauen einen halben Meter an mir vorbei.

Zimmer 205. Buttergelbe Wände, blauer Teppichboden mit gelben Quadraten, blickdichte Fenster, die sich nicht öffnen lassen. Ich schreibe noch ein paar Nachrichten in die Heimat, um vier Uhr schlafe ich mit dem Handy in der Hand ein, um eineinhalb Stunden später wieder aufzuwachen. »Ich bezeuge, dass Muhammad der Gesandte Allahs ist! Kommt zum Heil!«, scheppert der Muezzin aus den Lautsprechern der Kiezmoschee. »Das Gebet ist besser als der Schlaf!«, ruft er mit seinen endlosen Wendungen, leidvoll und routiniert zugleich.

Welcome to Saudi Arabia.

Herzlich willkommen in Saudi-Arabien.
In Ihrem Tarif kosten Gespräche in die EU nur 2,99 EUR/Min.; eingehende Anrufe 1,59 EUR/Min. SMS Versand 59 Ct/SMS.

SMS AN MEIN HANDY

Nach schemenhaften Träumen ohne Zeit und Ort öffne ich um elf Uhr erneut die Augen, kann mich aber nicht überwinden, aus dem Bett zu steigen. Ich weiß, sobald ich den Fuß auf den blauen Teppich mit den gelben Quadraten setze, trete ich die Reise los. Dann beginnt sie. So richtig. Dann wird sie leibhaftig. Angeleuchtet vom Tageslicht zwingt sie mich raus, auf die Straße. Doch ich will nicht raus. Noch nicht. Die seltsame Angst schlingt sich abermals um mich, diese Angst vor dem Unbestimmten. In den letzten Jahren haben sich still und heimlich immer mehr diffuse Ängste in mein Leben geschlichen. Es gibt keine Erklärung dafür. Es passierte einfach. Draußen höre ich den Muezzin (nach mir?) rufen, diesmal klingt er tröstend.

Reisegeschichten sind Erfolgsgeschichten. Wer Grenzen überwindet, ist ein Gewinner. Neue »Abenteuer« warten. Träume werden wahr. Ein Hochglanzleben als Hasardeur. Scheinbar. Dass die Dämonen stets mitreisen in jedes Land und in die hinterste Ecke der Welt, wird nur selten erwähnt. Dass Angst und Schwermut manchmal wie ein Alb auf der Brust hocken, wird verschwiegen. Wer gibt schon gerne zu, drinnen bleiben zu wollen?

Ich denke an Xavier de Maistres Buch *Die Reise um mein Zimmer* von 1794. Nachdem der französische Aristokrat wegen eines verbotenen Duells zu Hausarrest in seiner kleinen Turiner Dachgeschosswohnung verurteilt worden war, begab er sich auf eine Grand Tour an den eigenen vier Wänden entlang. In den 42 Kapiteln, so viele wie die Tage, die er unter Arrest stand, betrachtet er die Dinge um sich herum, »schreitet von Entdeckung zu Entdeckung«, von Gemälden zu Möbeln zu Gardinen. Das Zimmer als Kontinent.

Ich schaue mich um. Ein Kühlschrank brummt in der Ecke, darauf steht ein Wasserkocher, über mir rauscht die Klimaanlage, eine Gebetsdecke liegt gefaltet neben dem Fernseher, die Matratze ist hart wie ein Holzbrett. Der *Qibla*-Pfeil, der die Gebetsrichtung gen Mekka weist, zeigt auf das blinde, verriegelte Fenster. Damit die Privatsphäre (vor allem die der Frauen) geschützt und die Hitze draußen bleibt, sind die Vorhänge in Saudi-Arabien aus schwerem Stoff und die Fensterscheiben nicht selten aus Mattglas. Oder von außen verspiegelt. Reinschauen nicht möglich. Rausschauen oft ebenso wenig. Verdunkelt wie bei Fliegeralarm. Sogar tagsüber ist es im Zimmer 205 gruftgleich düster.

Die nächsten Stunden erfinde ich allerlei Aufgaben, die mich davon abhalten, vor die Tür zu treten, weil ich mich nicht zum Aufbruch aufschwingen kann.

Ich richte den Fahrdienst Uber und die arabische Version Careem auf dem Handy ein, denn ohne kommt man nicht durchs Land, und ich fahre kein Auto. Ich lade Snapchat herunter, eine (kalifornische) Social-Media-App, um Bilder und Nachrichten auszutauschen, häufig anonym, kreiere einen Avatar. Der Clou: Nach

24 Stunden verschwinden sowohl private Chats als auch Videos und Fotos von der Plattform; sie löschen sich von selbst. Das ist der Grund, warum Snapchat in Saudi-Arabien so beliebt ist; man hinterlässt kaum Spuren. Mehr als 22 Millionen User sind im Königreich registriert.

Social Media als Tor zur Freiheit.

Von den 37 Millionen Einwohnern nutzten im Jahr 2020 etwa 25 Millionen aktiv die sozialen Medien. Rund 15 Millionen Saudis sind allein auf Twitter (jetzt X) unterwegs. Fast die Hälfte aller Tweets aus der arabischen Welt wird aus Saudi-Arabien abgeschickt. Und deshalb nimmt das Regime unter Muhammad bin Salman die Plattform regelmäßig ins Visier. Dazu gehört auch die Einschleusung von Spionen in das Netzwerk, um vertrauliche Nutzerdaten über anonyme Konten zu erbeuten, die als Bedrohung für das Königshaus angesehen werden, so berichtete der *Guardian*. Als die britische Tageszeitung bei X in der Sache nachhaken wollte, bekam sie ein Kothaufen-Emoji zugesendet. Dies ist seit der Übernahme durch Elon Musk die automatische Antwort des Unternehmens auf Presseanfragen.

Die saudischen Staatsmedien warnten jedenfalls ausdrücklich, dass es eine Straftat sei, die Regierung im Netz zu »beleidigen«. Immer mehr Fälle werden bekannt, in denen Schreiber und Content Creator festgenommen und mitunter zu jahrzehntelangen Gefängnisstrafen verurteilt wurden. Oppositionelle Inhalte im Internet werden mit modernster Spionagesoftware wie der israelischen Spyware »Pegasus«, mittels gehackter Mailkonten und aktivierter Handymikrofone aufgespürt und geahndet. Saudi-Arabien beauftragt zudem reichweitenstarke Influencerinnen, staatliche Propaganda zu posten, und unterhält ein künstliches Heer an Trollen und Bots, um Desinformation zu streuen und Shitstorms zu initiieren. Tausende politische Inhaftierte sitzen in Saudi-Arabien nach Schätzungen der Menschenrechtsorganisation Amnesty International im Gefängnis.

So auch geschehen mit Raif Badawi. Der Blogger und Gründer des Online-Forums *Saudi Liberal Network* sprach sich für einen säkularen Staat aus, für freie Religionswahl, und er plädierte für die Gleichberechtigung zwischen den Geschlechtern. 2012 wurde er wegen »Beleidigung des Islam« festgenommen und 2014 zu zehn Jahren Haft und eintausend Peitschenhieben verurteilt. Im Januar 2015 wurde er erstmals öffentlich ausgepeitscht, doch nach fünfzig Stockhieben war er so schwer verletzt, dass man die Fortführung der Strafe verschob und später aussetzte. Das Jahrzehnt Knast hat er mittlerweile abgesessen. Saudi-Arabien darf er trotzdem für weitere zehn Jahre nicht verlassen.

Einen Monat vor meiner Reise, im Januar 2023, hat ein Sonderstrafgericht die 35-jährige Salma al-Shihab in einem grob unfairen Verfahren zu einer 27-jährigen Haftstrafe sowie zu einem anschließenden Ausreiseverbot von 27 Jahren verurteilt. Das ist die längste Gefängnisstrafe, die je gegen einen Menschenrechtsaktivisten in Saudi-Arabien verhängt wurde. Wenn al-Shihab rauskommt, wird sie über sechzig sein. Die Doktorandin der Zahnmedizin und Mutter zweier Kinder lebt eigentlich in Großbritannien und war während eines Heimatbesuchs festgenommen worden. Sie hatte auf ihrem Twitter-Account einige Beiträge von Aktivistinnen geteilt, die sich für Frauenrechte einsetzen. Nur 2500 Follower zählte ihr Profil. Doch wer Kritik am Regime äußert oder teilt, ist dran. Reformen dürfen nur von oben angestoßen, jedoch nicht von unten abverlangt werden.

Das harte Urteil ist als Botschaft an all diejenigen zu verstehen, die soziale Netzwerke nutzen. Saudi-Arabien wie auch die umliegenden Golfmonarchien rechtfertigen ihr gnadenloses Vorgehen und die Verletzung der Menschenrechte als unerlässlichen Kampf gegen »Unruhestifter«, die dem Staat schaden und den Fortschritt gefährden wollen. Der Westen solle bitte Verständnis zeigen und die Begebenheiten respektieren, denn Veränderungen bräuchten Zeit. So lautet das häufig bemühte und bigotte Argument. Und natürlich stützen sich Saudi-Arabien und die anderen Golfstaaten dabei gern auf das Narrativ der westlichen Doppelmoral und Bevormundung.

Um 16 Uhr ziehe ich meine Abaya an und die Tür von Zimmer 205 zu. Der Himmel ist wie Milch, genauso undurchlässig wie mein Fenster. Es ist ein kühler Samstag, ein wilder Wind zerrt an meinem Schal, kaum jemand ist draußen, bloß ein paar wenige Männer, die mit Kopfhörern auf den Ohren und Fitnessuhr am Handgelenk tapfer die zugige Uferpromenade entlangmarschieren. Aus den Häusern und Palmen ist die Farbe herausgewaschen, so wirkt es, sogar der Golf ist grau wie eine Regenwolke.

In dieser Ecke der Stadt entdecke ich weder Cafés noch Shops, da ist nichts, das lockt, am Ende der Uferstraße bloß Brachflächen aus Sand und Kies. Dammam sieht aus, wie ich mich fühle. Die seltsame Angst wickelt mich fester in ihr dunkles Tuch, mein Herz rast, der Magen krampft sich zusammen. Um mich abzulenken, versuche ich, Vogelarten zu bestimmen. Ein Trick, den ich in einem Buch gelesen habe. Ich sichte Nebelkrähen, Silbermöwen, Haussperlinge, Ringeltauben, Türkentauben. Und Dutzende Katzen. Verdreckt und ausgezehrt. Sie streunen umher, kauern zwischen parkenden Autos, hoffen auf Futter oder schauen aufs Meer.

Um 16.45 Uhr bin ich zurück im Hotel, die Royals blicken noch immer in die Ferne, der Rezeptionist lächelt wieder, grüßt mich auf Arabisch wie eine alte Bekannte. Als ich die Tür zu meiner tagundnachtgleichen Gruft schließe, beruhige ich mich endlich. Lasse mich auf die harte Matratze fallen, mehr schaffe ich für heute nicht. Morgen wird alles besser, versichere ich mir, oder übermorgen, ich brauche bloß etwas Zeit, mich auf die Reihe zu kriegen. Ein chinesisches Sprichwort sagt: »Geh über die Brücke, wenn der Fluss da ist.« In Saudi-Arabien gibt es keine Flüsse.

Wattierte Büstenhalter, knappe Strings, durchsichtige Negligés; Reizwäsche gehört genauso zu Saudi-Arabien wie der *Hidschab* – die islamische Verschleierung –, und deshalb gibt es hier kaum eine Shoppingmall, die ohne Dessousläden verschiedenster Couleur auskommt. Der bekannteste Store ist das saudische Lingerie-Label

Nayomi, das knallig pink ausgeleuchtet und so plüschig eingerichtet ist wie ein Boudoir und ebenfalls Filialen in Katar, Bahrain, Kuwait, Oman, Libyen und den Emiraten betreibt.

Ich linse hinein, eine Verkäuferin faltet Nachthemden auf einen Stapel, die andere legt Shapewear in eine Schublade. Dazwischen begutachten drei Kundinnen die gerüschten, getüllten, bestickten, bestrassten und beperlten Stoffe oder verschwinden mit BHs auf dem Unterarm hängend in die Umkleidekabinen. Alle Frauen – Verkäuferinnen wie Kundinnen – tragen lange schwarze Abayas. Über der *Tarha*, dem Kopftuch, dann der schwarze *Niqab*, jener Gesichtsschleier mit Sehschlitz, befestigt an einem Stirnband, verknotet am Hinterkopf. Brauen, Nase und Mund sind bedeckt, das Gesicht verborgen bis zum Unterlid.

Die zappenduster Verhüllten wandeln zwischen kirschroten Push-ups aus Spitze, befühlen die zartrosa Bordüren der transparenten Slips oder zupfen die ultrakurzen Babydolls in Babyblau vom Kleiderbügel. Dunkelschwarze Roben in bonbonbunter Kulisse. Ich schließe die Augen und speichere den Anblick auf meiner Großhirnrinde. Für mein inneres Reservoir. Ein imaginäres Lichtbild wundersamer Selbstverständlichkeit, von der Gleichzeitigkeit der scheinbaren Widersprüche, ein Lichtbild, das meine Beklommenheit der letzten Tage betäubt wie eine Schmerztablette.

Im Beautyshop nebenan schnuppert sich ein Herr im blütenweißen Thawb durchs Sortiment, in der rechten Hand hält er ein Bodyspray, in der linken einen Cremetiegel. Noch vor ein paar Jahren war es Männern aufgrund der Geschlechtertrennung nicht erlaubt, eine Mall allein, ohne weiblichen Familienanhang, zu betreten. Die Religionspolizei, umgangssprachlich *Mutawwa* (die »Gehorsamen« oder »Freiwilligen«) genannt, offiziell aber *Hai'a al-'amr bil-ma'ruf wan-nahi 'an al-munkar* (Komitee zur Förderung der Tugend und zur Verhinderung des Lasters), scheuchte unbefraute Mannsbilder davon, manchmal unter Schlägen.

Die *Hai'a* war der Rohrstock des Königreichs. 1940 gegründet, erhielt sie in den 1980er-Jahren weitreichende Befugnisse und versetzte die Einwohner als halb unabhängige zivile Strafverfolgungsbehörde in Angst und Schrecken. Sie lauerte Händchen haltenden Paaren auf, verteilte Ohrfeigen oder drosch auf Frauen ein, wenn das Kopftuch verrutscht war. Sie kontrollierte, ob Ladenbesitzer ihre Geschäfte zu den Gebetszeiten zuschlossen, schleppte die vermeintlich Sündigen auf die Wache und brüllte durch ein Megafon Passanten an, die, anstatt in der Moschee zu beten, draußen herumliefen. Als 2002 in einer Mädchenschule ein Feuer ausbrach, hinderten die Religionspolizisten die Schülerinnen daran, das Gebäude zu verlassen, weil sie nicht »anständig« verschleiert waren. Vierzehn Mädchen verbrannten. Die Öffentlichkeit tobte, und das Königshaus schränkte die Rechte der Mutaww'a sukzessive ein. Jetzt ist sie entmachtet. Seit 2016 darf sie niemanden mehr ansprechen, sondern nur Verfehlungen an die Polizei weitermelden.

Die Bärtigen wurden von Muhammad bin Salman buchstäblich kastriert, auch wenn der Niedergang der wahhabitischen Geistlichkeit schon vorher eingesetzt hatte. Aber MbS greift deutlich erbarmungsloser durch als seine Vorgänger. Einige Religionspolizisten und Gottesmänner hocken mittlerweile im Gefängnis. Doch die meisten schweigen, fügen sich. Mit der Beschränkung des Klerus und der gefürchteten Religionspolizei versprach Muhammad bin Salman eine Rückkehr zum »gemäßigten Islam«, der Gleichheit und Zusammenleben fördern solle statt Sektierertum, Hass und Spaltung. Die Regierung postuliert zudem, jegliche Finanzierung salafistischer Institutionen außerhalb Saudi-Arabiens eingestellt zu haben. Das ultrakonservative Image seines Königreiches versucht MbS abzuschütteln. Dennoch bleibt Saudi-Arabien ein tiefreligiöses Land. Der Islam ist hier nicht wegzudenken. Trotz aller Ambivalenzen. Er ist immer da. Wie Sauerstoff.

Der Mann mit dem Bodyspray und dem Cremetiegel in den Händen lässt sich jetzt von der Beautyshop-Verkäuferin beraten, die unter ihrem Niqab aufmunternd lächelt, das zeigen ihre Augen. Dass Frauen als Verkäuferinnen arbeiten und sogar fremde Männer abkassieren dürfen, ist neu. Auch dies war lange Zeit verboten.

Auf dem Schild über ihnen steht in Englisch und Arabisch: »Sprühen und im Moment leben!« Der Herr sprüht, doch zwischen all den Duftölen, Haarparfüms und Körperpudern findet er nicht in den richtigen Moment hinein. Er suche ein Geschenk für seine Frau, glaube ich, ihn sagen zu hören. Die Verkäuferin weiß Rat und präsentiert dem Ratlosen das neueste Odeur: Veilchen und Beere mit einer Prise Patschuli und einem Hauch Rose aus der Rosenstadt Ta'if. Der Mann schnüffelt und hebt interessiert die Augenbrauen. Dazu reicht die Verkäuferin ihm noch flink eine Kerze, die nach Sandelholz und Karamell duftet – um auch wirklich im Moment zu leben –, und dann ab damit zur Kasse. Sie lächelt ihm hinterher.

Es gibt wohl kein anderes Land auf der Welt, in dem die Menschen so gut riechen wie in Saudi-Arabien. Düfte sind fester Bestandteil der arabischen Kultur, und tatsächlich waren es Parfümeure aus dem Nahen Osten, die im siebten oder achten Jahrhundert die kommerzielle Destillation von Rosenwasser perfektionierten. Ein typischer Saudi – egal ob Mann oder Frau – versprüht im Jahr rund zweieinhalb Liter Parfüm auf Haut und Garderobe, weiß die *Gulf News* zu berichten, während ein durchschnittlicher Europäer im selben Zeitraum nur dreihundert Milliliter verwendet. Das heißt, Saudis benutzen achtmal häufiger Parfüm als wir. Und überall liegt der warmholzige Geruch von *Oud* in der Luft, ob in Wohnzimmern, Malls oder in *Suqs* (Märkten). Saudi-Arabien ist Duftland. Oud (arabisch für »Holz«) wird aus dem Harz des Adlerholzbaumes gewonnen und in kleinen Schnitzen verräuchert. Oft stellen sich Frauen über einen Oud-Brenner, lassen den Rauch aufsteigen und beduften auf diese Weise ihren Körper und die Abaya. Eine Tradition, die mehrere Tausend Jahre alt ist.

Ich flaniere durch die Mall, streune vorbei an Foot Locker und H&M, bekomme an jeder Ecke von Verkäuferinnen parfümierte Papierstreifen überreicht, atme die Bouquets ein. Die Abaya-Shops heißen Sweet Lady, Black Fashion oder First Lady. In Bint al-Arab, was übersetzt »Tochter der Araber« bedeutet und mich kurz rätseln lässt, was der Name genau aussagen möchte, ist heute Sale. Frauen betasten die Stoffe, fragen nach Preisen, während ihre Männer verloren im Weg herumstehen, bepackt mit Einkaufstüten oder mit einem Kleinkind auf dem Arm.

Es wäre zu simpel, die Shoppingcenter in Saudi-Arabien einzig auf Konsum zu reduzieren. In einem Land, in dem jahrzehntelang Kinos und Konzerte verboten waren, sind Malls Räume im Dazwischenreich, eine marmorblanke Halböffentlichkeit, Fluchtorte im repressiven Alltag. Das Einerlei lässt sich mit Mode, Duftwasser und Apple-Krimskrams auskleiden. Den Autokraten ist der Kommerz ganz recht; lieber Konsumenten als Aktivisten. Wer shoppt, geht nicht protestieren.

In der obersten Etage entdecke ich ein Kinderparadies mit Autoscooter, zwei Hüpfburgen, Videospielen und einem Kettenkarussell. »Alif Ba Ta«, ein arabisches ABC-Lied, läuft vom Band. Lebensgroße Plastikponys sind aufgestellt, Plastikenten schwimmen im Planschbecken. Ein Junge im Kinderwagen schaut mich mit großen Kulleraugen und offenem Mund an. Ein halb gekauter Keks fällt heraus. Der Vater hat dem Kleinen einen Luftballon in die Patschehändchen gedrückt und versucht, ihn zu fotografieren. Er sagt: »Omar, schau her!«, doch der Knirps lässt seine Augen nicht von mir, starrt mir nach.

Es sind immer die Kinder, die meine Fremdartigkeit als Erstes bemerken. »He loves you«, ruft der Vater mir zu und lacht. In einer Ecke versteckt, hinter der Popcornmaschine und inmitten einer Kakofonie aus Tuten, Quaken, Bimmeln und Wiehern, sitzt unbemerkt vom Rest der Welt ein Pärchen auf einer Bank. Teenager, vielleicht sechzehn oder siebzehn. Das Mädchen wähnt sich unbeobachtet und lehnt ihren Kopf an des Burschen Schulter. Mag die Liebe noch so reglementiert sein, aufhalten lässt sie sich nie. Sie ist wie Wasser, sie dringt durch jede Fuge.

Wieder im Erdgeschoss setze ich mich in ein Café, trinke meinen ersten Becher *Karak*, einen schwarzen Tee mit Gewürzen, Zucker und Dosenmilch, der einst von indischen Gastarbeitern auf die

Halbinsel mitgebracht wurde, und beobachte die Menschen um mich herum. Draußen vor dem Fenster blinken die Lichter eines Nissans auf. Eine junge Frau steigt ein, parkt rückwärts aus und fährt weg. Die Lücke, die sie hinterlässt, schließt die nächste Frau mit ihrem Toyota.

Eine Alltagsszene, und doch war Autofahren für Frauen viele Jahrzehnte lang gänzlich *haram* (verboten). Erst seit 2018 dürfen Frauen wieder ans Steuer. Bis zuletzt hatten die Hardliner empört gegen die Aufhebung des Fahrverbots geschimpft und gewettert. »Wer denkt, ist nicht wütend«, sagte Theodor W. Adorno. Doch denken ist mitunter anstrengender als glauben.

Saudi-Arabien war das weltweit einzige Land, in dem Frauen keinen Führerschein machen durften. Aus dem Koran lässt sich das Verbot freilich nicht ableiten. Zaynab, die Tochter des Propheten, ritt sogar auf einem Kamel von Mekka nach Medina. Vierzehn Jahrhunderte später mussten Frauen auf der Rückbank sitzen. Der Grund für das Fahrverbot war so einfach wie hanebüchen: Hätte eine Frau unterwegs eine Autopanne, dann würde ihr ein fremder Mann zu Hilfe eilen, und das wiederum wäre ein Einfallstor zur Promiskuität, so heischten es die Steinzeitreligiösen.

Das Weib als ewig lockende Sirene, der Kerl als willenloses Raubtier. Wie banal. Wie fad. Dass Frauen aufgrund dieser Regelung häufig auf einen nicht verwandten männlichen Fahrer angewiesen waren und mit ihm Stunden auf engstem Raum verbrachten, war und ist hingegen kein Problem. Denn da die Chauffeure zumeist Arbeitsmigranten aus Südostasien sind, gelten sie aus saudischer Sicht nicht als vollwertige Männer, eher als Eunuchen. Die Sklaverei wurde erst 1963 abgeschafft.

Am Ende mussten sich die Fanatiker dem Reformwillen des aktuellen Königshauses beugen, denn auch die überwiegende Mehrheit der Bevölkerung verabscheute das Autofahrverbot, und viele Väter und Brüder brachten ihren Töchtern und Schwestern das Fahren heimlich bei. Manch eine Saudi-Araberin besaß bereits einen ausländischen Führerschein, durfte sich aber dennoch daheim nicht ans Lenkrad setzen. Dabei bedeutet Autofahren mehr, als nur von A nach B zu gelangen. Es steht ebenso für das Alleinsein, für Bewegungsfreiheit und für Autonomie. Als das Verbot fiel, scherzte die saudische Comedienne Hatoon Kadi, dass ab jetzt nicht mehr der Chauffeur, sondern der Ehegatte der wichtigste Mann im Leben einer Frau werden könnte. *Inschallah*, möglicherweise.

Noch erheiternder ist allerdings die Äußerung eines *Sheikh*, also eines Stammesoberhauptes, im Jahr 2013, der es mit seinem ernst gemeinten Mumpitz sogar in deutsche Zeitungen geschafft hatte; der Besorgte behauptete, dass Autofahren »physiologische Auswirkungen auf Frauen hat und ihre Eierstöcke beeinträchtigen und das Becken nach oben drücken könnte, wodurch ihre Kinder mit unterschiedlich starken klinischen Störungen geboren werden«. Er forderte die Frauen deshalb auf, sich nicht von Emotionen leiten zu lassen, sondern lieber das Hirn einzuschalten. Das ist schreiend komisch. Hätte er seinen Rat doch besser selbst befolgt. »Alles kann geheilt werden, außer der Dummheit«, sagt ein arabisches Sprichwort. In den sozialen Netzwerken brachen reihenweise Saudis in Gelächter aus und rissen Witze über den Sheikh und seine »bahnbrechende wissenschaftliche Entdeckung«.

Halb sechs, der Muezzin ruft zum *Maghrib*, dem Abendgebet. Wer will, macht den Laden zu. Wer nicht will, lässt offen. Das Café, in dem ich meinen Karak trinke, schließt nicht wie noch vor drei Jahren. Schon einmal habe ich genau hier gesessen, bis ich hinausgeworfen wurde. Damals ließen sämtliche Geschäfte die Rollgitter herunter, sobald der *Adhan*, der Gebetsruf, erklang. Die Abaya-Shops schlossen, die Dessousfilialen und Fast-Food-Restaurants ebenfalls, sogar die Bankschalter und Parfümstände sperrten zu, und die Kunden waren gezwungen, die Läden zu verlassen. Hinfällig der eigentliche Sinn der Einkehr, nämlich dass sich der Gläubige freiwillig von all seinem irdischen Schaffen löst, um das Gespräch mit Gott zu suchen. Und interessanterweise eilten die meisten Vertriebenen nicht zur nächsten Moschee, um sich gen Mekka zu verneigen, nein, sie warteten, wie ich, vor den Geschäften, bis diese dann fünfzehn Minuten später wieder aufschlossen.

Für die Shops bedeuteten die Pausen ein Minus in der Kasse, denn fünfmaliges Beten täglich kostet zusammengerechnet mindestens eineinhalb Stunden Zeit, oft länger. Eineinhalb Stunden, in denen kein Umsatz erwirtschaftet wird. Das fand auch MbS nicht gelungen, weshalb er den Händlern gestattete, ihre Geschäfte während der Gebetszeiten geöffnet zu halten.

Hier im Café springt niemand vom Stuhl, um dem Gebetsruf zu folgen. Weder die junge Frau am Laptop noch der graubärtige Mann hinter mir mit dem Airpod im Ohr und dem rot-weißen Shemagh auf dem Kopf. Ebenso wenig die Inder am Vierertisch, die sich angeregt unterhalten. Mir fällt eine ältere Dame auf, die allein mit einem Becher Kaffee an einem Tisch sitzt. Sie tippt nicht, sie telefoniert nicht, sie liest nichts. Sie schaut bloß aus dem Fenster, irgendwie entrückt, fast ungeborgen. Ihr Daumen streicht über den Kaffeebecher, als wäre er ihr nah. An was sie wohl denkt? An wen? Neue Gäste kommen ins Café, eine Frau mit Niqab wischt auf ihrem iPhone herum, ihre Augen lachen, eine grellpinke Leggins blitzt unter der Abaya hervor, dazu weiße Sneakers von Nike Sportswear. Eine weitere Niqabi tritt ein, im Schlepptau ihren Mann, der sogleich Eiskaffee bestellen muss. Der Teenagersohn fläzt sich in die Sofaecke, während der Muezzin beharrlich insistiert. Doch niemand erhört seinen Ruf, trotz des tiefsatten, melodiösen Oszillierens seiner Stimme.

Im Jahr 2016 verbot der Großmufti das Schachspiel, weil es seiner Meinung nach Zeit- und Geldverschwendung sei und zu Streit führe (vielleicht fand er Schach auch einfach doof, weil sich bei diesem Spiel die Dame frei bewegen darf). Ein Jahr später lud die Hauptstadt Riad zur Schnellschach-Weltmeisterschaft ein. Daran denke ich jetzt.

Mit konzentriertem Blick jongliert der Vater auf einem Tablett drei Eiskaffee mit extraviel Sahne und Schokoraspeln Richtung Sitzecke. Auf dem Pullover seines Teenagersohnes steht in großen Lettern gedruckt: »Don't look back!«

Ich schreibe eine Nachricht an Sadim, sie arbeitet als Managerin in einem hippen Coffeeshop, wir kennen uns flüchtig über Social Media. Auf Instagram lädt die 29-Jährige bisweilen Fotos hoch, wie sie Stühle rückt oder mit einem Klemmbrett in der Hand und einem erwartungsfrohen Blick direkt in die Linse schaut. Die Welt steht mir offen, scheint sie zu sagen.

In den letzten Jahren stieg die Erwerbsquote saudischer Frauen von 19 auf 33 Prozent. Eine Entwicklung so rasend schnell wie in keinem anderen Land. Um den ökonomischen Zwängen zu begegnen, verabschiedete Muhammad bin Salman im Jahr 2016 die »Vision 2030«, ein von der US-Beraterfirma McKinsey ausgearbeitetes Programm der forcierten Modernisierung. Mithin sieht sich Saudi-Arabien infolge der Energiewende, der schwankenden Ölpreise und der globalen Unsicherheiten gezwungen, sich auf die Zeit nach dem Öl einzustellen und seine Wirtschaft zu diversifizieren und zu modernisieren (bis dahin wird allerdings bis zum letzten Tropfen Öl gebohrt). Der umfassende sozioökonomische Reformplan »Vision 2030« (gregorianischer, nicht islamischer Kalender!) dringt daher in alle Schichten der Gesellschaft, insbesondere das Leben der Saudi-Araberinnen hat sich maßgeblich verändert. Damit sich die »Vision 2030« erfüllt und damit Saudi-Arabien auch zukünftig die größte Volkswirtschaft im Nahen Osten bleibt, braucht MbS die Frauen, deren rechtlicher Status zuvor dem von Minderjährigen entsprach. Es ergibt einfach keinen Sinn, Millionen Saudi-Araberinnen, die vielleicht in London oder Los Angeles studiert haben, daheim versauern zu lassen, während der Arbeitsmarkt Fachkräfte benötigt.

Außerdem sind die Reformen publikumswirksam, und sie sollen Saudi-Arabiens Image im Ausland aufpolieren. So hob der Kronprinz, der zugleich auch Vorsitzender des Rats für Wirtschaft und Entwicklung ist (und seit Herbst 2022 Premierminister), das Fahrverbot für Frauen unwiderruflich auf. Berechnungen von Bloomberg Economics zufolge soll mit der Aufhebung des Verbots das Bruttoinlandsprodukt bis 2030 um neunzig Milliarden US-Dollar wachsen.

Ebenso verkündete der Kronprinz das Ende des Verhüllungszwangs (der Niqab war gesetzlich ohnehin nie vorgeschrieben). »Eine Abaya muss auch nicht zwingend schwarz sein«, sagte er überdies und schockte die Konservativen. Muhammad bin Salman, der einen Bachelor in islamischen Rechtswissenschaften innehat und einen pragmatischen Umgang mit seiner Religion pflegt, konstatierte, dass der Islam lediglich eine anständige und respektvolle Kleidung vorsehe, mehr aber nicht. Ein Satz wie ein Gewitter. Und ein Bruch mit jahrzentelangen Konventionen.

Doch damit nicht genug; Firmen werden jetzt aufgefordert, die Hälfte ihrer Belegschaft mit Saudi-Araberinnen zu besetzen. Das Rentenalter wurde für beide Geschlechter auf sechzig Jahre angeglichen. Die Regierung fördert zudem das Unternehmertum von Frauen, indem sie geschlechtsspezifische Benachteiligung beim Zugang zu Finanzdienstleistungen verbot, denn Banken verweigern Unternehmerinnen oft Kredite. Sexuelle Belästigung steht jetzt unter Strafe (fünf Jahre Haft oder bis zu 70 000 Euro Bußgeld). Gesetzesänderungen schützen außerdem vor Diskriminierung am Arbeitsplatz. Einschränkungen bei der Nachtarbeit wurden gelockert, Schwangere dürfen nicht entlassen werden, auch nicht während ihres Mutterschaftsurlaubs. Und mehr Frauen als Männer studieren; 57 Prozent der Hochschulabsolventen im Königreich sind weiblich. Laut der Organisation für wirtschaftliche Zusammenarbeit und Entwicklung (OECD) haben im Jahr 2021 fast 42 Prozent der Frauen an saudischen Hochschulen und Universitäten einen Abschluss in Fächern wie Naturwissenschaften, Technologie, Ingenieurwesen und Mathematik gemacht – der vierthöchste Wert aller Länder, zu denen Daten erhoben wurden. Ebenso pfeilschnell wächst die Zahl weiblicher Führungskräfte, ob in Politik, Kultur, Medizin, Tourismus oder Industrie, ob im privaten oder im öffentlichen Sektor.

Lange standen Frauen nur Arbeitsfelder offen, die ihrer »Natur« entsprachen, wie Lehrerin, Krankenschwester, Kindergärtnerin oder Ärztin. Heute werden über fünfzig Prozent der Start-ups von Frauen gegründet oder mitgegründet. Insgesamt stehen ihnen jetzt Berufe in zweihundert Sparten offen, darunter Militär, Security, Bergbau, Wirtschaft, Kunst, Wissenschaft oder Politik. Und so bekleidet das Amt des saudischen Botschafters in Washington mit Reema bint Bandar Al Saud eine Frau. Ebenso erfolgreich ist Sarah al-Suhaimi, die Direktorin der saudischen Börse, die zudem auf der *Forbes*-Liste der einflussreichsten Frauen des Nahen Ostens steht.

Das Richteramt bleibt Frauen aber weiterhin verschlossen, und auch in der Regierung spielen sie machtpolitisch kaum eine Rolle. Eine Königin gibt es nicht. Außerdem werden weibliche Arbeitnehmer oft wesentlich schlechter bezahlt als ihre männlichen Kollegen, und manche Arbeitgeber holen, bevor sie eine Frau einstellen, immer noch die Erlaubnis des rechtlichen Vormunds ein.

Und doch bewegt sich etwas im Land. Seit der Auflösung der Geschlechtertrennung im Jahr 2019 sind Unternehmen nicht mehr gezwungen, separate Räumlichkeiten einzurichten, um Frauen zu beschäftigen. Viele Büros, Konferenzen und Teams sind jetzt gemischt. Auch dürfen Frauen endlich ohne Zustimmung ihres Vormunds (arabisch *Mahram*) verreisen, sie brauchen dafür keine Unterschrift mehr vom Vater, Bruder oder Ehemann. Bis vor Kurzem traf der Mahram für sein Mündel alle Entscheidungen über Wohnsitz, Heirat, Universitätsbesuch, medizinische Behandlung oder Antritt einer Reise. Jetzt dürfen Frauen immerhin studieren, einen Pass beantragen, sich medizinisch versorgen lassen, ein Appartement mieten oder verreisen, ohne den Vormund zu fragen. Und zahllose Saudi-Araberinnen wollen endlich einer Beschäftigung nachgehen. Im Februar 2022 schrieb die spanische Betreiberin der Hochgeschwindigkeitsbahnlinie Medina–Mekka dreißig Lokführerinnenstellen aus; es bewarben sich 28 000 Saudi-Araberinnen.

Der steigende Anteil an erwerbstätigen Frauen darf allerdings nicht darüber hinwegtäuschen, dass Frauen längst nicht alle gesellschaftlichen Rechte zustehen. Da sind die bürokratischen Hürden, die noch immer zähen patriarchalischen Geschlechterverhältnisse und häufig eben doch eine mangelnde staatliche Unterstützung und eine gesetzliche sowie soziale Benachteiligung. Und trotz einiger Lockerungen sind saudi-arabische Bürgerinnen weiterhin auf einen Mahram angewiesen. Sie sind verpflichtet, ihrem Vormund zu »gehorchen«. So steht es auch im neuen Personenstandsgesetz. Ebenso dürfen sich Ehefrauen ihren Ehemännern im Schlafzimmer »nicht entziehen«. Frauen unterstehen rechtlich immer noch den Männern, was sie zudem häufig zu Opfern häuslicher Gewalt macht. Und wo männliche Autorität bröckelt, wird bisweilen noch härter zugeschlagen.

»I support Saudi Arabia, and half of Saudi Arabia is women. So I support women«, sagte MbS in einem Interview mit *The Atlantic*. Da scheint fast vergessen, dass 2018 die Aktivistin Loujain al-Hathloul und weitere Frauen verhaftet wurden, weil sie für ein Ende des Fahrverbots gekämpft hatten, das da intern schon längst beschlossen war. Laut der Menschenrechtsorganisation Human Rights Watch wurden die Aktivistinnen bei Verhören geschlagen, mit Elektroschocks und Waterboarding gefoltert, ausgepeitscht sowie sexuell belästigt. Die Staatsmedien beschimpften sie als »Verräterinnen« und »Nestbeschmutzerinnen«.

Die sozialen Freiheiten mögen sich erweitert haben, die Menschenrechtslage hat sich hingegen verschärft. »Mehr Diktatur wagen«, lautet offenbar das Motto. Mittlerweile ist al-Hathloul aus der Haft entlassen, darf allerdings die nächsten Jahre nicht ausreisen. Sie wurde 2019 und 2020 für den Friedensnobelpreis nominiert.

Letztlich entscheidet eben doch ein Mahram, ein Kronprinz, ein König über die Freiheit der Frau.

Sadim und ich verabreden uns in der Nachbarstadt al-Khobar, zwanzig Minuten von Dammam entfernt, ebenfalls am Golf gelegen und ebenfalls in früheren Zeiten ein verschlafenes Fischerdorf. Saudi-Arabien ist ein junger Staat, gegründet 1932. Es ist das größte Land auf der Arabischen Halbinsel, die mit 2,73 Millionen Quadratkilometer Fläche die größte Halbinsel der Erde ist. Saudi-Arabien nimmt fast achtzig Prozent ein und ist umringt von sechs weiteren Staaten: Jemen, Oman, den Vereinigten Arabischen Emiraten, Katar, Kuwait und dem winzigen Bahrain als vorgelagerter Inselgruppe. Im Norden und Osten haben Jordanien und der Irak ebenfalls einen kleinen Anteil an der Halbinsel. Insgesamt leben rund 87 Millionen Menschen auf der Peninsula, die überwiegend aus Wüste besteht.

Als ich im Stadtbus nach Khobar sitze, ruft mich Sadim an und verlangt völlig selbstverständlich den Busfahrer, um ihm zu erklären, wo er langfahren und mich rauslassen soll. Der wiegelt zuerst ab, als ich ihm das Handy hinhalte, dennoch stoppt er am Straßenrand, telefoniert, spricht Arabenglisch (eine Mischung aus Arabisch und Englisch) und diskutiert sechs Minuten mit Sadim. Man stelle sich die gleiche Situation in Deutschland vor.

Bashir ist Pakistaner und lebt erst seit einem Jahr in Saudi-Arabien. Das meiste Geld, das der 32-Jährige als Busfahrer verdient, schickt er zu seiner Familie nach Karatschi. Er sei angespannt, die Last der Verantwortung wiege schwer, verrät er mir. Verlöre er den Job, stünden seine Eltern und die vier Geschwister vor dem Nichts, denn niemand findet daheim Arbeit. Als wir Khobar erreichen, hält Bashir am Seitenstreifen des Highways an, lässt mich aussteigen, wir winken zum Abschied.

Khobar ist wie Dammam Aramco-Land. Der saudische Erdölgigant ist der wichtigste Arbeitgeber der Gegend. Kurz nach der Staatsgründung Saudi-Arabiens erhielten die Amerikaner die erste Ölförderkonzession. Herrscher Abdul Aziz bin Abd ar-Rahman Al Saud (im Westen nicht ganz korrekt »Ibn Saud« genannt) benötigte dringend Geld, da ihm nach dem Einbruch der muslimischen Pilgerzahlen infolge der Weltwirtschaftskrise die wichtigste Einnahmequelle weggebrochen war. Im Jahr 1932 gehörte Saudi-Arabien zu den ärmsten Ländern der Welt. Die California-Arabian Standard Oil wurde gegründet, die sich 1944 in Arabian-American Oil Company (Aramco) umbenannte. Seit 1980 befindet sich Aramco in saudischem Besitz.

1933 begannen die ersten Bohrungen, jahrelang fand man nichts, fast hätte man aufgegeben, als am 4. März 1938 endlich das sehnsüchtig erwartete Öl aus Quelle Nr. 7 bei Dammam in die Höhe schoss und Saudi-Arabien in ein neues Zeitalter katapultierte. Heute stammen etwa siebzig Prozent der Staatseinkünfte aus Ölexporten. In seinem Mitte der Achtzigerjahre erschienenen fünfbändigen Roman *Salzstädte* beschreibt der Schriftsteller Abd ar-Rahman Munif, wie mit den amerikanischen Bulldozern eine konsumistische Moderne auf die Dorfbewohner hereinbricht. Mit Schrecken erkennen sie, dass nichts mehr ist wie zuvor. »Seit sie in unser Dorf kamen, ist das Leben die reinste Kamelpisse«, sagt einer der Protagonisten. Das Buch wurde in Saudi-Arabien verboten und Munif die Staatsbürgerschaft entzogen, obwohl er nie im Königreich lebte.

Zehn Minuten warte ich am Straßenrand, bis Sadim mit ihrem kleinen Ford angerauscht kommt. Seit zwei Jahren hat sie den Führerschein, im Auto duftet es nach Vanille, auf der Rückbank stapeln sich Kaffeebecher aus Pappe. Sadim trägt eine pastellblaue Abaya und eine himmelblaue Tarha. »Ich hasse Schwarz«, sagt sie, »ich will Farbe ins Leben bringen.«

Während sich auf Dammam ein grauer Staub aus Tristesse niedergelegt hat, lockt Khobar mit seinen schicken Coffeeshops und der geschwungenen palmenumsäumten Uferpromenade die jungen Saudis der Ostküste an. Ebenso Sadim, die wegen ihres Jobs als Managerin aus dem 120 Kilometer entfernten al-Dschubail nach Khobar in ein kleines Appartement gezogen ist, das sie allein bewohnt. In den letzten Jahren hat die Zahl der Singlehaushalte zugenommen, ebenso der Erfahrungshunger der Jüngeren und ihre Suche nach einer Identität, die Tradition und Tiktok miteinander ins Gleichgewicht bringt, einschließlich der daraus entstehenden Generationskonflikte und Wachstumsschmerzen. Vieles verschiebt sich, ordnet sich neu.

Sadim liebt ihren Job, erzählt sie. Trotzdem spürt sie Druck. »Frauen müssen sich auf dem Arbeitsmarkt doppelt anstrengen, weil sie von allen Seiten misstrauisch beäugt werden«, sagt sie. Jeden Tag steht sie im Café und überlegt sich neue Kaffeekreationen, sei es Zimt-Frappuccino mit weißem Schokoladensirup, Coffee Tonic oder Vanille-Macchiato garniert mit Rosenblättern. Die beliebteste Kreation im Königreich ist derzeit die »Iced Spanish Latte«, sie darf in keinem Coffeeshop fehlen und besteht aus Espresso, Milch und Eiswürfeln, dazu Zucker und Karamellsirup.

Saudi-Arabien ist Coffeeshopland. Viele Cafés sind 24 Stunden täglich geöffnet, und die Leute schlürfen vom frühen Morgen bis spät in die Nacht Mokka, Latte macchiato oder Eiskaffee. Seit Salman König ist und die Geschlechtertrennung aufgelöst wurde, macht an gefühlt jeder Ecke ein neuer Shop auf, oft inspiriert von Starbucks, darunter saudische Ketten wie Barn's, Half Million, Dr. Cafe Coffee und diverse Pop-up-Stores. Marktführer bleiben aber weiterhin die internationalen Franchise-Coffeeshops wie Starbucks, Dunkin' Donuts, Costa Coffee und Tim Hortons. Im Oktober 2022 nahm Dunkin' an einem Tag allein dreißig Filialen in Betrieb.

Kaffee ist das neue schwarze Gold. Dabei wird *Qahwa* auf der Arabischen Halbinsel bereits seit dem 15. Jahrhundert getrunken. Als wichtigster Umschlagplatz galt das jemenitische Hafenstädtchen Mocha. Aus dem Ortsnamen leitete sich der Name des Getränks ab: Mokka. Um 1511 eröffneten die ersten Kaffeehäuser in Mekka. Der quirlige Wallfahrtsort war allzeit Handelszentrum für neue Ideen und Waren. Wegen der berauschenden Wirkung des »Weins aus der Bohne« wurde der Mokka in Mekka bald wieder verboten. Der Bann ließ sich jedoch nicht lange durchhalten. Denn in einem zutiefst islamischen Land wie Saudi-Arabien, in dem Alkohol illegal ist und bisher keine Kneipen erlaubt sind, steht Kaffee im Mittelpunkt zahlreicher gesellschaftlicher Zusammenkünfte.

Momentan sei viel zu tun, erzählt Sadim, weswegen sie heute nur wenig Zeit habe, denn ihr Café bekommt einen Drive-thru. Ohne diese Option wird es schwierig, auf dem Markt zu bestehen, meint sie. Und ja: Saudi-Arabien scheint mir das einzige Land auf der Welt, in dem Menschen bereit sind, zwanzig Minuten in ihrem Auto auf einen Cappuccino und einen Donut zu warten, obwohl das Café drinnen leer ist. Wunderliche Erdenbewohner.

Wir parken an Sadims Lieblingscoffeeshop (außer ihrem eigenen) direkt an der Uferpromenade, der Corniche. Ein Barista steht an der Siebträgermaschine, füllt das Kaffeepulver ins Siebteil und drückt es mit einem Tamper fest. Frauen und Männer sitzen zusammen an Bistrotischen, trinken Latte macchiato mit Karamellsirup und rauchen Shisha. Der Tabak riecht nach Apfel. Aus den Lautsprecherboxen singt Lana Del Rey »Now my life is sweet like cinnamon like a fucking dream I'm living in«. Es klingt wie der Festgesang auf die lang ersehnte Gegenwart.

Auch Sadim erwartet mehr vom Leben, als es ihre Mutter einst tat. »Die Zeiten sind jetzt besser für uns«, sagt sie und bestellt zwei Mocktails, alkoholfreie Cocktails, aus Avocado, Erdbeere und Soda. Noch vor ein paar Jahren durften sich Frauen nur in Innenräumen aufhalten oder in Autos, gefahren von Männern. Sadim fühlt sich nun endlich als vollwertiger Teil der Gesellschaft, obwohl sie und ihre drei Schwestern liberal erzogen wurden. »Wir hatten alle Freiheiten«, sagt sie und bezahlt mit ihrer Smartwatch. Die Eltern erlaubten ihnen ein Studium, sie können ihre zukünftigen Ehemänner frei wählen und Jobs ausüben, die sie lieben. Letztes Jahr reiste Sadim sogar allein nach Berlin zu einem Street-Food-Festival, doch als *Hidschabi* hat sie sich in Deutschland nicht sicher gefühlt. »Ständig wurde ich böse angestarrt, weil ich Kopftuch trage«, in ihrer Stimme liegt immer noch Empörung, »aber dafür war das Schawarma besser als bei uns.«

Mit dem Mocktail in der Hand schlendern wir die Corniche entlang. Es ist bereits dunkel, der kühle Wind bauscht unsere Abayas auf. In der Ferne leuchtet der 25 Kilometer lange King Fahd Causeway, die Brücke nach Bahrain. Jeden Donnerstag fahren Zehntausende Saudis auf die Insel, zum Shoppen, aber auch, um sich Zechereien, Vergnügungen, Callgirls und harten Drogen hinzugeben. Bahrain gilt als Nachtklub Saudi-Arabiens. Alkohol ist dort erlaubt, es gibt Partys und Diskotheken, alles andere läuft unter dem Radar. Das Herrscherhaus in Bahrain lässt die Saudis gewähren, denn das Inselkönigreich ist abhängig vom großen Nachbarn, militärisch wie finanziell. Tatsächlich kann Manama keine relevante außenpolitische Entscheidung treffen, ohne vorher die Schutzmacht in Riad zu konsultieren.

Trotz der frischen Brise flanieren ein paar Menschlein auf der nächtlichen Uferpromenade umher. Im Funzellicht legt ein Mann den Arm um eine Frau. Sadim verzieht den Mund. »Die Liebe ist vergänglich wie Butter in der Sonne«, sagt sie trocken und stochert mit dem Strohhalm im Plastikbecher herum.

»Warum glaubst du das?«, frage ich.

Sie schweigt für einen Moment, scheint nach den passenden Worten zu suchen, dann offenbart sie: »Vor ein paar Wochen hat meine Mutter herausgefunden, dass mein Vater eine Zweitfrau hat«, sie schüttelt den Kopf, »wir wussten nichts davon.«

In Saudi-Arabien dürfen Männer nach islamischem Recht bis zu vier Frauen heiraten, vorausgesetzt, dass der Mann alle seine Gattinnen und Nachkommen gleichbehandelt, sowohl materiell als auch emotional. Es heißt, dass die Regelung in frühislamischer Zeit Frauenrechte stärken sollte. Denn nach dem Tod ihres Ehepartners konnte sich die Witwe mit ihren Kindern von dessen Bruder aufnehmen lassen, sogar wenn dieser bereits eine Familie hatte. Die Witwe war abgesichert. Heute lehnen viele junge Saudis die Mehrehe ab, nicht nur aus finanziellen Gründen. Verursacht das Modell doch nicht selten Herzeleid und Unfrieden bei allen Beteiligten.

»Sie ahnte, dass sie ihn eines Tages teilen müsse«, sagt Sadim. Seit dreißig Jahren sind ihre Eltern verheiratet, vier Töchter haben sie. Vor drei Jahren hat ihr Vater die Neue geehelicht, heimlich. Die Nebenfrau ist achtzehn Monate älter als Sadim und hat mittlerweile zwei Söhne geboren.

Tatsächlich ist es im Islam so geregelt, dass die erste Frau über die Heiratspläne des Ehemannes unterrichtet werden soll. Sie kann die Mehrehe sogar vertraglich verbieten lassen oder die Scheidung einreichen. »Meine Mutter ist enttäuscht«, seufzt Sadim und wirft den Plastikbecher in eine Mülltonne, sie rede nur noch das Nötigste mit ihrem Mann, der ihr die Zweitehe verschwiegen hatte, um Streit zu vermeiden. Wir blicken aufs Meer, Wellen schlagen ans Ufer, die Brücke nach Bahrain phosphoresziert in der Dunkelheit. Offizielle Statistiken zuletzt von 2016 besagen, dass über eine halbe Million Männer von knapp zwanzig Millionen männlichen Einwohnern mit mehr als einer Frau verheiratet sind, das ergibt 2,5 Prozent. Weitaus weniger als vermutet.

»Vielehen sollten abgeschafft werden«, meint Sadim und atmet die Nachtluft ein, »nur der Mann hat seinen Spaß, und wir Frauen haben Probleme.«

Ich erinnere mich an einen Zeitungsartikel in der *Arab News*. Ein Saudi wurde mit einem Nervenzusammenbruch ins Krankenhaus eingeliefert, nachdem er in sechs Monaten vier Frauen geheiratet hatte. Es soll ein Machtkampf zwischen seinen geschiedenen Eltern gewesen sein, berichtete die Zeitung. Zuerst habe der Vater darauf beharrt, dass sein Sohn eine Frau aus seiner Familie heiratet. Dann präsentierte die Mutter eine Braut aus ihrer Verwandtschaft. Das erzürnte den Vater so sehr, dass er seinen Sohn zur Ehe mit Frau Nummer drei zwang, die wiederum aus dem eigenen Clan stammte. Die Mutter karrte schließlich eine weitere Verwandte als Viertfrau heran. Nach Angaben der *Arab News* musste der Sohn daraufhin in therapeutische Behandlung und soll letztendlich jeden Kontakt zu den Eltern und seinen vier Ehefrauen abgebrochen haben.

»Kennst du die Zweitfrau?«, frage ich. Ein Nicken. Sie sei nett, sagt Sadim, doch ihre Stimme klingt so kühl wie der Wind. Mir fällt auf, dass sich in »Sadim« das englische Wort »sad« hineinlesen lässt. Und ja: Sadim ist traurig. Über den Verlust der Ehrlichkeit. Und über den Verlust des Vaters, wie sie ihn kannte.

»Deshalb habe ich eine Entscheidung getroffen«, erklärt sie und schaut mir mit einem entschlossenen Blick direkt in die Augen, »ich werde niemals heiraten. Meine Arbeit ist mein Ehemann.«

Ohne Furcht werde ich über meine Freundinnen schreiben,
über die blutigen Ketten an den Füßen der Schönen,
über das Irrereden, den Brechreiz,
die Nächte flehentlichen Bittens,
über die Sehnsüchte, die in Kissen begraben werden,
über das Kreisen im Nichts,
über den Tod in Raten.

Rajaa Alsanea

Ich betrete den Jarir Bookstore, die größte Buchladenkette in Saudi-Arabien. Erste Enttäuschung: Im Erdgeschoss werden keine Bücher feilgeboten. Stattdessen iPhones, Drucker, Kaffeemaschinen, Fernseher, Rucksäcke, Papierschredder, Tassen und Spielekonsolen. Nichts, das klüger macht. Doch ein Stockwerk höher endlich die Offenbarung trotz Neonröhren und Lagerhallenambientes: Hunderte arabische und englische Schmöker, Sachbücher, Gedichte, Romane, Wälzer, Bestseller und Sammelbände warten darauf, gelesen zu werden.

Vor fünfzig Jahren eröffnete in der Hauptstadt Riad der erste kleine Jarir Bookstore mit gebrauchten Büchern und Kunst in der Auslage. Jetzt gehört die saudische Franchise-Buchhandlung mit über sechzig Filialen im gesamten Königreich laut *Forbes* zu den »Top 100 börsennotierten Unternehmen« in der arabischen Welt.

Ich stöbere durch die Gänge, rieche Papier und Erkenntnisse, schaue zuerst nach den englischen Büchern, lese Titel wie *Sapiens* von Yuval Noah Harari, ein Millionenseller über die Geschichte der Menschheit, entdecke gleich darauf Steven Pinkers *Enlightenment Now*, ein Plädoyer für Vernunft, Wissenschaft und Humanismus. Im nächsten Regal blicken Greta Thunberg und Michelle Obama vom Cover, ebenso Malala, das Mädchen, das die Taliban erschießen wollten. Daneben funkelt im Weiß des Neonlichts das Zahnweißlächeln von *Jurgen Klopp. The Biography*, weiter hinten entdecke ich eine Schmuckausgabe mit Goldrand von *Mein Kampf.* Im nächsten Gang die Romane. Ich greife nach dem *New York Times*-Bestseller *The Sisters of Auschwitz*, der die wahre Geschichte zweier jüdischer Schwestern erzählt, die sich dem niederländischen Widerstand anschlossen, von den Nazis gefangen genommen wurden und schließlich den Holocaust überlebten. In der Klassikerabteilung stehen aufgereiht nebeneinander *Black Beauty*, *Tom Sawyer* und *Moby Dick*. Aber ebenso *Animal Farm* und *1984* von George Orwell. Das kommt wie ein Blitz aus heiterem Himmel, handeln doch beide Bücher von Unterdrückung in totalitären Systemen.

In *1984* zeichnet Orwell das dystopische Bild einer Diktatur, in der Cyberüberwachung, Geschichtsrevisionismus und Gedankenpolizei den Alltag gläserner Bürger bestimmen. In *Animal Farm* proben Schweine, Pferde, Schafe und Hühner auf einem Bauernhof den Aufstand für eine gerechte Welt, in der alle Tiere gleich und frei sind. Bald zeigt sich allerdings: Gleich heißt nicht gleich, und Freiheit ist bloß ein flüchtiger Traum. George Orwells berühmte Allegorie ist bis heute der vielleicht greifbarste literarische Weckruf vor dem korrumpierenden Einfluss von Macht und wie schnell sich unsere Vision von einer besseren Welt in einen totalitären Albtraum verwandeln kann.

Ich bin baff. Niemals hätte ich gedacht, derlei Literatur in Saudi-Arabien zu finden – ausgerechnet –, und zwar nicht heimlich unter der Theke, sondern frei verkäuflich im größten Buchladen des Landes. Zwei Regale weiter darf ich mich beruhigen, denn dort erhalte ich Tipps, wie ich erfolgreich altere, warum ich meine Wohnung im Hygge-Stil einrichten sollte und wie mich Tiktok zum populären Influencer macht.

Die andere Hälfte der Etage nehmen die arabischen Bücher ein. Darunter jede Menge religiöse Literatur vom Koran bis zu den *Hadithen*, die zu einer Pyramide aufgeschichtet sind. Ebenso Gedichte von bis heute begeistert gelesenen Literaten wie al-Mutanabbi, dem vielleicht wichtigsten Meister der klassisch arabischen Lyrik. Neben ihm im Fach der vielleicht bedeutendste persischsprachige Dichter und Sufi-Mystiker Rumi. Aber auch Voltaire, Sartre und Sigmund Freud.

Ich bemerke eine Niqabi, die zwei Werke von Friedrich Nietzsche aus dem Regal fischt, darin blättert, beide ins Körbchen legt und sich mit ihrer Ausbeute in einen Sessel setzt. Über den Sehschlitz zieht sie eine Brille und beginnt zu lesen, konzentriert, ganz versunken zwischen den Zeilen. Ohnehin scheint der deutsche Philosoph gefragt zu sein in Saudi-Arabien, zumindest in diesem Buchgeschäft. Da sind Nietzsches *Gesammelte Schriften* oder *Also sprach Zarathustra*, zudem *Götzen-Dämmerung* und *Menschliches, Allzumenschliches*. Sieben verschiedene ins Arabische übersetzte Publikationen zähle ich. Über ihn und von ihm stehen unter den philosophischen Texten die meisten Bücher im Regal, und sogleich kommt mir eine kleine Buchhandlung in Teheran in den Sinn. Dort sah ich Kafka. Er gehört im Iran deshalb zu den meistgelesenen westlichen Schriftstellern, weil er in seinen Erzählungen von Willkür und Behördenapparaten schreibt. Der erste Satz in *Der Prozess* geht so: »Jemand musste Josef K. verleumdet haben, denn ohne dass er etwas Böses getan hätte, wurde er eines Morgens verhaftet.«

Dieserart Repression kennt man im Iran wie in Saudi-Arabien. Menschen sollten Recht nicht als gegeben hinnehmen, sonst könnte es ihnen genommen werden. Das war Kafkas Anliegen. Nietzsche hingegen zweifelte an den gängigen Vorstellungen vom Menschen, von Gott und der Moral. Seine weltbekannte Aussage lautet: »Gott ist tot.« Umso erstaunlicher, dass jener zweifelnde Philosoph, der Gott tötete, im Regal dieser saudischen Buchhandlung weiterlebt.

Abendspaziergang durch Dammam. »Allahu akbar«, der Adhan erklingt, wölkt sich auf wie ein Dunstschleier, »Allahu akbar« erhebt sich über das Brausen der Gassen und dem Hupen der Autos, »Allahu akbar« regnet herab auf uns, auf die Fußgänger und Händler, auf die Läden und Straßen, »Allahu akbar«, erst ruft ein Muezzin, dann ein zweiter, dritter, bis endlich alle Muezzins aus allen Ecken der Stadt nach uns rufen, lockend, verlangend, anbrandend in Wogen, »ashhadu an la ilaha illa Allah«, der tausendfache Chor legt sich wie eine Patina auf die Häuserdächer, »ashhadu ana Muhammadan rasulu Allah«, schwer und dunkelbunt.

Ich beobachte eine Verkäuferin, die aus einem Abaya-Shop hinaustritt. Sie schließt die Ladentür ab, geht Richtung Gotteshaus, biegt dann jedoch in eine Seitenstraße ein, lässt die Moschee links liegen, holt ihr Handy aus der Tasche, telefoniert, kichert. Nicht das Gespräch mit dem lieben Gott suchte sie, sondern den Plausch mit einem ihr lieben Menschen. Der Gebetsruf als Vorwand, um zu türmen. Wie irdisch.

Auf dem Rückweg zum Hotel sprechen mich zwei junge Frauen an: »Hello sister!« Die eine trägt Niqab und Lachfalten, die andere ein rosa Kopftuch und einen Nasenstecker.

»Woher kommst du?«, fragt die Niqabi forsch auf Englisch.

»Germany«, antworte ich, und ihre olivschwarzen Augen weiten sich.

»Almaniya?« Sie klatscht in die Hände. »يالها من صدفة«, ruft sie lachend, ich sage auf Arabisch, dass ich kein Arabisch spreche. Sie strahlt noch immer: »Ahlan wa sahlan, welcome, sister, welcome!« Aziza ist 26 und Jemenitin, ihre Freundin Fouda ist ein Jahr älter und stammt aus Marokko.

»Ya ukhti welcome«, willkommen Schwester, »was machst du hier?«, fragt Fouda.

»Ich reise durch Saudi-Arabien.«

Aziza zückt ihr Handy, wählt über Telegram eine Nummer. »My cousin«, sagt sie, »she is living in Germany«, das Profilbild der Cousine zeigt ein Kleeblatt. »هذه حقا صدفة«, lacht Aziza in ihren Niqab hinein und schüttelt den Kopf, als könne sie es nicht fassen. Die Verbindung baut sich auf.

Ich frage, wo genau die Cousine lebt.

»Shwaysihossain«, antwortet Aziza, »wallah«, und stellt das Handy auf laut.

»Wie bitte?« Ich verstehe nicht, es tutet.

»Shwaysihossain«, das Kleeblatt hebt ab. »Yaaaaa hala«, ruft Aziza, »kayfa haluki«, wie geht's?

Das Kleeblatt antwortet mit glockenheller Stimme: »Jayid alhamdulillah«, sehr gut, Gott sei Dank. Jetzt kramt auch Fouda nach ihrem Handy.

»Almaniya تخيل أننا التقينا سائحة بالصدفة وهي من«, erzählt Aziza dem Kleeblatt, ich verstehe nur »Deutschland«, und schon hält mir Aziza ihr Smartphone an den Mund. »She speaks German«, meint sie zu mir, »talk to her.«

Ich stottere »Guten Abend« ins Telefon, weil mir auf die Schnelle nichts Gescheites einfallen mag.

Die Kleeblatt-Cousine begrüßt mich glockenhell auf Deutsch: »Herzlich willkommen in Saudi!«, und fragt mich nach meinem Befinden.

»Danke, alhamdulillah, wie geht es dir?«

»Sehr gut, alhamdulillah.«

Ich frage: »Wo wohnst du denn?«

Doch Aziza unterbricht uns, »ya ukhti«, will wissen, ob ich Kinder habe.

Ich verneine.

»You must hurry up!«

Währenddessen dreht Fouda ein Snapchat-Video von uns. »إنها السائحة الأولى التي أراها هنا«, sagt sie in die Kamera und fragt mich, warum ich alleine reise.

»Weil es intensiver ist«, antworte ich in die Kamera, und Fouda meint: »Richtige Entscheidung! So bereitet dir niemand Kopfschmerzen.«

»Ayuwa«, ich bejahe, die Kleeblatt-Cousine bejaht, »ayuwa«, Aziza bejaht, »ayuwa«, und fügt hinzu: »My cousin lives in Shwaysihossain, wallah.«

»Wo lebst du?«, frage ich.

»In Schleswig-Holstein.«

»Aaah, Schleswig-Holstein!«

»Yes, Shwaysihossain«, bestätigt Aziza, und Fouda lädt den Clip ins Netz, erntet sogleich Herzchen.

Aziza verabschiedet die Kleeblatt-Cousine: »Ma'assalama habibti«, ade, meine Liebe!

Diese antwortet: »Ma'assalama, azizati«, ade, mein Schatz!

»Lasst uns ein Selfie machen«, schlägt Fouda derweil vor, wir stellen uns nebeneinander auf, Fouda streckt den Handyarm, wir lächeln, Aziza klappt ihren Niqab hoch. Darauf bin ich nicht vorbereitet, plötzlich ist da ein Gesicht, ein schönes noch dazu. Aziza grinst in die Linse, sie trägt dunkelroten Lippenstift. Nachdem Fouda den Auslöser gedrückt hat, klappt Aziza den Schleier wieder herunter, Brauen, Nase und Lippenstiftmund verschwinden. Die beiden haken sich bei mir ein und schleppen mich ab, ins nächste Restaurant, »yalla habibti, yalla«.

Aziza bestellt *Bibsi* (Pepsi) und *Kabsa* – das saudische Nationalgericht (ursprünglich aus dem Jemen stammend, wie Aziza betont), zubereitet aus Reis, Fleisch und Gewürzen wie Pfeffer, Kardamom, Safran und Zimt. Auf dem Teppich ist eine Plastikfolie ausgebreitet, genannt *Sufra*, darauf kleine Wasserflaschen und eine Box mit Kleenextüchern. Wir sitzen auf dem Boden in der *family section*, in einem Separee, abgeschirmt durch Stellwände und Milchglasscheiben. In der *family section* sind keine ledigen Männer zugelassen, nur Frauen und ihre Familien. Männer ohne Anhang essen nebenan in der *single section*. In kleineren traditionellen Lokalen, die keinen Platz für Familienbereiche haben, sitzen ausschließlich Männer.

Das Restaurant trägt den verheißungsvollen Namen »Romance«, doch hinter den Trennwänden kreischen Kinder. Die Eltern lassen sie gewähren. Zwar ist die Geschlechtertrennung offiziell abgeschafft, aber das Innenleben Saudi-Arabiens ist eine höchst intime Angelegenheit, und so werden die *family sections* und Separees aufrechterhalten. Geschützt vor fremden Blicken können sich Frauen in den Separees entschleiern und speisen, ohne dass sie ihren Niqab bei jedem Bissen anheben müssen.

Auch Azizas Gesicht liegt jetzt frei. Vor fünf Jahren ist sie mit ihrem Ehemann nach Saudi-Arabien gezogen. »Er hat im Jemen keinen Job gefunden«, erklärt sie. In Dammam arbeitet er bei Starbucks hinter der Theke, schenkt Kaffee aus, packt Kekse in Schächtelchen. »Wir leben bescheiden«, sagt sie, »aber es ist okay.«

Es klopft, das Kabsa kommt. Aziza verdeckt ihr Gesicht, und der bangladeschische Kellner trägt einen großen runden Silberteller herein. Der Reis dampft, darauf Kamelfleisch und schwarze Limetten, es duftet herrlich. Im Halbkreis gruppieren wir uns um den Teller, essen mit Löffeln und Fingern. Fouda lobt das Kamel, »das ist ein Hashi«, sagt sie, ein männliches Babykamel, deshalb sei das Fleisch so zart, und ich kämpfe nun wegen des guten Geschmacks mit meinem schlechten Gewissen.

Seit sieben Jahren lebt Fouda in Saudi-Arabien. Sie ist mit einem britischen Inder verheiratet, der in saudischen Firmen Englisch unterrichtet. Denn immer noch sprechen etliche Saudis keine andere Sprache außer Arabisch. Da ist man in den Vereinigten Arabischen Emiraten, Bahrain, Katar, Oman und Kuwait weiter.

»Nächsten Sommer verlassen wir Saudi und ziehen zurück nach Leicester«, erzählt Fouda.

»Bist du darüber froh oder traurig?«, frage ich.

Sie denkt nach und antwortet dann: »Seit der Öffnung kann man hier glücklich werden.«

Nach dem Essen verabschieden wir uns, die Rechnung hat Fouda übernommen (ich durfte nicht zahlen), wir müssen in unterschiedliche Richtungen, die beiden steigen in ein Uber, ich in ein Careem, die Rückbank ist in Plastik eingepackt, damit die Polster nicht bekleckert werden, ich ziehe die Autotür zu, der Zipfel meiner Abaya hängt draußen (mir wird das wie immer erst während der Fahrt auffallen), am Steuer sitzt Tawfiq, »ahlan wa sahlan«, er spricht kein Englisch.

Wir cruisen durch die Nacht, ein Überlandbus tuckert an uns vorbei, hinter den gestreiften Gardinen dösen Gastarbeiter. Den Bus ziert eine Alpenlandschaft, unter den Fenstern steht auf Deutsch: »Da möcht' ich mit.« Eine kurze Google-Suche ergibt, dass der ausrangierte Bus ursprünglich zu einem Reisebusunternehmen aus Bayern gehörte, spezialisiert auf »Wellness im Zillertal« oder »Kastelruther Fronleichnamsprozession«. Die Deutschen verkaufen offenbar nicht nur Eurofighter nach Saudi-Arabien.

KHOBAR

الخُبر

Ihr gutes Benehmen gegenüber den Besuchern Ihres Landes spiegelt Ihren Respekt und Ihre gute Moral wider.

SMS des Innenministeriums
an meine saudische Handynummer

Ich will weg aus Dammam. Meine Gruft deprimiert mich. Dammam deprimiert mich. Ich ziehe nach al-Khobar und funke Faisal an, den ich noch von meinem letzten Besuch kenne. Am Abend treffen wir uns an einer Straßenecke, er parkt im Halteverbot, steigt aus seinem SUV und umarmt mich herzlich, obwohl Körperkontakt in der Öffentlichkeit als unschicklich gilt.

Faisal ist dreißig, spricht gutes Englisch, arbeitet in einem Pharmazieunternehmen. Er trägt Jeans, Hemd, einen Lockenschopf und ein breites Grinsen im Gesicht. Als wir am King Fahd Causeway vorbeifahren, muss Faisal laut lachen. Letztes Wochenende, erzählt er, war er in Bahrain, um zu feiern. Nach einer durchzechten Klubnacht fuhr er über die Brücke zurück nach Saudi-Arabien. Für gewöhnlich werfen die saudischen Partypeople den übrig gebliebenen und in ihrer Heimat streng verbotenen Alkohol aus dem Fenster in den Golf, bevor sie den Checkpoint erreichen (eine künstliche Insel zwischen beiden Staaten), und so treiben auf der bahrainischen Seite Bierdosen, Wodka- und Whiskeypullen im Wasser umher. Faisal ist vorsichtig. Eigentlich. Doch dieses Mal hatte er eine halb volle Flasche Gin auf dem Rücksitz vergessen. »Komplett verschwitzt«, sagt er und schlägt sich die Hand an die Stirn. Der saudische Soldat öffnete die hintere Tür, schaute hinein ins Auto, schloss die Tür und wünschte gute Weiterfahrt. Erst zu Hause bemerkte Faisal den Alkohol auf der Rückbank und erschrak. »Der Soldat hatte wohl Mitleid mit mir, weil ich so dumm war«, sagt er lachend.

Wir fahren zu seinem Appartement, einer kleinen Zweizimmerwohnung am Stadtrand. Die Möbel sind von Ikea, an der Wand hängt die Skyline von New York. Faisals Mutter wünscht sich eine Ehefrau für ihn, alle paar Wochen erzählt sie ihm von irgendeiner Cousine, die passen könnte, oder von den Töchtern ihrer Freundinnen, allesamt hübsch und klug und heiratswillig. Doch Faisal mag seine Freiheit. »Ich fühle mich noch nicht bereit für eine eigene Familie«, sagt er und schenkt mir aus einer langschnäbeligen Kaffeekanne *(Dalla)* dampfenden Qahwa in eine kleine henkellose Tasse. Der Kaffee schimmert golden und schmeckt nach Kardamom und Nelken, jede Region kennt ihre eigenen Rezepte. Seit Kurzem wird das Getränk zusätzlich mit einer Prise Nationalismus gewürzt. Nicht mehr »arabischer Kaffee« soll er offiziell heißen, sondern »saudischer Kaffee«. So will es MbS. Faisal reicht zum saudischen Kaffee saudische Datteln und saudische Kekse.

Ich frage ihn, wie die Menschen die Öffnung des Landes mittlerweile finden. Vor drei Jahren vernahm ich noch skeptische Stimmen. »Nicht, dass alles wieder rückgängig gemacht wird«, hörte ich sie flüstern. Diese Sorge hat sich nicht bestätigt. Die Reformen sind gesetzlich verankert. »Die meisten Saudis finden die Öffnung gut, und dass Frauen jetzt mehr arbeiten dürfen, ist prima«, sagt Faisal. Gleichwohl bringen die Umwälzungen auch Unordnung in alte Strukturen. Zwar sind Frauen häufig besser ausgebildet, »aber manche Firmeninhaber stellen trotzdem lieber Männer ein, weil die den Job tatsächlich brauchen, um ihre Familie zu ernähren oder die Hochzeit zu bezahlen«, erklärt Faisal und behauptet sodann: »Frauen geben sich oft nicht so viel Mühe, denn der Mann zahlt ja trotzdem alles für sie.«

Ich mag Faisal. Er ist freimütig, liebenswürdig und gewitzt. Und doch ist er ein Mann in einem Männerland. Er musste nicht für Gleichberechtigung kämpfen, nicht um Anerkennung bitten, kennt das Gefühl der Diskriminierung aufgrund des Geschlechts nicht, hat keinen Vormund, der über ihn bestimmt. Sein Dasein ist leichter.

Ich erwidere, dass Berufstätigkeit für Frauen vielleicht mehr bedeuten könnte als Taschengeld, nämlich Unabhängigkeit.

Er überlegt und entgegnet: »Aber Frauen führen ein sehr gutes Leben in Saudi-Arabien.«

Es stimmt, dass die saudische Frau meist wie eine Prinzessin behandelt wird. Sie bekommt überall einen Sitzplatz angeboten, und Herren müssen weichen. Sie soll nicht angestarrt werden und braucht keine Rechnungen zu zahlen. Sie gilt als kostbares Kleinod, das der Behütung bedarf. Doch Protektion bedeutet am Ende Paternalismus. Und Schutz entpuppt sich schnell als Unfreiheit.

Faisal erzählt von einer Bekannten, die heimlich ins Ausland abhauen wollte, weil sie unglücklich war in dieser Gesellschaft, die Frauen trotz der momentanen Aufbruchstimmung immer noch unterbügelt. »Ich sagte ihr, dass sie doch alles habe. Ein großes Haus, einen reichen Ehemann, der gut zu ihr ist, Hausangestellte, die für sie kochen und die Kinder zur Schule bringen. Sie braucht nicht zu arbeiten, kann stattdessen Kaffee trinken. Ihr Leben ist mühelos. Warum soll man da weglaufen wollen?« Faisal zuckt mit den Schultern.

»Was hast du ihr geraten?«, frage ich.

»Dass sie ein paar Tage Urlaub machen soll.«

Ihre Bedrängnis versteht er nicht. Kann er nicht verstehen. Weil sich seine Lebenswirklichkeit von ihrer unterscheidet. Er trägt nicht die Ehre der Familie zwischen seinen Beinen und erbt nicht nur die Hälfte dessen, was Männer erben. Für Frauen ist es ebendarum fundamental wichtig, durch Arbeit in die Selbstwirksamkeit zu kommen. Souveränität zu erlangen. Nur so wird sich eine Gesellschaft nachhaltig verändern. Ich denke an die Bundesrepublik der 1970er-Jahre. Verheiratete Frauen durften damals laut Gesetz nur dann arbeiten gehen, wenn ihr Beruf »mit ihren Pflichten in Ehe und Familie vereinbar« war. Heute nicht mehr vorstellbar.

Dass etliche Männer keinen Job finden oder aufgrund von Geldmangel keine Familie gründen können, ist dennoch ein großes Problem in Saudi-Arabien. Und deshalb hat die Regierung schon 2011 im Zuge der »Saudisierung« ein Quotenprogramm *(Nitaqat)* aufgelegt, um die Saudis in Lohn und Brot zu bringen. Ähnliche Vorgaben gibt es auch in Kuwait und Oman. Unternehmen sollen hauptsächlich Einheimische unter Vertrag nehmen und die Gastarbeiter allmählich ersetzen.

Fast siebzig Prozent der angestellten Saudis arbeiten im Staatsdienst oder im völlig aufgeblähten und schwerfälligen Verwaltungsapparat. Saudi-Arabien ist Bürokratieland. Im Privatsektor hingegen ist noch Luft nach oben. Saudische Arbeitnehmer gelten jedoch häufig als teuer sowie schlecht qualifiziert. Und schrecklich langsam. Vieles wird immer wieder auf morgen verschoben und dann trotzdem nie erledigt. Dieser Müßiggang führe zu Ineffizienz, meint auch Faisal. Die Notwendigkeit zur wirtschaftlichen Diversifizierung erzeugt überdies einen hohen Leistungsdruck. Zugleich fehlt es an Unternehmergeist und Eigenständigkeit. Das Schulwesen besteht überwiegend aus Auswendiglernen, da kritisches Denken nicht erwünscht ist. Dennoch sollen die Lehrpläne in den nächsten Jahren modernisiert werden, und namhafte nicht saudische Professoren bekommen hoch dotierte Stellen angeboten. Herausragende ausländische Forscherinnen und Forscher werden an saudische Universitäten berufen, so auch 2021 der Deutsche Jürgen Schmidbauer, einer der weltweit führenden Wissenschaftler auf dem Gebiet der künstlichen Intelligenz.

Sechs Millionen zusätzliche Arbeitsplätze sind bis 2030 für saudische Staatsbürger geplant. Wer als Arbeitgeber besonders viele Saudis beschäftigt, kassiert Prämien, bei Nichterfüllung drohen Strafen. Deshalb stellen einige gewiefte Firmen Fata-Morgana-Arbeitnehmer ein. Oder anders gesagt: Quotensaudis. Die saudischen Lohnempfänger existieren also nur auf dem Papier. Sie erhalten einen Arbeitsvertrag und ein kleines monatliches Gehalt, arbeiten aber nicht oder sitzen alibimäßig in ihren gestärkten und gebügelten Thawbs ein paar Stunden untätig herum, zupfen ihre kunstvoll drapierten Shemaghs zurecht und scrollen durch ihr Smartphone. Die eigentliche Tätigkeit wird weiterhin von günstigen Gastarbeitern aus Indien oder Bangladesch übernommen, da eventuelle Strafzahlungen am Ende erschwinglicher sind, als einen Saudi voll zu beschäftigen.

»Wir müssen lernen, selbst zu erschaffen, statt bloß zu verbrauchen«, findet Faisal, »das braucht Zeit, aber wir sind auf dem richtigen Weg.« Er bietet mir erneut saudische Kekse an.

»Mögen die Leute MbS?«, frage ich.

»Sie lieben ihn«, antwortet er prompt, »wir alle lieben ihn. Er macht gute Dinge.«

Ich will ihn provozieren: »Und die Sache mit Khashoggi?«

Jamal Khashoggi war ein saudi-arabischer Journalist, der deutliche Kritik am Kronprinzen übte. Er lebte seit 2017 im Exil in den USA und schrieb dort Kolumnen für die *Washington Post*. In seinen Texten attackierte er das Königshaus und insbesondere Muhammad bin Salman, den er mit Putin verglich und dem er einen autoritären Regierungsstil vorwarf. Auch unterstützte Khashoggi saudische Onlineaktivisten finanziell, die mit Tweets gegen das Regime vorgingen. Ab dem 2. Oktober 2018 galt er als vermisst, nachdem er das saudi-arabische Generalkonsulat in Istanbul betreten und nicht wieder verlassen hatte. Seine Leiche ist bis heute nicht gefunden worden.

»Niemand weiß, was genau passiert ist«, entgegnet Faisal ausweichend und schenkt saudischen Kaffee nach. Khashoggis Wirken in der arabischen Welt war von Ambivalenz geprägt. Einige seiner Landsleute bezeichnen ihn gar als Verräter. So kritisierte Khashoggi zwar den Wahhabismus scharf – also die streng puristische Lesart und Strömung des sunnitischen Islam in Saudi-Arabien –, doch er selbst war Anhänger der Muslimbruderschaft, einer gemäßigt-islamistischen Organisation, die den Wahhabismus bekämpft, obwohl beide Ideologien eine islamische Theokratie gebieten. Die Muslimbrüder lehnen jedoch eine Monarchie ab und sind mit ihrer Idee einer »islamischen Demokratie« dem saudischen Königshaus ein Dorn im Auge. In den Monaten vor seinem Tod hielt sich Khashoggi häufig in Istanbul auf, nicht nur wegen seiner türkischen Verlobten. Immer öfter sah man ihn im Umfeld der Regierungspartei AKP. Dabei stehen die Türkei und Saudi-Arabien in den regionalen Konflikten im Nahen Osten teilweise auf unterschiedlichen Seiten.

Fünfzehn Männer wurden aus Saudi-Arabien eingeflogen, um den unliebsamen Dissidenten am 2. Oktober 2018 zu ermorden, darunter ein Gerichtsmediziner mit Knochensäge. Laut der *New York Times* stammen einige der Täter aus dem direkten Umfeld des saudischen Kronprinzen. Auf Tonaufnahmen sei zu hören, so heißt es von türkischen Behördenvertretern, wie Khashoggi »verhört, gefoltert und dann getötet« wurde und dass die Attentäter ihn mit einer Säge zerlegten. Die Hintergründe und die wahren Drahtzieher der Ermordung sind bis heute nicht offiziell ermittelt. »Die Mörder haben doch ihre Strafe erhalten«, sagt Faisal und steckt sich eine Dattel in den Mund.

Nachdem der Druck der Weltöffentlichkeit gewachsen war, bestätigte die Generalstaatsanwaltschaft in Saudi-Arabien endlich nach einigem Hin und Her zähneknirschend, dass Jamal Khashoggi vorsätzlich getötet wurde und dass deshalb achtzehn Menschen verhaftet worden seien. Allerdings wurde dezidiert bestritten, dass der König oder sein Sohn irgendetwas davon gewusst hätten. Die Tötung sei das Resultat einer nicht autorisierten »rogue operation« gewesen, bei der Personen eigenmächtig gehandelt haben, erklärte der saudische Außenminister. Einen Monat später forderte der Generalstaatsanwalt die Todesstrafe für fünf Tatbeteiligte.

Ich belasse es dabei und erinnere mich, wie irritiert und geschockt etliche Saudis noch vor ein paar Jahren waren, als die Nachricht von der Ermordung um die Welt ging. »Das wirft uns hundert Schritte zurück«, sagte mir jemand hinter vorgehaltener

Hand. Heute ist es still geworden. Über Khashoggi wird geschwiegen.

»Khallas«, es ist erledigt, meint auch Faisal. Der Fall ist abgehakt. Die Söhne Khashoggis haben dessen Mördern vergeben. Die Todesstrafe gegen sie wurde aufgehoben.

Wir wechseln das Thema, Datteln werden gereicht, Kaffee, Kekse, und Faisal erzählt jetzt, dass er vor zwei Monaten einer Yogagruppe beigetreten sei. »Nur Männer, und einer ungelenker als der andere.« Jeden Mittwoch um neun Uhr abends treffen sie sich im Fitnessstudio und üben den herabschauenden Hund oder stehen mit gebeugten Knien und nach oben gestreckten Armen in der Stuhlhaltung. Letzte Woche haben sie sich an der gedrehten Flankendehnung versucht. »Ich scheitere schon am Schneidersitz«, lacht Faisal.

Über Khashoggi sprechen wir nicht mehr. Manchmal ist Schweigen in diesem Land zuträglicher für die Gesundheit als jede Yogaübung.

Absolute Macht ist ein Fehler, egal wie sehr ein Land auch in Gefahr sein mag und der Rettung bedarf. Wir Araber haben schlechte Erfahrungen gemacht mit scheinbar aufrichtigen, patriotischen Anführern, die sich viel zu schnell in Diktatoren verwandelten. Von solchen Anführern rühren unsere Leiden, unsere Notlagen, Niederlagen und Bürgerkriege zum Großteil her.

Jamal Khashoggi

Ich melde mich bei der Dating-App Tinder an, entgegen jeglicher Vermutung tatsächlich frei verfügbar in Saudi-Arabien. An Stelldicheins bin ich nicht interessiert, wohl aber an Storys. Wie funktioniert Flirten in einem Umfeld, das die Begegnung zwischen

Männern und Frauen durchweg sexualisiert und ebendeshalb die Geschlechter jahrzehntelang strikt voneinander getrennt hielt? Einem Umfeld, das unehelichen Sex noch vor ein paar Jahren mit Peitschenhieben bestraft hat. (In reaktionären Familien droht Frauen zuweilen Schlimmeres.)

Früher schrieben die Burschen ihre Telefonnummer auf Zettel und steckten sie den Mädchen heimlich zu. Heute tauscht man die Kontaktdaten über AirDrop, oder man verbindet sich auf Snapchat miteinander. Für eindeutigere Absichten gibt es Tinder, ebenso eine saudische Variante mit dem Namen »Saudi Arabia Social«. Auch diese App lade ich auf mein Smartphone, lege ein Fakeprofil an. Das Handling funktioniert ähnlich wie bei der Konkurrenz mit einem Swipe-System, nur dass Tinder eine pinke Benutzeroberfläche hat und Saudi Arabia Social eine lilafarbene. Gefällt dem Nutzer eine Person, so wischt er das Bild nach rechts. Gefällt sie ihm nicht, wischt er nach links. Wenn beide User ihre Profilfotos gegenseitig nach rechts gewischt haben, entsteht ein Match, und sie können über einen Chat kommunizieren. Ich lasse mir hier die Profile sowohl von Männern als auch von Frauen anzeigen.

Eigentlich hatte ich bei Saudi Arabia Social ein konservativ-muslimisches Mobile Dating erwartet, doch schnell wird klar: Die wenigen weiblichen User, die hier annoncieren, sind überwiegend Prostituierte, obwohl Prostitution rigoros verboten ist. So wird mir das Profil von Almanhali, 33, vorgeschlagen, wahrscheinlich Indonesierin, sie wohnt in der streng religiösen Stadt Buraida. Almanhali trägt einen grünen *Tudong*, ein in der malaiischsprachigen Welt übliches Kopftuch, das Haare, Ohren und Hals vollständig bedeckt und nur das Gesicht frei lässt. Sie lächelt lieblich, fast schüchtern. Unter »About me« steht auf Englisch: »Biete Massagen an und xxx Service.« Als Schlagwörter hat sie #horny und #SingleMom eingetragen.

Ich schließe die Saudi-App und öffne Tinder, lade als Profilfoto eine Rückenansicht von mir in Abaya hoch, mache mich jünger und nenne mich Nova. Weder für Tinder noch für Saudi Arabia Social benötige ich eine VPN-Netzwerkverbindung, die einen sicheren

Tunnel zwischen dem Endgerät und dem Internet herstellt, indem sie einen Standort in einem anderen Land vortäuscht. Die beiden Dating-Apps samt den inserierenden Sexarbeiterinnen sind ohne Beschränkung zugänglich. Möchte ich jedoch via Whatsapp meine Mutter in Deutschland anrufen, wird der Call geblockt, und ich muss VPN nutzen. Wunderliches Saudi-Arabien.

Jedenfalls scheint es, dass sich die saudische Regierung der (sexuellen) Subkulturen durchaus bewusst ist, die innerhalb ihrer Grenzen existieren. Und ja, Tinder in Saudi-Arabien ist nicht revolutionär, und es verändert nicht unbedingt die Sexkultur im Königreich. Die meisten Ehen sind ohnehin noch arrangiert. Aber die App erlaubt eine Frivolität, die in der Öffentlichkeit nicht gestattet ist. Und diese Frivolität lässt sich spielend und unverbindlich auf das Handy herunterladen. Der Bildschirm schützt dabei wie ein Schleier vor zu viel Nähe und bietet gleichzeitig Raum für ungehemmte Formen des sexuellen Ausdrucks, die als Antwort auf die repressiven Regeln der Gesellschaft verstanden werden können. Das Risiko von Verruf, Skandal und Ächtung spielt bei jedem Match mit.

Wonach ich suche, möchte Tinder wissen. »Männer« klicke ich an. Die gewünschte Altersgruppe wähle ich großzügig, von 23 bis 60 Jahren, um einen Querschnitt der Nutzer angezeigt zu bekommen. Und schon leuchten die Profile der nach Liebe und Eros suchenden Herren auf meinem Bildschirm auf. Abdullah, 47, mit grauem Thawb, Shemagh und Salafistenbart mag Katzen, aber keine Kinder. Ein Kraftprotz, der sich »Der Pilot« nennt, 32, zeigt sich im Muskelshirt an der Hantelstange, sucht eine »ernsthafte Beziehung« und wünscht sich viele Kinder. Dagegen Mansoour, 36, cool mit Sonnenbrille, ist an Onlineshopping, Aktien und Weltfrieden interessiert. Pedro, 45, aus Spanien, Ingenieur, lebt seit sieben Jahren in Saudi-Arabien. Das Profilfoto zeigt ihn lächelnd in einem Fischrestaurant am Roten Meer. Auf seinem Teller liegen aufgegessene Muscheln. Er ist geschieden, liebt Jazz und Wanderurlaube. Einen Wisch weiter steht Dhafer, 33, verifiziert durch ein blaues

Häkchen, mit nacktem durchtrainierten Oberkörper auf der Tanzfläche, eine Affäre suchend.

Die ersten zehn Minuten swipe ich sämtliche Typen nach rechts, will wissen, wer anbeißt, obwohl mein Gesicht nicht erkennbar ist. Match, Match, Match. Offenbar ist Nach-links-Wischen keine Option, die genutzt wird. Stattdessen scheinen die Herren jedes Frauenprofil nach rechts zu swipen und zu hoffen, dass eine Dame, irgendeine, hängen bleibt. Tinder verspricht nicht nur Freiheit. Die Ware, die Tinder verkauft, ist Hoffnung.

Dr. Alpha, 30, ohne Antlitz, aus Dammam, zeigt seinen (?) haarlosen Bodybuilder-Oberkörper und wie die dazugehörige Hand in die Hose gleitet, er mag »DIY« und »Thermalbäder«. Ich lache und wische auch ihn nach rechts. Immer mehr Nachrichten blinken in meinem Posteingang. Die wenigsten Aspiranten wollen im Tinder-Chat schreiben. Lieber Snapchat, heißt es. Ist sicherer. Turki, 37, mit Knollennase, stellt sich als Single-Dad aus al-Dschubail vor und sucht etwas »Festes«. Der Ägypter Ramses, 39, Architekt mit Rauschebart, beschreibt sich als Gentleman und wünscht sich nur ernsthafte Anfragen von potenziellen Heiratskandidatinnen. Kinder nicht erwünscht. Rashid, 42, ist ein »easy going«-Beduine, der gesunde Ernährung, Videogames und Fitness mag.

Match mit Mister-Hand-in-der-Hose Dr. Alpha. Ich muss wieder lachen, tippe ein schnödes »Hi« in den Chat und will wissen, was er sucht.

»Sex«, antwortet er. Immerhin ist er ehrlich.

Auf meine Frage, ob Sexdating in Saudi-Arabien kompliziert sei, entgegnet Dr. Alpha: »Man sollte vorsichtig sein, aber es ist offiziell nicht mehr verboten.« Angeblich hatte er über die App schon One-Night-Stands mit zwei saudischen Frauen und drei Philippinerinnen.

Das Ändern der Einstellungen auf »nur Frauen« führt zu einer Warnung von Tinder. »Es scheint, als hältst du dich an einem Ort auf, wo die LGBTQ-Community strafrechtlicher Verfolgung ausgesetzt ist«, ploppt auf meinem Bildschirm auf, »sei bitte vorsichtig und passe auf dich auf, wenn du neue Matches machst und dich mit

Leuten triffst, die du nicht kennst.« Saudi-Arabien belegt den letzten Platz von 199 Ländern im *Gay Travel Index 2023*.

Die Tinder-Frauen zeigen viel Haut, aber selten Antlitz. Manche suchen »nichts Ernstes«, andere bloß »neue Freunde«. E., 38, aus Riad, steht mit Kopftuch und Abaya im Aufzug vor dem Spiegel, hält das Handy vor ihr Gesicht, sodass man sie nicht erkennt. Ein Bild weiter ist ihre Abaya gefallen und ein sehr busiges Dekolleté in einem sehr knappen Top springt mir entgegen. Sie ist nur online, wenn sie Zeit hat, lässt sie den Betrachter wissen. Linda, 29, aus Hofuf, langes schwarzes Haar, sitzt ebenfalls vor einem Spiegel mit dem Handy vor ihrem Gesicht und einem Blumenstrauß vor ihren nackten Brüsten. Tinder-Linda mag Hot Yoga, Radfahren und Selfcare. Ich schließe die App. *Khallas.* Genug für heute.

»Wir haben vielerlei Herausforderungen erlebt und alle Krisen gemeistert«, schreibt König Salman auf X. Heute ist Founding Day, saudischer Gründungstag, nicht zu verwechseln mit dem Nationalfeiertag, der die Errichtung des Staates im Jahr 1932 feiert. Erst seit 2022 wird der Founding Day begangen. Der Tag soll an die Inthronisierung von Muhammad bin Saud als Emir von Diriyah im Jahr 1727 erinnern, damals ein kleines Lehmhüttendorf im Nadschd (Landschaft im Inneren der Arabischen Halbinsel), heute ist Diriyah ein Vorort von Riad. Dieses Datum gilt laut saudischer Geschichtsschreibung als Ausgangspunkt für die Entstehung des ersten saudischen Staates, auch als »Emirat von Nadschd« bekannt. Das Emirat bestand von 1744 bis zur osmanischen Eroberung im Jahr 1818 und wurde dann zerschlagen. Der zweite saudische Staat (1824–1891) entwickelte sich aus der politischen Schwäche des Osmanischen Reiches heraus, konnte jedoch die Ausdehnung des ersten Staates nicht mehr erlangen und konzentrierte sich auf das Kernland im Nadschd. Schwere Machtkämpfe innerhalb der Al Saud und die ständige Fehde mit dem Clan der Al Raschid ließen diesen zweiten saudischen Staat ebenfalls scheitern. Aber, um es unerhört kurz zu machen: Die Al Saud gaben nicht auf, eroberten im Laufe der Jahre alte sowie neue Gebiete und erweiterten ihre Macht kontinuierlich. 1932 wurde schließlich das »Arabisch-Saudische Königreich« ausgerufen.

Faisal holt mich ab. Er hat heute frei, wie die meisten Saudis. Unterwegs sammeln wir seinen Kumpel Muhammad ein, sie kennen sich von Kindesbeinen an. »Ich nenne ihn Joe«, sagt Faisal, »denn wenn ich Muhammad rufe, drehen sich hundert Leute um.«

Joe arbeitet bei Saudi Aramco und entwickelt die Maschinen, die das Öl aus dem Boden pumpen. Mit Mitte zwanzig musste er heiraten. Die Familie wollte es so. Seine Braut hatte er zuvor nur einmal gesehen. Die Ehe hielt 16 Monate.

Joe begrüßt mich mit »Hello«, legt die Hand auf sein Herz und lächelt schüchtern. Sein Englisch beschränkt sich auf ein paar Sätze, jedoch mit einem so starken Akzent, dass ich fast nichts verstehe.

Jetzt erst mal Coffeeshop, beschließt Faisal und drückt aufs Gaspedal. Mir dünkt, es gibt für junge Saudis nur drei Beschäftigungen: im Kaffeehaus abhängen, in der Mall umhergehen oder mit dem Auto herumcruisen. In wechselnder Reihenfolge. Nach dem Coffee also wieder cruisen, dann an einer Parkplatzmoschee stoppen, Joe möchte beten. Mir fällt auf, dass die Muezzins leiser rufen als noch vor drei Jahren. Und tatsächlich. Faisal bestätigt, dass der Kronprinz 2021 ein Dekret erlassen hat, um die Lautstärke des Gebetsrufes zu reduzieren. Ausgerechnet in Saudi-Arabien, denke ich.

Nach der Anrufung Gottes cruisen wir weiter, trinken Bibsi. Fahren an wuchtigen Villen vorbei, die sich hinter dicken Mauern verstecken. Die Fassaden beigegrau und schlicht, die Fenster verspiegelt. Die Bewohner seien schweinereich, sagt Faisal. Hier residiere der Bauherr des privaten Krankenhauses diesunddas, erklärt er, da hinten der Beach-Club-Besitzer derundder, daneben der Gründer der Coffeeshopkette hierundda, dort drüben lebe die dritte Ehefrau von demunddem, hier vorne stehe das Gästehaus von soundso …

»Das ist ein Gästehaus?« Ich staune. Mehrere Villen samt Fuhrpark, Swimmingpool und Gartenanlage erstrecken sich auf einem riesigen Grundstück. So erzählt es zumindest Faisal, denn die Mauern verhindern den Einblick. Die Privatsphäre ist das wichtigste Gut, typisch saudisch; man sieht nichts, man hört nichts, man weiß nichts. Umso höher die Mauern, desto größer die Freiheit.

Naif steigt hinzu, wie Joe ebenfalls Ingenieur bei Aramco. Der Endzwanziger bringt einen Backpacker aus Holland mit, den er irgendwo am Straßenrand aufgegabelt hat. »Das ist der allererste Tourist, den ich je getroffen habe«, freut sich Naif und wirkt ein wenig stolz auf seine Entdeckung. Als hätte er eine seltene Oryxantilope eingefangen.

Der erbeutete Holländer heißt Luuk, ist Anfang dreißig, hünenhaft wie ein Basketballspieler, trägt einen langen blonden Bart und einen weißen Thawb, den er im Oman als Souvenir gekauft hat. Sein Outfit kommt wie eine Verkleidung daher und lässt Faisal und Joe auflachen, sie fragen, ob Luuk frisch zum Islam konvertiert sei. »Bist du auch beschnitten?«, feixt Faisal, und alle gickeln. Mit Religion hat Luuk nichts am Bart, doch wirkt traditionelle arabische Kleidung an einem Europäer oft wie Folklore. »Du siehst aus wie ein Fundi!«, amüsiert sich Joe, und Naif klopft dem Hünen aufmunternd auf die Schulter. Die drei Saudis tragen allesamt Jeans und Shirt.

Die nächsten vier Stunden juckeln wir mit Bibsi und Coffee die Boulevards, Ringstraßen und Kreisverkehre zwischen Dammam und Khobar rauf und runter. Umso tiefer die Sonne sinkt, desto voller werden die Straßen, bis es nur noch im Schritttempo vorwärtsgeht. Arabischer Elektropop donnert aus Hunderten Boxen, vor uns eine Kette aus Bremslichtern, Tausende Autos fließen zäh wie Sirup, dazu Hupen, Gesang, Weltmeisterstimmung, grüne Fahnen wehen, Mädchen und Jungen sitzen auf Autodächern, hängen aus den Fenstern, winken, kreischen, formen Herzchen mit Daumen und Zeigefinger, filmen für Snapchat, verteilen Süßigkeiten, reichen sie von ihrem Autofenster aus in unsere Hände. Gaudi in Saudi!

Wir drehen die Lautsprecher auf, hören Rashed al-Majed, der neben Abdul Majeed Abdullah einer der populärsten saudischen Folk-Popsänger ist. Vom Bekanntheitsgrad sind die beiden Barden vergleichbar mit Herbert Grönemeyer und Udo Lindenberg in Deutschland. Aus den Lautsprecherboxen schallert »Ya Muhammad«. Der Text zieht mir die Schuhe aus. »Begleite uns, o Muhammad, und deine Herrlichkeit bleibt bestehen«, trällert al-Majed, »wir schreiben deinen Namen in Gold über den Wolken, o Muhammad.« Es ist eine Vergottung, die sich in den Lyrics vollzieht. Denn tatsächlich ist nicht der Prophet Muhammad gemeint, sondern es ist der Kronprinz, der hier besungen wird. »Keine Größe ohne Größenwahn«, meinte Karl Kraus einmal. Über fünfzig Millionen Aufrufe hat der Song auf Youtube seit 2017 eingeheimst. Das nächste Lied singt Fahad bin Fasla, und Joe dreht lauter. Cooler Sound. Doch auch bin Fasla preist die Unermesslichkeit von König und Königssohn, deretwegen Saudi-Arabien das ruhmreichste und schönste Land der Welt sei. Bald zweihundert Millionen Klicks.

Seitdem Salman und MbS die Macht übernommen haben, sickern immer häufiger nationalistische Popsongs in die hiesigen Charts. Das erinnert an das Ägypten der 1960er-Jahre, als der »Stern von Arabien«, die berühmte Sängerin Umm Kulthum, nicht nur von Liebe und Leid sang, sondern auch von Volk und Vaterland.

Zum bekanntesten saudischen Popgut zählen »Ash Salman« (Es lebe Salman), gesungen von den beiden bereits erwähnten Superstars Abdullah und al-Majed, und »Enta Malek« (Du bist König) von Rabeh Saqer. Wieder Abermillionen Klicks auf Youtube. Pop und Propaganda – einfach, aber wirkungsvoll. Solche Lieder sind die inoffiziellen Hymnen der Golfmonarchie, und da die Regierung mittlerweile Konzerte und eine starke Verbreitung in den sozialen Medien zulässt (und forciert), ist die Reichweite dieser beschwingten Propaganda-Popsongs immens. Einige der Songtexte stammen aus der Feder von Turki bin Abdul Mohsen bin Abdul Latif Al ash-Sheikh. Er ist so alt wie ich, Sportfunktionär, Berater am königlichen Hof und seit 2018 Vorsitzender der neu gegründeten *General*

Entertainment Authority. Musik ist jetzt Chefsache, denn Musik hat Einfluss auf Gesellschaften. Und die patriotischen Klänge werden von vielen Saudis gern gehört, insbesondere da die prominentesten Sänger der Region die Gassenhauer interpretieren. Aber nicht nur saudische Künstler sind gut bezahlte Gehilfen der royalen Öffentlichkeitsarbeit; sogar der mehrfach mit Platin ausgezeichnete DJ David Guetta ließ den König hochleben und spielte auf einem Konzert in Riad eine elektronische Version von »Ash Salman«, es lebe Salman.

Und im Himmel und auf der Erde oder über den Meeren
Wir schreiben deinen Namen in Gold über den Wolken
(O Muhammad).

Die Welt ist an deinem Tag mit dir auferstanden.
Und ich kehrte nur mit Prestige und Sieg zurück.

Geh mit uns. O Muhammad.
Und deine Herrlichkeit bleibt bestehen.
Und sobald wir dich sehen, beginnt der Tag.

O Muhammad. O Muhammad.

Rashed al-Majed

Letzter Tag in Khobar. Und der zweite Tag, an dem Saudi-Arabien sich selbst feiert. Ich will zur Corniche, weil ich dort flanieren kann. Etwas, das in Saudi-Arabien nur schwerlich möglich ist, da es kaum Bürgersteige gibt, kaum Fußgängerampeln, dafür reichlich Ringstraßen, die sich um Ringstraßen wickeln, und zehnspurige Highways, die wie reißende Flüsse anmuten. Unüberwindbar.

Über 220 000 Kilometer Straße durchpflügen die Landschaft Saudi-Arabiens. Lustwandeln ist nicht vorgesehen. Zudem wird es ab Mai schlicht zu heiß, um draußen herumzulaufen. Saudi-Arabien ist Autofahrerland. Und deshalb ist jeder Service als Drive-thru konzipiert, ob Coffeeshops, Tankstellen, Restaurants oder Bankautomaten. Niemand braucht seinen klimatisierten Blechkäfig jemals verlassen. Zu keiner Zeit. Niemand muss sich selbst bewegen. Alles bleibt passiv, alles wird von Angestellten erledigt, eingepackt, erfüllt.

Mit Careem und Uber ist kein Wagen zu bekommen. Entweder ausgebucht, oder die Fahrer stornieren mich. Eine übliche Unart. Ewig warten, dann doch gecancelt werden, weil der Driver keinen Bock hat, durch den zähen Sirupverkehr zu driven, darum neu buchen, wieder warten, wieder Storno und so weiter und so fort. Die saudische Version von *Warten auf Godot*. Beschäftigt mit der Nebensächlichkeit des Ausharrens, muss man sich mit den existenziellen Fragen des Daseins nicht mehr auseinandersetzen. Wer bin ich? Was will ich wirklich? Lebe ich das richtige Leben? Ich weiß es nicht. Und so stehe ich am Straßenrand in der staubigen Peripherie, warte auf irgendjemanden, der mich mitnehmen möchte, bis nach einigen Minuten ein Auto anhält. Auch das ist üblich in Saudi-Arabien. Entweder aus Mitleid (manchmal) oder aus monetären Motiven (meistens) wird der Harrende von beschäftigungslosen Autolenkern aufgesammelt, die sich als temporäre Chauffeure andienen. Und fast immer werden sie das angebotene Geld ablehnen, aus Höflichkeit, um es am Ende der Fahrt doch entgegenzunehmen. So sind die Spielregeln. *Hitchhiken* ist hier (noch) nicht verbreitet, sondern sorgt eher für Missverständnisse, die vorrangig für alleinreisende Frauen unangenehm werden können. Wer nicht zahlt, gibt vielleicht anderes her, mag so mancher Kerl hoffen. Lebt er doch in einem Land, in dem Touristen selten sind und eine Frau gemeinhin nicht allein unterwegs ist und ohnedies jahrzehntelang nicht einmal mit fremden Männern sprechen durfte.

Yusef sackt mich ein, ich setze mich auf die Rückbank – der Zipfel meiner Abaya klemmt in der zugeschlagenen Tür –, erkundige mich nach dem Preis. Der Mittdreißiger winkt ab, will stattdessen wissen, woher ich komme.

»Almaniya«, antworte ich.

»Hitler«, ruft er und zieht zur Begrüßung ein Fläschchen Parfüm aus dem Handschuhfach, dreht sich zu mir um und besprüht mich damit. »Good?«, fragt er hoffnungsfroh. Auch das ist eine saudische Eigenart. In den nächsten drei Monaten werden mich diverse Saudis – ob männlich oder weiblich – aromatisieren, unabhängig davon, ob ich bereits Parfüm trage oder nicht.

Als ich nicke, übersieht Yusef vor lauter Freude eine Bremsschwelle, wir fliegen, sein Shemagh hüpft ihm fast vom Kopf. Im Auto riecht es jetzt nach Weihrauch und Rose. Yusef spricht nur wenige Sätze Englisch, ist aber dennoch überaus redselig. Nach 23 Wörtern sind wir bei seiner Lebensgeschichte angelangt. Er teilt das Schicksal vieler männlicher Saudis: Er findet keinen Job, und deshalb ist er Single, weil er sich ohne Knete keine Hochzeit leisten kann. Yusef wohnt deshalb noch zu Hause bei seiner Familie, obwohl er sich ein eigenes Leben wünscht. »Too little money«, sagt er, reibt Daumen und Zeigefinger aneinander, und jetzt freut er sich nicht mehr. Als Mann ist er verpflichtet, die Morgengabe für die Auserkorene zu bezahlen, den Hochzeitssaal und das Catering, auch Schmuck für die Braut und die Brautmutter, dazu die Flitterwochen und die Einrichtung des gemeinsamen Appartements. Die durchschnittlichen Kosten liegen bei umgerechnet 70 000 Euro. Ohne Arbeit und ohne Status bleibt ihm all das, was in Saudi-Arabien zur Familiengründung dazugehört, verwehrt. Mit seinen 33 Jahren hat er noch nie eine Frau geküsst oder Händchen gehalten. So gleich »wie die Zähne eines Kamms« seien die Menschen, hat der Prophet Muhammad gesagt. In Saudi-Arabien gibt es keine Chancengleichheit. »Too little money«, wiederholt Yusef und lässt mich an der Corniche aussteigen. Das zuvor abgelehnte Geld nimmt er nach dreimaliger Aufforderung an. So sind die Spielregeln.

Es wird dunkel. Der Halbmond geht auf (tatsächlich). Hunderte Menschen schlendern die blitzblanke Promenade entlang, sitzen auf Bänken, in der Hand einen Kaffeebecher gegen die Abendkühle. Oud liegt in der Luft, eine arabische Laute dudelt irgendwo im Hintergrund, an sämtlichen Handyladestationen (überall im Land kann man Handys laden) hängen Smartphones. Viele Saudis sind im traditionellen Gewand gekleidet. Die Männer haben die *Mischlah* (oder *Bischt*) angezogen, edle Umhänge mit Goldsaum, dazu einen goldenen Kopfring *(Agal)* auf dem Shemagh. Die Frauen sind in goldbestickte Abayas gehüllt, ihre Augen dick mit schwarzem Kajal umrandet. Die Kopftücher klimpern, denn an ihren Rändern sind Perlen und Münzen vernäht. Manche Saudi-Araberinnen bedecken Nase und Kinn mit der *Battulah*, einer Maske aus Stoff oder Leder, die an einen geschwungenen Schnurrbart erinnert. Fingerspitzen und Handinnenflächen sind mit Henna bemalt. Einige junge Frauen tragen statt Abaya lieber Mischlah, und statt Tarha lieber Shemagh, außerdem einen Dolch aus Plastik am Gürtel ihrer Pluderhosen. Eine Musikantentruppe geht umher, trommelt und singt, eingekesselt von Dutzenden Mobiltelefonen.

Am Ende der Corniche lassen sich Fahrräder ausleihen. Mädchen mit grün-weiß geschminkten Gesichtern düsen umher. Ihr offenes Haar weht im Fahrtwind, sie lachen und klingeln die Fußgänger beiseite. Ich denke an *Das Mädchen Wadjda*. Der deutsch-saudische Spielfilm der Regisseurin Haifaa al-Mansour gewann weltweit mehrere Filmpreise und galt bei den Filmfestspielen von Venedig 2012 als »kleine Sensation«, obwohl es al-Mansour als Frau nicht erlaubt gewesen war, bei den Dreharbeiten in Saudi-Arabien mit ihrer überwiegend männlichen Crew zu kommunizieren. Sie musste im Van bleiben und ihre Regieanweisungen per Walkie-Talkie instruieren. Der Film dreht sich um die elfjährige Wadjda, die davon träumt, das schöne grüne Fahrrad zu besitzen, welches sie jeden Tag auf ihrem Schulweg in einem Spielzeugladen anstaunt. Für Mädchen ist es jedoch verwerflich, Rad zu fahren, und Wadjdas Mutter verbietet es ihrer Tochter zunächst. Aber der gewitzte Trotzkopf gibt nicht auf und beschließt, eigenes Geld zu verdienen. So nimmt Wadjda an einem Koranrezitierwettbewerb ihrer Schule teil, gewinnt und verkündet, sie wolle das Preisgeld nicht für einen guten Zweck spenden, sondern sich stattdessen ein Fahrrad kaufen. Doch die geschockte Schulleiterin zwingt das Mädchen, den Gewinn palästinensischen Kindern zukommen zu lassen. Wadjda ist traurig. Ebenso ihre Mutter, denn diese ist bei dem Versuch gescheitert, ihren Mann von einer Zweitehe abzuhalten. Am Ende kauft sie ihrer Tochter das grüne Fahrrad, damit es Wadjda eines Tages besser ergehe als ihr. Der Film blendet ab, als das Mädchen radelnd die Hauptstraße erreicht; die große, weite Welt. Das Fahrrad als Symbol der Befreiung. Daran denke ich, als ich die kleinen Radfahrerinnen herumflitzen sehe.

Plötzlich brüllt eine Männerstimme aus einem Lautsprecher. Eifernd. Ergriffen. Saudis, Pakistaner und Inder versammeln sich, die Atmosphäre ist gespannt, manche Männer reißen die Arme gen Himmel, andere rufen Wortfetzen auf Arabisch oder Urdu, hitzig flehend oder wütend raunend, bis die Lautsprecherstimme in einen gellenden Ächzer kippt und die Versammelten die Hände auf ihre Gesichter drücken und die Köpfe senken. Doch es ist kein Prediger, der hier lärmt. Es ist ein Fußballkommentator, und die Männer blicken nicht nach Mekka, sondern auf eine LED-Leinwand. Der Tabellenführer Ittihad FC spielt gegen al-Raed. Die Partie endet unentschieden.

Tinder blinkt. Match mit Ziyad, 39, Zahnarzt, steht in Shirt und Shorts vor seinem (?) Porsche, mag Schwimmen, Netflix und Wein.

Ich: »Warum bist du auf Tinder? Was suchst du genau?«

Ziyad: »Nun, ich suche eine Langzeitbeziehung. Und ich hoffe, eine Frau kennenzulernen, die nicht schon vor dem ersten Treffen von Hochzeit spricht.«

Ich: »Ist es leicht, ernsthafte Personen auf Tinder zu finden?«

Ziyad: »Es kommt drauf an, was man sucht. Willst du dich mit mir treffen?«

Züge buchen in Saudi-Arabien. Bisher gibt es weniger als eine Handvoll Bahnstrecken in dem riesigen Golfstaat. Zwischen der Ostprovinz und der Hauptstadt Riad, zwischen Riad und Ha'il weiter nördlich (die Strecke soll bis nach Jordanien ausgebaut werden) und die elektrische Hochgeschwindigkeitslinie *Haramain Express* zwischen Dschidda, Mekka und Medina. Für irgendwann ist noch die *Saudi Landbridge* geplant, eine Zugverbindung unter der Leitung eines chinesischen Unternehmens, die Dammam am Golf und Dschidda am Roten Meer miteinander verbinden soll.

Seit einer Stunde kämpfe ich mich durch die App der Saudi Arabia Railways. In die Stadt al-Hofuf möchte ich, rund 140 Kilometer Richtung Westen. Zwar lässt sich die Sprache auf Englisch einstellen, aber Reiseziele, Nationalität, Geschlecht und Geburtsdatum müssen auf Arabisch ausgewählt werden, weiß der Teufel, warum. Als Titel kann ich wählen zwischen »Herr« und »Frau« oder zwischen »Prinz« und »Prinzessin«. Rund 15000 Saudis zählen zur Königsfamilie. Der Gründer des heutigen Saudi-Arabien, Ibn Saud, hatte insgesamt 24 Ehefrauen, etwa 45 Söhne und schätzungsweise eintausend Enkel, denn die Söhne ehelichten ja ebenfalls mehrere Damen. An die 7000 Prinzen soll es derzeit geben (die Zahlen variieren); bloß 2000 besitzen Macht und Ressourcen. Doch von Belang sind lediglich einige Hundert.

Ich entscheide mich schweren Herzens gegen »Prinzessin«, switche hin und her zwischen der Übersetzungs-App und der Bahn-App, versuche Arabisch zu lesen, vergesse das Gelesene sogleich wieder, muss von vorne beginnen. Es dauert weitere 25 Minuten. Einen Klick von der finalen Bestätigung entfernt, akzeptiert die App meinen deutschen Pass nicht. Buchstaben sind im Eingabefeld nicht vorgesehen. Nur Ziffern. Ich soll eine Hotline anrufen oder das Bahnticket am Schalter kaufen. *Welcome to Saudi Arabia.*

Der Zug ist modern, klimatisiert, sehr sauber und auf die Minute pünktlich, also alles, was die Deutsche Bahn nicht ist. Jeder Fahrgast erhält automatisch einen festen Sitzplatz; das gefällt nicht allen an Bord, und so spielen die Passagiere »Reise nach Jerusalem«, sie stehen auf, setzen sich um, sodass woanders ein Sitzplatz fehlt, weshalb wieder Plätze getauscht werden müssen und so weiter und so fort.

Ich sitze am Fenster, neben mir eine ältere Dame, mir gegenüber am Tisch eine Niqabi, die sich ebenfalls umgesetzt hat und emsig in ihr Handy hämmert. Sie trägt Sonnenbrille über dem Gesichtsschleier und erinnert mich deshalb an Vetter Itt aus der Serie *Addams Family*. Unser Lokführer heißt Fouad, so informiert uns eine Durchsage. Drei »Allahu akbar« leiten das Reisegebet ein. Derweil steht ein indischer Familienvater hilflos im Gang herum. Er hält seinen kleinen Sohn an der Hand. Am benachbarten Vierertisch hat seine indische Ehefrau Platz genommen, umgeben von drei saudischen Frauen, die ebenfalls mit ihren Handys beschäftigt sind. Eigentlich liegt sein Sitzplatz mir schräg gegenüber, neben der Sonnenbrillen-Niqabi, die ja ursprünglich woanders saß, doch diese hat demonstrativ ihre Tasche auf des Inders Sitz abgestellt und weigert sich beharrlich, den Platz freizugeben. »Ich sitze nicht neben Männern«, sagt sie bärbeißig und drückt die Sonnenbrille gegen den Niqab. Wer behütet und abgeschirmt aufwächst, fühlt sich schnell bedroht, vermute ich.

Der Mann sieht verloren aus, stammelt ein paar englische Brocken, seine Ehefrau schweigt verschüchtert, der Junge schaut verzagt drein. Ich biete an, die Sitze zu tauschen, mich also neben die Niqabi an den Gang zu setzen, sodass der Vater meinen Platz einnehmen und bei seiner Familie bleiben kann. Meine Sitznachbarin ist einverstanden, doch die Niqabi akzeptiert meinen Vorschlag nicht, sie fühle sich unwohl, wiederholt sie mehrmals. »No men!« Kein fremder Kerl darf in ihre Nähe, nicht neben sie, nicht ihr gegenüber. »Er kann sich da drüben hinsetzen«, faucht sie und zeigt mit ihrem Finger auf das Ende des Waggons. Der Mann tritt betroffen ab, den kleinen Sohn noch immer an der Hand.

HOFUF

الهفوف

Die Landschaft ist beige und ockerfarben wie Schmirgelpapier. Strommasten ziehen dahin. Von der Sonne ausgebleichte Werbetafeln. Bisweilen Neubausiedlungen aus zweistöckigen Einfamilienhäusern, die aussehen wie Schuhkartons, mit Sand bepudert. Dazwischen Kahlheit. Hin und wieder Baustellen, auf denen niemand arbeitet.

Die unbewohnten Neubauten wirken wie Findlinge. Ein leichter Sandsturm wirbelt am Fenster vorbei, sodass die Wüste noch wüster wirkt. Der Zug stoppt kurz auf der Strecke, um Kamele über die Gleise zu lassen.

Nach eineinhalb Stunden erreichen wir die Region al-Ahsa, ihr urbanes Zentrum ist die Stadt Hofuf. Al-Ahsa ist Dattelland. Drei Millionen Palmen wachsen hier auf einer Fläche, die 17 000 Fußballfeldern entspricht. Insgesamt werden in Saudi-Arabien 31 Millionen Dattelbäume kultiviert.

Taxifahrer Tayi spricht kein Englisch, dennoch freut er sich über Gebühr, eine Deutsche im Fond sitzen zu haben. Wie fast alle Taxis ist auch sein Auto komplett mit Plastik ausgekleidet, man könnte darin einen Mord begehen. Tayi babbelt ununterbrochen, meine Translator-App kommt nicht hinterher. Dann tippt er auf dem Screen an der Armatur herum und klickt aufs Geratewohl einen Spielfilm an, der mit Deutschland zu tun hat. Ich solle mich in seinem Taxi zu Hause fühlen, sagt er in meine App.

Es ist ein Kriegsfilm. Junge Wehrmachtsoldaten wurden gefangen genommen und müssen nun an einem dänischen Strand Landminen entschärfen. Und so sehe ich die Burschen auf dem Bauch liegend den Sand mit Stäben sondieren, bis sie auf eine Mine stoßen und mit den Händen freilegen. Ein Jüngling versucht, den Zünder herauszuschrauben, während Tayi hupt und jemandem die Vorfahrt nimmt. Im Toyota neben uns bürstet ein Mann seinen Bart. Just als wir mein Hotel erreichen, explodiert auf dem Bildschirm die Mine.

Das Hotel heißt »Manzara helwa« – übersetzt: »Schöne Aussicht«. Mein Zimmer hat kein Fenster. Offenbar nimmt es die Hotelleitung nicht so genau mit ihrem Verkaufsversprechen. Dafür riecht es penetrant nach Lavendel-Raumspray, und der Föhn hängt neben dem Fernseher. In der Nasszelle fehlt Toilettenpapier. Stattdessen gibt es ein Hockklo, und ein Wasserschlauch ist an der Wand angebracht, so wie in allen arabischen Badezimmern. Klopapier wird zwar gelegentlich benutzt, aber als unreinlich empfunden. Ein Saudi erklärte es mir so: Wenn man mit seinen neuen weißen Sneakers durch Hundekacke latscht, macht man die Schuhe dann nur mit einem Taschentuch sauber? Oder hält man sie unter einen Wasserstrahl?

Übrigens habe ich mir sagen lassen, dass saudische Männer grundsätzlich im Sitzen pinkeln, denn der Thawb lässt gar nichts anderes zu. Daher gibt es auf den Herrentoiletten zumeist keine Pissoirs.

Auf dem Weg in den Suq komme ich an Häuserfassaden vorbei, deren Putz abblättert. Hinter den schmierigen Fenstern leben nicht nur Gastarbeiter, sondern auch mittellose Saudis. Ich kaufe eine Flasche Wasser in einem *Bagala*, die arabische Version eines Tante-Emma-Ladens. Bagalas gibt es an jeder Ecke, und man bekommt dort alles für das tägliche Leben von Joghurt und Bibsi über Fladenbrot und Waschmittel bis zu Batterien und Prepaidkarten.

Jinas steht an der Kasse. Seit einem Jahr lebt der Inder in Hofuf. »Es ist nicht leicht«, sagt er. Keine Freunde, keine Frau, immer allein. Jinas gehört zu den dreißig Prozent Gastarbeitern im Land. In Katar oder den Vereinigten Arabischen Emiraten beträgt ihr Anteil sogar 85 Prozent. Zwölf Stunden täglich, von Sonntag bis Samstag, räumt Jinas Konservendosen in die Regale, stapelt Kosmetiktücherboxen aufeinander, füllt die Kühlschränke mit Getränken und kassiert die Kunden ab. Die Hälfte seines Lohns schickt er zu seiner Familie nach Kerala.

Die Billiglohnarbeiter sind die Abgehängten. Sie errichten die Wolkenkratzer, fegen den Suq, pumpen Öl aus dem Boden, sammeln Müll ein, bügeln die Wäsche, betreuen die Kinder, wischen die Fliesen oder putzen die Fenster. An der Spitze der sozialen Hackordnung stehen Expatriates aus den USA und Westeuropa. Sie leben in netten Compounds – abgeschlossene, bewachte Wohnanlagen –, genießen Annehmlichkeiten und arbeiten als Ingenieure, Techniker, Wissenschaftler oder Manager. Danach folgen Araber aus dem Maghreb oder der Levante und schließlich die Millionen Migranten aus Indien, Pakistan, Bangladesch, Jemen, Sri Lanka, Malaysia, den Philippinen, Indonesien, Brunei, Sudan, Äthiopien, Eritrea, Dschibuti, Somalia, Kenia, Ghana, den Komoren, dem Tschad und Mauretanien. Aber auch aus der Türkei und Zentralasien kommen viele Menschen.

Das System der Gastarbeit nennt sich *Kafala* und umfasst eine spezielle Variante der Bürgschaft in den Golfmonarchien, in Jordanien, im Irak und im Libanon, die jeden Arbeitsmigranten an einen einheimischen Arbeitgeber bindet. Der Arbeitsuchende braucht einen *Kafil*, einen »Sponsor«, im Gastland, sonst bekommt er kein Visum. Das kann eine saudische Firma oder eine Familie sein. Für Expats aus dem Westen gilt das Kafala-System nicht, gleichwohl brauchen auch sie einen Sponsor. Der Kafil sorgt für die Einreiseformalitäten, weist den Gastarbeitern den Wohnheimplatz zu und garantiert die Einhaltung des Arbeitsvertrags. Die Dauer eines solchen Vertrags beträgt meist zwei oder drei Jahre. Danach erfolgt entweder die Abschiebung oder die Vertragsverlängerung durch beide Seiten. Eine Einbürgerung der Migranten schließt die saudische Regierung zumeist aus.

Kafala entspringt nicht den Regeln des Scharia-Rechts, sondern beruht auf einem diffus umrissenen Gewohnheitsrecht der Beduinenstämme. Das System entstand in den 1950er-Jahren, um in schnellem Tempo Wanderarbeiter anzuheuern und den Ölexport anzukurbeln. Den Arbeitsmigranten aus Südasien oder Subsahara-Afrika ergeht es hundertmal schlechter als den Einheimischen und den Expats, aber trotz des Systems verdienen sie immer noch das Zigfache von dem, was sie in ihren Heimatländern erwirtschaften können. Und mit ihren Rücküberweisungen steigern sie nicht nur das Einkommen ihrer Familien, sondern auch das Bruttoinlandsprodukt ihrer Herkunftsstaaten. Manche Gastarbeiter leben in Saudi-Arabien sogar angenehmer als daheim, sofern sie gut behandelt werden, sich neue Kenntnisse aneignen können und regelmäßig ihre Pausen einhalten dürfen.

Mittlerweile wurde das Kafala-System gelockert. Die Arbeitsmigranten können nach Ablauf ihres Vertrags an andere Arbeitsplätze wechseln oder das Königreich verlassen, ohne dass die Zustimmung ihres früheren Arbeitgebers erforderlich ist. Dennoch geschieht viel Unrecht. Denn nicht immer erhalten die Frauen und Männer ihren Lohn. Manchmal wird ihr Pass eingezogen. Mitunter sind sie (sexuellen) Übergriffen ausgesetzt, oder sie hausen in heißen Containern. Wer aus der Reihe tanzt, betrunken auf der Straße herumtorkelt oder seinen Job verliert und keinen neuen Kafil findet, wer scheitert, wird aus dem Land geworfen. Zudem ist das Leben in Saudi-Arabien seit Einführung der Mehrwertsteuer teurer geworden. Lebensmittel und Mieten kosten mehr Geld als früher.

»Wenn ich einen besser bezahlten Job finde, bleibe ich noch viele Jahre hier. Ansonsten gehe ich zurück«, sagt Jinas ohne Glanz in den Augen. Ich bin mir nicht sicher, was ihm lieber ist.

Der Qaisariya Suq in Hofuf ist ein überdachtes Labyrinth aus kopfsteingepflasterten Gassen, Lehmmauern und Holzbalken. Es riecht nach Weihrauch und Parfüm, in den Cafés wird Tee und Kaffee getrunken. Männer schieben Kinderwagen durch die Gänge oder ziehen sich die neuesten Ledersandalen (auf Arabisch lustig *Schibschib* genannt) über die stets blitzsauber pedikürten Füße. Frauen bummeln, feilschen um Tücher und Gebetsketten, lassen die bunten Perlen durch die Hände gleiten, kaufen, schäkern oder wählen Pasten für Hennatattoos aus. Räuchergefäße *(Mabkhara)* werden in verschiedenen Größen feilgeboten, darin glimmen parfümierte Holzspäne. Jede Gasse ein Thema. Dort drüben Thawbs, da hinten Schmuck, im nächsten Gang Abayas, im übernächsten Gewürze. Das alles dutzendfach, dicht an dicht nebeneinander.

Ein Laden verkauft heute Shemaghs zum Sonderpreis. Um die rot-weißen Tücher in der Auslage, die sich allesamt bis aufs Garn gleichen, hat sich ein halbes Dutzend Herren aufgestellt. Die Kaufwilligen befühlen die Stoffe, binden sich die Shemaghs um die Köpfe, schauen in den Spiegel und greifen nach dem nächsten Tuch, das exakt identisch aussieht. Gleichwohl ist die Atmosphäre entspannt. Kein Gedränge, kein Anpreisen der Waren. Ein Biotop, das sich selbst genügt, der gesamte Kosmos an einem Ort. Und so wirkt der Suq, als ob in seinem Labyrinth seit Jahrhunderten Handel getrieben werde, doch 2001 zerstörte ein Brand die historischen Gemäuer, und der Markt wurde daraufhin originalgetreu wieder aufgebaut.

Am Sonnenbrillenstand lehnt ein Saudi im Thawb, statt Shemagh trägt er eine Baseballkappe mit der Aufschrift »Change«. Ich muss schmunzeln. Vor drei Jahren habe ich hier noch mein Haar mit einem Tuch bedeckt, heute interessiert sich niemand mehr für meinen Schopf. Dafür zückt ständig irgendwer sein Smartphone, um mich für Snapchat abzufilmen. Eine Bahrainerin mit Schnurrbartmaske will mich ihren 40 000 Followern vorstellen. Ich lächele in ihre Kamera, sage »Salam«. Ein Saudi gesellt sich zu uns, sein Bauch unter dem Thawb ist uferlos, Badar heißt der Dicke, auch er öffnet Snapchat. Über 30 000 Follower muss der Mittvierziger bedienen. Er zeigt mir Videos von sich, wie er zu arabischer Musik tanzt und ihm Zuschauer applaudieren. Sein Bauch hüpft dabei auf und ab.

Später lasse ich mich von Ahmad einkassieren, er lockt mich in die Tiefe seines schmalen Ladens, verkauft dort Cremes und Tinkturen aus Weihrauch. Es wird Kraft kosten, von ihm loszukommen. Ich muss sitzen, ich muss Kaffee trinken, ich muss Weihrauch kauen. In Arabien wird dieses Harz gern geknabbert. Es soll antibakteriell wirken und gegen Bauchschmerzen helfen. Das Klümpchen sieht aus wie Kandis, schmeckt aber wie eine muffige Schuhsohle und pappt trotz Putzen noch am nächsten Morgen an den Zähnen wie Gummi.

Ahmad hat ein schnelles Lächeln, besitzt diese jahrhundertealte Händlerschläue, und so dreht er mir einen Liter Weihrauchshampoo an. Freilich das »beste Shampoo der Halbinsel«, das ich weder möchte noch brauche. »Ich benutze es auch«, gelobt er, die Deckenleuchte spiegelt sich in seiner Halbglatze.

Ich kaufe es, bin zu schwach. Die sieben Euro, die ich dafür latze, lohnen sich trotzdem, denn jetzt bekomme ich eine Absonderlichkeit kredenzt, die ich mir nicht hätte besser ausdenken können. Ahmad vertraut nun bereitwillig meiner Kauffreude und holt »etwas ganz Besonderes« unter der Theke hervor: eine kleine pinke Schachtel, auf der eine busige Frau im Negligé abgebildet ist. Es sind Vaginaltabletten zum Einführen gegen Trockenheit und für die »Straffung der Vaginalmuskulatur«. Die Marke heißt »Jaguar Power« und ist *made in Thailand*. Ahmad tippt mit dem Zeigefinger auf das Schächtelchen, »die sind sehr gut«, beteuert er und nickt mir konspirativ zu. Der Kräutermix aus »natürlichen Inhaltsstoffen« soll die Vagina besser durchbluten und wieder »enger« (sic!) machen. Sodass ich mich jede Nacht wie eine »Braut« fühlen könne, sagt Ahmad und grinst wie Mephisto, der mir gegen den Tausch meiner Seele ewige Jungfräulichkeit verspricht. Bloß fünfzehn Rival, knapp vier Euro, koste das Wundermittel, verkündet Ahmad, doch die Hochgefühle, die mir damit geschenkt würden, seien unbezahlbar. Ich muss mir ein Lachen verkneifen, lehne dankend ab und verabschiede mich.

Sie sieht mich ins Café eintreten, lächelt, fragt, woher ich komme, »Almaniya?«, lächelt, begrüßt mich in ihrem Land, »ahlan wa sahlan«, so wie es immer wieder geschieht, bittet mich an ihren Tisch, »ijlisi min fadlika«, lädt mich zu einer Wasserpfeife ein, Einspruch abgelehnt, bestellt für mich Blaubeere-Kirsch-Tabak, »shisha min fadlik«, dazu einen Mojito *halal*, ohne Alkohol, dafür mit Limonade und Minze, »halalkohol«, sagt sie zwinkernd, und atmet Rauch aus, der nach Honigmelone riecht.

Rasha ist 26 Jahre alt, hat hohe Wangenknochen und metallicblau lackierte Fingernägel. Sie trägt eine schwarze Abaya und ein locker sitzendes Kopftuch aus Seide. Ihr Schmollmund ist schmollig. »Filler«, verrät sie. Die Augen blau. »Fake«, sagt sie.

Wir sprechen über ihren Job als Laborantin in einem Krankenhaus, über das Leben in Deutschland und in Saudi-Arabien. Rasha ist Schiitin.

Die Schiiten in Saudi-Arabien gelten als die »anderen Saudis«, sind betroffen von Marginalisierung und werden als Einwohner zweiter Klasse für sämtliche Übel verantwortlich gemacht. Sie sind mit rund zwölf Prozent der Bevölkerung die größte religiöse Minderheit und hauptsächlich in der Ostprovinz – asch-Scharqiyya genannt – angesiedelt, in den Regionen al-Ahsa und Qatif. Dort sollen sie nach offiziellen Angaben dreißig bis fünfzig Prozent der Bevölkerung ausmachen. Südlich, im saudisch-jemenitischen Grenzgebiet, leben fernerhin Ismailiten und Zaiditen, die allerdings selbst innerhalb der Schia eine Minderheit bilden und eigene Traditionen pflegen.

Die wahhabitischen Muslime begreifen Schiiten als Abtrünnige, weil sie neben Gott noch ihre Imame verehren. Eine Laufbahn im Staatsdienst wird ihnen zumeist versagt, sie erhalten weniger Lohn als Sunniten und können nicht als Richter an ordentlichen Gerichten arbeiten, haben keinen Zugang zu Militärakademien sowie zu hochrangigen Regierungs- oder Sicherheitsposten, weshalb sie häufig zur Unterschicht gehören. Konfessionelle Unterschiede spielen dabei oft nur eine Nebenrolle. Vielmehr geht es um Gruppenzugehörigkeit. Und um Geopolitik. Seit der Iranischen Revolution verdächtigt man die saudischen Schiiten, mit dem Erzrivalen zu sympathisieren. Das Gespenst eines proiranischen schiitischen Halbmondes, der sich vom Libanon bis zum Persischen Golf erstreckt, ist seit 1979 Teil des politischen Diskurses in Saudi-Arabien und bei den sunnitischen Arabern. Der Nahost-Experte Guido Steinberg nannte den Konflikt zwischen den beiden Ländern sogar einen »Kalten Krieg«. Aber die saudischen Schiiten fühlen sich nicht an den Iran gebunden. Geschichte, Mentalität, Sprache und Kultur sind verschieden. Die saudischen Schiiten wollen in ihrem eigenen Land angenommen werden.

Rasha erinnert sich an ihre allererste Erfahrung mit Diskriminierung, da war sie acht Jahre alt: »Es war heiß, meine Klassenkameradin hatte Durst. Ich gab ihr eine Wasserflasche von mir, doch sie wollte mein Wasser nicht annehmen, weil es ›schiitisches Wasser‹ sei.« Rasha zieht an ihrer Shisha, pafft kleine Wolken ins Gegenlicht aus, das durch die bunten Fenster fällt. Tatsächlich geht noch heute das Gerücht um, Schiiten würden Lebensmittel, die Sunniten zu sich nehmen, heimlich verunreinigen, ja, sie schreckten nicht einmal davor zurück, Gift ins Essen zu mischen. Rasha lacht bitter.

Der Kellner wechselt mit einer Zange die glühende Holzkohle im Kopf der Pfeife. Gegenüber am Tisch nimmt ein Pärchen Platz, er hält ihre Hand. Vor einem Jahr hat sich Rasha in einen jungen Mann verliebt, und er sich in sie. Er war Ägypter, arbeitete in Hofuf als Ingenieur. Sie lernten sich in diesem Café kennen, eines Tages, zufällig, und verabredeten sich sodann zweimal die Woche hier, immer montags und mittwochs, rauchten Wasserpfeife oder tranken Fruchtsäfte. Für eine saudische Frau ist es eher unüblich, einen Nichtsaudi zu heiraten, denn (bis 2023) konnte sie in diesem Fall ihre Nationalität nicht an ihre Kinder weitergeben, aber Rashas Eltern hätten die Verbindung erlaubt. »Sie wünschen sich mein Glück.« Sie lächelt.

Religion war kein Thema zwischen ihr und dem jungen Mann. Ob Schia oder Sunni – für Rasha spielt das keine Rolle. Sie sagt: »Wir glauben doch alle an denselben Gott.« Dafür sprachen sie über ihre Berufe und über ihre Hobbys. Rasha schreibt Gedichte im Stil der *Nabati*-Poesie, auch Beduinenpoesie genannt, und seit dem 16. Jahrhundert ein fester Bestandteil der arabischen Kultur auf der Halbinsel. Ein Gedicht schrieb sie für den jungen Mann. Als sie ihm irgendwann erzählte, fast beiläufig, dass sie Schiitin ist, wurde er still. Das war an einem Montag, am Mittwoch kam er nicht ins Café und auch nicht am folgenden Montag. Eine Woche später ließ er ihr über einen Freund ausrichten, dass sie eine Ketzerin sei. Er warf ihr *Schirk* vor – Abgötterei –, weil sie Heilige verehre und dadurch den wahren, echten Monotheismus infrage stelle. Er hat sich nie wieder bei ihr gemeldet. Ihr Herz brach.

Rasha hält inne, im Mundwinkel den Wasserpfeifenschlauch. Sie sagt: »Er war noch nicht mal Saudi, sondern nur Ägypter.« Ihre Augen werden schmal, als sie das sagt. Sie sei über ihn hinweg, beteuert sie, doch ich glaube ihr nicht. Dann zahlt sie die Shishas und verspricht: »Der nächste Mann soll ein schiitischer Saudi sein. Keine Ausnahme mehr.«

Dunkelheit ist:
wenn du das Licht in deine Tasche steckst
und fortgehst.

Mona Karim

Übermorgen reise ich weiter, von der liberalen Ostprovinz in den gestrengen Nadschd, in das Innere der Halbinsel, in die Oasenstadt Ha'il im Norden der Region. Im Anschluss nach Buraida, gelegen in der Provinz al-Qassim, die als vermeintlich konservativster Landstrich im Königreich zählt, bewohnt von Religiösen, Radikalen und Reaktionären. Die alte Hochburg der *Wahhabiyya*. So las ich es in Büchern, und ebendarum ist mir mulmig. Ich fragte Rasha, ob ich mir in Buraida besser einen Niqab umhängen solle, um nicht unangenehm aufzufallen.

Sie sagte: »Trag nur dann einen Niqab, wenn du deine Ruhe haben willst.« Meine Stirn kräuselte sich, weshalb Rasha abgeklärt nachtrug: »Du kannst ja die ersten zehn Minuten ohne Niqab herumlaufen, und wenn dich das Geglotze stört, ziehst du ihn über.«

Sie zuckte mit den Schultern und blies den Honigmelonenrauch aus ihrer Nase.

Es wird Zeit für eine neue Garderobe. Meine Abaya ist über drei Jahre alt und mit ihren Abnähern und dem Reißverschluss so trutschig wie eine Strickjacke aus Omas Altkleiderkiste. Ich hatte sie einst in Deutschland gekauft, in einem recht gestrigen Muslim Shop. Weg damit. Die meisten Saudi-Araberinnen sind leidenschaftliche Trendsetterinnen, ein stylisher Look ist ihnen wichtig, von lässig bis Haute Glamour, also muss eine saudische Abaya her, dazu ein Niqab für den »Notfall«.

Wer Abayas ausschließlich für sackartige Mäntel hält, der irrt, denn das Überkleid ist mittlerweile zum Fashion-Statement avanciert, oft entworfen von weltberühmten Designern. Im April 2018 waren Jean Paul Gaultier und Roberto Cavalli Headliner der ersten saudischen *Arab Fashion Week*. Da die Models auf dem Laufsteg neben Abayas auch Abendkleider präsentierten, waren Männer verboten (sogar die Modedesigner selbst), ebenso Kameras. Außerhalb der Show bekam niemand die Kollektion zu Gesicht. Eine praktische Lösung für das Problem musste her. Und so segelten einige Monate später bei einer Modenschau in Dschidda die Kleider gänzlich körperlos über den Catwalk; sie wurden an Drohnen aufgehängt. Die Gewänder, zu denen auch Designs von Dolce & Gabbana gehörten, flatterten auf Kleiderbügeln durch die Lüfte, während die Zuschauer unter dem Summen der kleinen Flugroboter die angebotenen Artikel begutachteten. Es war die vielleicht seltsamste Modenschau in der Geschichte aller Modenschauen. Dieses Land!

Zurück im Suq. Hamza aus Bangladesch zupft verschiedene Abayas vom Haken. Mit Pailletten oder Ziernähten, mit Kragen oder kragenlos, mit Glitzer oder Schleifen, wallend oder figurbetont, mit Fledermausärmeln oder Kimonoärmeln, üppig oder funktional, dunkel oder pastellfarben.

Tatsächlich ist die schwarze Abaya erst seit ein paar Jahrzehnten geläufig. Anfang der 1940er-Jahre aufgenommene Fotos von Beduininnen sowie von bei Aramco beschäftigten Ausländerinnen zeigen, dass die Abaya damals noch nicht zum Mainstream gehörte. Früher waren saudische Frauen farbenfroh gekleidet, wobei das Design von Region zu Region unterschiedlich ausfiel. Nach 1979 wurde das dunkle Tuch zur moralischen Pflicht erhoben. Der weibliche Körper war nur als wogende schwarze Mauer salonfähig. Und doch kommt es darauf an, wie das Gewand getragen wird. »Auf dem Kopf« oder »auf den Schultern«. Auf dem Kopf getragen ist die Abaya ein Überwurf, der die Frau zu einem gestaltlosen Dreieck formt, ähnlich dem *Tschador* im Iran. Auf den Schultern getragen wirkt sie wie ein Mantel, der zweifellos elegant aussehen kann.

Heute tragen geschätzt 98 Prozent aller Frauen in Saudi-Arabien die Abaya (zumeist auf den Schultern) und gefühlt 78 Prozent den Niqab, abhängig von der jeweiligen Provinz, in der sie wohnen. Der Niqab ist eng mit den örtlichen Bräuchen und Traditionen verbunden und wie die Abaya kein Produkt des islamischen Rechts. Eine saudische Frau verschleiert ihr Gesicht, weil es in ihrer Lesart (oder in der Lesart ihrer Familie) Ausdruck von Bescheidenheit und würdevollem Verhalten ist. Weil sie ihre Intimsphäre bewahren möchte, weil der Schleier vielleicht sogar zu ihrer Identität gehört, und nicht, weil es ihr der Islam vorschreibt.

Bei einigen Niqabs sind am oberen Band zwei oder mehr durchsichtige Lagen Tuch angenäht, die heruntergeklappt werden können, um die Augen zu verbergen. Als gingen die Frauen zu einer Beerdingung. Es fällt mir schwer, mich an diesen Anblick ohne Antlitz zu gewöhnen, und doch bin ich fasziniert. Das Gesicht als schwarzes Loch, dessen Gravitation auf mich derart intensiv einwirkt, dass mein Blick hineinstürzt. So wunderlich, dass ich mich zwingen muss, die Gesichtslose nicht anzustarren. Manche Frauen tragen dazu noch Handschuhe, weil sie eine unabsichtliche Berührung mit einem Nicht-Mahram verhindern wollen, sei es im Supermarkt an der Kasse oder wenn sie aus Versehen angerempelt werden. Kein Zentimeter Haut ist sichtbar. Solche Bräuche beeinflussen die Bevölkerung stärker als die religiösen Werte, und nicht selten geraten islamisches Recht und Tradition miteinander in Konflikt. Dazu später mehr.

Ich entscheide mich für eine schlichte schwarze All-day-Abaya mit Knöpfen, luftig fallend (momentan ist oversized angesagt). Da es in den meisten Geschäften, ob in Suqs oder Malls, keine Umkleidekabinen gibt (es könnten ja Kameras darin versteckt sein, um Frauen beim Umziehen zu filmen), lege ich meine alte Abaya nicht ab (das würde die Menschen hier irritieren), sondern ziehe die neue darüber, um halbwegs einschätzen zu können, ob sie passt. Hamza reicht mir das entsprechende Kopftuch, ich frage noch nach einem Niqab. Der Dreißigjährige stutzt kurz, greift dann aber in eine Schublade und holt den Gesichtsschleier hervor. Als ich versuche, den Niqab am Hinterkopf zuzubinden, hängt mir die Nase heraus. Hamza lacht zum ersten Mal und empfiehlt mir ein Modell mit Klettverschluss. »Das ist einfacher«, meint er weise und drückt das Klettband an meinem Hinterkopf fest. Jetzt ist die Nase bedeckt, ebenso Mund und Augenbrauen. Der Stoff liegt leichter auf der Haut als vermutet, fast schwerelos. Trotzdem fühle ich mich verkleidet. Hamza nimmt das Geld entgegen, packt den Niqab in eine kleine pinke Plastiktüte und diese dann mit der neuen Abaya zusammen in eine größere Plastiktüte. Er verabschiedet mich; die nächste Kundin wartet schon.

HA'IL

حائل

Acht Uhr morgens, ich muss zum Bahnhof, den Zug erwischen, bin spät dran, drei Uber-Fahrer lassen mich hängen, stornieren die Fahrt grundlos, nachdem ich bereits Äonen auf sie gewartet habe. Die Zeit wird knapp, ich schließe die App und stelle mich mit meinem Rucksack an den zehnspurigen Highway. Staub wirbelt umher, Autos hupen. Nach wenigen Minuten hält ein zerbeulter Peugeot, Abdullah nimmt mich mit, Geld lehnt er ab.

Der sechzigjährige Afghane aus Kabul lebt seit einem Jahrzehnt in Saudi-Arabien. »In Afghanistan ist es schwierig«, sagt er, »momentan schwieriger als sonst.« Seine Frau und seine drei Töchter hat er wegen der Machtübernahme der Taliban seit zwei Jahren nicht gesehen. »Die Situation ist unübersichtlich.« In Saudi-Arabien verdient er mit inoffiziellem Taxifahren immerhin ein paar Riyal. Die Hälfte schickt er nach Hause. »Ich bin zufrieden hier«, sagt er. Doch die Familie vermisse er, das schon.

Abdullah stoppt an einer Tankstelle, steigt aus, aber nicht um zu tanken. Stattdessen kommt er mit einem Ananassaft und einem Kirschsaft zurück. »Für dich«, er lächelt. Ich winke zuerst ab, denn so geht das Spiel der Höflichkeit, doch er besteht darauf, meint es ernst, und ich lege zum Dank die Hand auf mein Herz. Unterwegs fragt er zweimal, ob ich auch etwas essen möchte. Ich verneine und bin gerührt. Als er mich am Bahnhof absetzt, schenkt er mir noch einen Orangensaft. »Für die Zugfahrt«, er lächelt wieder. Es ist die viel zitierte *kindness of strangers*, die den Reisenden demütig werden lässt. Abdullah besitzt wenig, gibt jedoch viel. Ich bezahle ihm mehr, als die Uber-Fahrer mit mir verdient hätten.

»Ha'il? Wieso das denn?«, fragt der Mann am Schalter ungläubig, als er mir das Bahnticket verkauft. Die Oasenstadt ist nicht als Hotspot bekannt. Sie liegt im Norden des Nadschd und am Rand der Wüste Nafud. Nur einmal täglich fährt ein Zug nach Nirgendwo.

Historiker vermuten, dass die Region schon in der Altsteinzeit bewohnt war. In manche Felswände sind vor über 10 000 Jahren Abbildungen von Kamelen, Löwen und Steinböcken geritzt worden. Bedeutung erlangte Ha'il als Durchgangsort für Pilger von Bagdad nach Mekka. Außerdem soll hier vor 1400 Jahren der Dichter Hatim al-Tai gelebt haben. Geschichten über seine außergewöhnliche Großzügigkeit haben ihn berühmt gemacht. Um ihnen ein Festmahl zu kredenzen, hat er für seine Gäste der Legende nach sogar sein Lieblingspferd schlachten lassen. Der Satz »Er ist noch großzügiger als Hatim« ist seither eine arabische Redensart und gilt als gern gehörtes Kompliment.

Mein eigentlicher Grund für den Besuch der Stadt ist jedoch nicht die bemalte Felswand und auch nicht al-Tai. Vielmehr reise ich einer wagemutigen Frau mit Weltweh und einem entriegelten Freiheitsdrang hinterher, die hier vor über hundert Jahren festgesetzt wurde. Sie ist bis heute die berühmteste Forschungsreisende des Nahen Ostens, war reich und exzentrisch und eine politische Schwergewichtlerin ihrer Zeit. Gertrude Margaret Lowthian Bell wurde am 14. Juli 1868 in England als Tochter einer wohlhabenden Familie geboren. Ihr Weg schien vorgezeichnet: Sie würde zur Schule gehen, heiraten und den Rest ihres Lebens als Ehefrau und Mutter in einer Stadtvilla in London abschnaufen.

Doch es kam anders. Mit zwanzig absolvierte sie als erste Frau ein Studium der Neueren Geschichte an der Universität Oxford mit Auszeichnung. 1892 zog sie zu ihrem Onkel nach Persien, der dort im kleinen Wüstenort Teheran als Botschafter residierte, erlernte Farsi, später Arabisch, das sie wie eine zweite Muttersprache beherrschte. In den nächsten Jahren ritt sie Tausende von Meilen auf

Kamelrücken durch Wüstenlandschaften, weit unten auf der Landkarte, wo die Grenzen verschwammen, häufig auf eigene Faust, begleitet von Dienern, Köchen und Leibwächtern. Sie kartierte unerschlossene Gebirge, fotografierte frühbyzantinische Kirchen und besuchte die ortsansässigen Stämme. Auf einer ihrer Reisen lernte sie den britischen Leutnant Thomas Edward Lawrence kennen, der später als »Lawrence von Arabien« in die Geschichte einging, während Bell viele Jahrzehnte vergessen blieb. Dabei war sie an der Ernennung der Könige Jordaniens und Iraks beteiligt und arbeitete gemeinsam mit Lawrence an der Grenzziehung des Irak.

Von Dezember 1913 bis Mai 1914 ritt die damals 45-jährige Miss Bell auf einem Kamel von Damaskus nach Ha'il. Jene Reise gilt als das bekannteste und gefährlichste ihrer Abenteuer im Nahen Osten. Erst eine Handvoll Europäer hatten Ha'il zuvor besucht. Räuberbanden trieben in der Wüste ihr Unwesen, auch Bells kleine Karawane wurde überfallen.

Am 24. Februar 1914 traf sie in Ha'il ein, der alten Zwischenstation auf der Weihrauchstraße und dem Hauptsitz der Raschid-Familie, den Führern des Stammes der Schammar. Seit Langem befanden sich die Al Raschid in Blutfehde mit den Al Saud um die Herrschaft über die Arabische Halbinsel. In der Empfangshalle des Stadtpalastes ließ der Onkel des herrschenden Emirs die weit gereiste Gertrude Bell für neun Tage festsetzen unter dem Vorwand, sie solle auf den Emir warten, obwohl dieser nie auftauchte. Während dieser Zeit sammelte Bell wichtige Informationen über Bündnisse, Routen, Konflikte und Machtverschiebungen in der Region, die sie sorgfältig in ihrem Tagebuch festhielt. Nach ihrer Freilassung prophezeite sie richtig: »Ich glaube, die Raschids gehen ihrem Ende entgegen.« In ihren Briefen riet sie der britischen Regierung deshalb, Abdul Aziz bin Abd ar-Rahman bin Faisal Al Saud zu unterstützen.

Obzwar ursprünglich geplant, wagte sie es nicht, weiter nach Süden vorzustoßen, um dort Ibn Saud zu treffen. Im Mai 1914 – kurz vor dem Ausbruch des Ersten Weltkriegs – kehrte sie nach England zurück, später zog sie nach Bagdad. Nach dem Niedergang des Osmanischen Reiches hob sie kettenrauchend den neuen Staat Irak mit aus der Taufe. Ihre roten Haare wurden weiß und fielen aufgrund der Hitze und der Beschwerlichkeiten aus. Sie kämpfte mit Depressionen und mit Einsamkeit. Zwei Tage vor ihrem 58. Geburtstag sowie sechs Jahre bevor der Irak unabhängig wurde und Ibn Saud das Königreich Saudi-Arabien proklamierte, starb sie in Bagdad an einer Überdosis Schlaftabletten.

Manchmal nennt man Gertrude Bell den weiblichen Lawrence von Arabien. Aber ich finde, man sollte T. E. Lawrence lieber den männlichen Gertrude Bell nennen.

Gleichwohl sind Bells Spuren auf der Halbinsel verweht, begraben unter einem Jahrhundert Wüstensand. Und doch möchte ich eine Ahnung davon bekommen, wie es einst gewesen sein könnte.

Die fünfstündige Zugfahrt nach Ha'il führt durch leeres Land. An ihren Geliebten, den bereits verheirateten Diplomaten und Offizier Charles Doughty-Wylie, schrieb Gertrude Bell: »Ich wünschte, Sie wären hier, um diese weite, trostlose Landschaft zu sehen und eine Luft einzusaugen, die wie ein Atemzug aus der Quelle des Lebens ist.«

Die Frau neben mir schaut nicht aus dem Fenster, sie liest auf dem Handy den Koran. Ich löse mich von der vorbeiziehenden Leere und lese die englischsprachige *Saudi Gazette*. An einer Meldung bleibe ich hängen, da heißt es, dass die saudische Menschenrechtskommission (ja, die gibt es wirklich) die Entschlossenheit Saudi-Arabiens bekräftigt, die Menschenrechte weiterhin zu fördern und zu schützen. Ich muss auflachen. Immerhin bezeichnete diese angeblich unabhängige Menschenrechtskommission den Mord an Khashoggi als »unglücklichen Unfall« und lehnte eine internationale Untersuchung des Attentats ab. Noch 2016 unterstützte die Kommission öffentliche Massenhinrichtungen. Menschenrechte gelten wohl nicht für alle.

Mein Hotel in Ha'il steht an einem achtspurigen Highway, umgeben von Brachlandflächen, aber das Appartement samt Küche kostet bloß 25 Euro die Nacht, deshalb checke ich ein. Niemand spricht Englisch. Weder der Bangladescher in der Lobby, der die Koffer der wenigen Gäste schleppen muss, noch der Saudi an der Rezeption, der mich anstrahlt wie die Wüstensonne. Auch gibt es keinen Computer, und abgerechnet wird pro Tag in bar. Dafür ist es das dritte Hotel bisher, das als Wi-Fi-Passwort die Zahlenfolge 11223344 verwendet. Im Appartement riecht es nach Mottenkugeln; stets ein unseliges Zeichen im Nahen Osten. Mein Verdacht wird sich in der kommenden 25-Euro-Nacht bestätigen.

Die Küche ist verratzt, die Herdplatten verkrustet, der Kühlschrank nicht angeschlossen. Das Sofa im Wohnzimmer zieren Flecken unbekannter Herkunft. Im Schlafzimmer hängt eine Klimaanlage aus dem letzten Jahrhundert an der Wand und hustet kalte Luft aus ihrem Schlund, obwohl es draußen kühl ist. Ich pflücke lange schwarze Haare von der Matratze.

Mit Careem zur Hauptattraktion der Stadt, zum restaurierten A'arif Fort. Die Festung mit ihren Wachtürmen liegt auf einem kleinen Hügel und wurde im 17. Jahrhundert aus Stein und Lehm erbaut und während der Raschid-Dynastie erweitert. Von oben soll man einen hübschen Panoramablick auf die Stadt haben. Doch die Burg ist geschlossen. Ich drehe eine Runde, laufe hierhin und dorthin, weil es nichts zu entdecken gibt. Aus jeder Fuge quillt der Wüstensand hervor, dunkle Männeraugen stieren mir hinterher, ich ziehe das Kopftuch über meine Haare. Keine zwei Meter kann ich durch die Stadt gehen, ohne dass mich jemand anhupt, mir irgendetwas hinterherruft. Ich reagiere nicht.

Weiter zum Dattelmarkt in der Innenstadt. Es gibt Honigdatteln, Dattelkuchen, gefüllte Datteln, Dattelsirup, weiche Datteln, harte Datteln, hellbraune Datteln, dunkelbraune Datteln und Dattelkekse – *Maamoul* genannt. Doch niemand lächelt, nur miesepetrige Männergesichter. Keine Frauen. Wieder drehe ich eine Runde, fühle mich deplatziert, fast unerwünscht. Vom Stadtpalast, in dem Bell eingesperrt wurde, ist nur noch ein Turm übrig, der als Verkehrsinsel fungiert. Alles andere wurde Berichten zufolge auf Befehl von Ibn Saud zerstört, als das Emirat der Al Raschid fiel.

Weil ich nicht weiß, wohin, betrete ich eine Filiale des saudischen Fast-Food-Restaurants Albaik, darf aber nicht mit den Männern in der Warteschlange stehen, werde aufgefordert, hinter eine Wand aus sandgestrahltem Glas zu treten, damit mich niemand sieht. Offenbar gilt hier noch die Geschlechtertrennung. Doch auch hinter der Wand warten keine Frauen. Ich bleibe allein. Das Unternehmen Albaik ist mit über 120 Standorten die größte Schnellrestaurantkette des Landes, und das Angebot erinnert an Kentucky Fried Chicken, »nur besser«, schwören Saudis. Albaik finden alle gut, und die Läden sind immer proppenvoll. Das Logo zeigt ein lächelndes Hühnchen mit Zylinder. Der Inder lächelt nicht, schiebt gleichgültig eine Pappbox mit billigen Nuggets über den Tresen, sagt: »Enjoy«, und macht die nächste Portion fertig.

»Ha'il ist einer der wenigen Orte, an denen man den ursprünglichen Orient in seiner seit Jahrhunderten unveränderten Lebensweise erleben kann«, schrieb Gertrude Bell in ihr Tagebuch.

Zurück im Hotel. Der Saudi an der Rezeption strahlt immer noch wie die Sonne in der Wüste, fragt auf Arabisch, ob alles in Ordnung sei, ich bejahe. Er reckt den Daumen. Doch gegen Mitternacht passiert es. Als ich das Licht im Badezimmer einschalte, huscht ein Schatten über den Boden.

»Hunak sarasir«, sage ich dem wüstensonnenhellen Saudi am nächsten Morgen – da sind Kakerlaken. Er reißt die Augen auf, drückt sich erschrocken die Hand auf den Mund, ein wenig zu theatralisch, überreicht mir den Schlüssel zu einem anderen Appartement ein Stockwerk höher.

»Ist das denn besser?«, lasse ich die Translator-App fragen.

»Inschallah«, so Gott will, antwortet der Saudi strahlend.

Als ich die Tür aufschließe und das Licht anschalte, flitzen drei Schaben über die Fliesen, und ich schüttle mich vor Ekel, denke an Tuberkulose, Salmonellose, Typhus.

»Hunak sarasir«, sage ich ein weiteres Mal, jetzt mit Nachdruck.

Der Saudi hebt die Schultern an zu fünf Zentimetern Mitgefühl, knallt dann seine Hand auf den Tresen und bedeutet mir, dass ich die Kakerlaken einfach totschlagen soll. Dabei lacht er mir so frohgemut zu, als hätte er soeben eine komplizierte nicht lineare Differenzialgleichung gelöst.

Seine Empfehlung überzeugt mich nicht, ich lasse mir einen neuen Schlüssel geben. Im nächsten Appartement liegen zwar wieder Mottenkugeln im Waschbecken, doch Küchenschaben sehe ich keine. Ich ziehe ein, werde das imaginierte Kribbeln auf meiner Haut aber nicht mehr los und tröste mich mit dem Gedanken, dass Gertrude Bell sicherlich ebenfalls von Kakerlaken heimgesucht wurde. Dennoch steht fest: Ich komme nicht an in Ha'il. Die Stadt und ich finden keine Verbindung zueinander. Wir reimen uns nicht.

Ein Jahr nach ihrer Rückkehr aus Ha'il erfuhr Bell zufällig auf einer Abendveranstaltung, dass ihr heimlicher Geliebter Charles Doughty-Wylie in der Schlacht von Gallipoli in den Dardanellen gefallen war.

Später schickt mir Faisal aus Khobar den Kontakt von Walid, einem Bekannten, der hier lebt, sie folgen sich gegenseitig auf Snapchat. Also schreibe ich Walid eine Nachricht, frage, ob er Zeit für ein Treffen hat. Es ist mein letzter Versuch, mich doch noch für Ha'il zu erwärmen. Sorgenvoll denke ich an Buraida, jene erzkonservative Stadt im Herzen des Nadschd und Hochburg der Wahhabiyya, in die ich übermorgen weiterreisen werde. Ich überlege, ob ich nicht tunlichst nach Riad durchfahren sollte.

Am Nachmittag schreibt mir Walid: »Liebe Nadine, unser Umfeld hier in Ha'il reagiert immer noch empfindlich, wenn Männer und Frauen zusammen unterwegs sind. Deshalb kann ich mich leider nicht mit dir treffen.« Freundschaften zwischen Männern und Frauen sind in Saudi-Arabien nicht vorgesehen.

Ich seufze, texte ihm, dass ich Verständnis für seine Situation habe, und Walid entschuldigt sich zwei- oder dreimal. »Aber meine Mutter hat Essen für dich gekocht, was ich dir gleich vorbeibringe«, schreibt er weiter. Mehrmals lese ich seine Nachricht, bin ergriffen und verlegen. Wir kennen uns nicht, seine Mutter kennt mich nicht. Trotzdem ist es ihnen wichtig, dass ich mich willkommen fühle, obwohl die Konventionen ein Beisammensein nicht zulassen.

Zwei Stunden später steht ein junger, feingliedriger Mann mit perlweißem Thawb und rot-weißem Kopfputz in der Lobby, einen großen Topf in den Händen. Er lächelt zaghaft. Die Mutter habe *Raghif* für mich zubereitet, sagt er, ein traditionelles Gericht in Ha'il, kleine Pfannkuchen aus Vollkorn mit Dattelsirup und Butterschmalz aus Ziegenmilch. »Von unserer Herde.« Er überreicht mir den Topf, der eine ganze Familie satt machen würde, entschuldigt sich erneut, dass er mich nicht herumführen kann. »Wir haben uns erst vor Kurzem geöffnet. Es braucht noch einige Zeit, bis sich die Leute an die Veränderungen gewöhnen. Ich hoffe, das nächste Mal kann ich dir dann persönlich die Stadt zeigen.« Er lächelt und verabschiedet sich. Großzügiger als Hatim, denke ich.

Tinder-Match mit MbS. Oder doch nur mit seinem Profilbild? MbS ist 39, mag Reisen, Sport, Tanzen und »was trinken gehen«.

MbS: »Salam.«

Ich: »Salam, wie geht es dir?«

MbS: »Salam.«

Ich: »Salam.«

MbS: »Salam.«

BURAIDA

بريدة

Ich wache auf, habe ein Fremdkörpergefühl im rechten Auge, als sei dort ein Sandkorn hineingefallen, doch da ist nichts. Es juckt. Ist rot. Ich reibe, es hilft nicht.

In der Wartehalle des Busbahnhofs krabbelt eine Kakerlake die Wand nach oben. Ich sitze im Frauenbereich. Bänke aus Metall. Eine Alte im Niqab gafft mich an. Reglos wie ein dunkel verschnürtes Paket aus Stoff sitzt sie mir gegenüber, die Augen starr auf mich gerichtet. Eine andere Frau wäscht sich die Füße im Waschbecken der Damentoilette.

Der Überlandbus nach Buraida ist halb leer. Nur eine Handvoll pakistanischer Männer dämmert auf den fleckigen Polstern des bejahrten Mercedes. Die Klapptische fehlen, wohl schon im letzten Jahrhundert aus der Verankerung gebrochen. In der Mitte des Busses ist der Gurt eines Sitzplatzes quer über den Gang gespannt. So sollen die Geschlechter voneinander getrennt bleiben, Frauen vorne, Männer hinten. Ich sitze allein im vorderen Bereich. Der Innenspiegel ist mit einer Plastiktüte abgeklebt, sodass der Busfahrer die weiblichen Passagiere nicht angucken kann.

Die Landschaft kommt mattgelb wie Kichererbsenpüree daher. Alle paar Kilometer sehe ich einzelne Autoreifen im Sand liegen, manchmal ganze Autowracks. Die Zahl der Verkehrstoten ist fast sechsmal so hoch wie in Deutschland.

Mein Hotel in Buraida liegt in der »Kerala-Street«. Die Straße heißt nicht wirklich so. Den Spitznamen hat sie wegen der vielen indischen Gastarbeiter verpasst bekommen. Ein junger Mann mit Schnurrbart steht hinter der Rezeption und überreicht mir die Schlüsselkarte. Mohd ist vor sieben Jahren vom indischen Bundesstaat Kerala nach Saudi-Arabien aufgebrochen. Jetzt ist er 27 und in Buraida gelandet, einem Ort, von dem er zuvor noch nie gehört hatte. »Mir fehlen die Klubs und Kneipen in Saudi«, sagt er, »es gibt nicht viel zu tun. Aber ich verdiene hier ganz gut.« Irgendwann will er zurückkehren nach Kerala, um ein Haus zu bauen. Für sich und die Frau, die er sich wünscht.

Rot gemusterte Sitzkissen ziehen sich an den Wänden entlang, ein dicker blauer Teppich ist ausgelegt. Am Kopf des Raumes eine Feuerstelle, gegenüber ein 65-Zoll-Flachbildfernseher. Die Feuerstelle ist nur Dekoration aus Metall und Plastik, sie funktioniert nicht, soll bloß an alte Zeiten erinnern, als noch Beduinen durch die Wüste zogen. Der Fernseher ist echt, es läuft Wrestling, ein Muskelprotz mit martialischer Gesichtsbemalung greift einem anderen Muskelprotz mit martialischen Tätowierungen zwischen die Beine, dreht ihn mit dem Kopf nach unten und lässt ihn auf die Matte fallen.

Ich bin in einem kleinen Dorf außerhalb von Buraida und zu Gast in einem *Madschlis*, einem »Ort des Sitzens«, wo Familie und Freunde zusammenkommen, auf den Kissen lümmelnd Qahwa und Tee trinken, zu Abend essen, sich unterhalten und chillen. In Saudi-Arabien ist der Madschlis gemeinhin nach Geschlechtern getrennt. Entweder modern oder – wie hier – traditionell eingerichtet. Gäste bekommen normalerweise nur diesen Teil des Hauses zu sehen. Die Privaträume hingegen bleiben privat, sind oft sogar für enge Freunde nicht zugänglich. Ich hocke bei den Männern. Nebenan gibt es auch einen Madschlis für Frauen, doch bin ich die einzige Frau in der *Istrakha*. Das Wort bedeutet übersetzt

»Pause« und bezeichnet ein Haus oder Zelt, häufig am Stadtrand oder auf dem Land gelegen, quasi die saudische Variante einer Datsche, in der Saudis gerne ihre Wochenenden verbringen. Wohnhäuser und Istrakhas haben meist zwei Eingänge, einen für Männer und einen für Frauen, sodass man sich nie unverhofft (und unverschleiert) über den Weg läuft. Niemals würde ein Mann ungefragt den Frauenbereich betreten und umgekehrt.

Es wird gelacht und gescherzt, ins Handy geschaut, jemand verteilt Kitkat. Ich lasse mir Tee nachschenken, auf dem Gläschen ist das Wappen Saudi-Arabiens abgebildet: eine Palme über zwei gekreuzten Krummsäbeln. Die Dattelpalme symbolisiert die Oasen in der Wüste, die beiden Säbel die Entschlossenheit, den Islam zu verteidigen.

Fast alle Männer im Madschlis fahren entweder Rennauto oder Motorrad, denn in der Provinz al-Qassim gibt es viel Landschaft und wenig Mensch. Da ist Sultan, das Familienoberhaupt, Ende fünfzig. Er ist stämmig wie ein Bär, trägt Jogginghose sowie T-Shirt (die anderen Männer tragen durchweg Thawb) und einen Schnauzbart. Seine Stimme klingt so satt und schwer wie Erde. Trotz seiner imposanten Erscheinung wirkt er sanft, immer lacht er, fragt alle fünfzehn Minuten nach meinem Befinden. »Everything good?«, sagt er dann und reckt den Daumen, es sind die wenigen englischen Wörter, die er kennt. Er liebt schnelle Autos, schraubt in seiner Garage alte Motoren und Blechkisten auseinander und baut sie mit neuen Ersatzteilen wieder zusammen.

Auch seine beiden erwachsenen Töchter fahren Auto, die Jüngere sogar Rennen. »Ich hab's ihnen beigebracht«, erzählt Sultan auf Arabisch. Er wirkt stolz. Um ihn herum sitzen seine zwei Brüder Saleh und Khaled. Saleh ist in meinem Alter, verheiratet, hat drei Kinder, arbeitet in einer Bank und ist der Einzige in der Runde, der nichts mit Kraftfahrzeugen am Shemagh hat. Khaled ist 38 und Chef eines kleinen Elektronikfachhandels. Auch er liebt Autos. Ich sah ihn auf Instagram, wie er durch die Wüste düste, schrieb ihn an, jetzt bin ich hier. Typisch saudische Gastfreundschaft. Khaled sagt weniger als die anderen Männer, ist zurückhaltender, scheint mir eher ein gründlicher Beobachter zu sein. Trotzdem strahlt er eine subtile Autorität aus. Und eine Ruhe, als läge die Ewigkeit vor ihm.

Ihm gegenüber an der Wand fläzt sich noch Anwar, Mitte vierzig. Er arbeitet in Khaleds Geschäft in der Buchhaltung, sorgt dafür, dass alles im Fluss bleibt, vor sechs Monaten ging seine Ehe in die Brüche. Für ihren gemeinsamen dreizehnjährigen Sohn sei die Trennung schwierig, sagt er.

Ich will von der Runde wissen, wie sie die Veränderungen im Land bewertet. Alle sind sich einig: richtig und wichtig. »Die Öffnung tut uns gut«, meint Saleh, und Khaled ergänzt: »Wir sind dem König und dem Kronprinzen sehr dankbar. Endlich bewegt sich etwas.«

Gegen 23 Uhr wird Kabsa aufgetischt, das Khaled in der Küche nebenan zubereitet hat. Anwar schlägt den Plastik-Sufra aus, Saleh holt Bibsi und Miranda aus dem Kühlschrank, verteilt Plastikbecher. Zu fünft sitzen wir nun um die große silberne Platte herum, auf der das Kabsa dampft.

»Brauchst du einen Löffel?«, fragt Saleh. Die Männer essen allesamt mit der rechten Hand. Dabei greifen sie nach dem Reis und kneten ihn zu einem Bällchen, das sie sich sodann in den Mund schieben. Ich will es ihnen gleichtun und scheitere gnadenlos, denn ich verbrenne mir die Finger, schaffe es weder, ein Reisbällchen zu formen, noch, das Kabsa elegant in den Mund zu befördern, ohne dass die Hälfte herausfällt. Doch meine Ungeschicklichkeit interessiert die Männer ebenso wenig wie die Tatsache, dass ich als Frau unter ihnen weile sowie auf das Kopftuch verzichte. Und all das ausgerechnet im strikten Buraida, vor dem ich Bammel hatte.

»Wir sind offen«, meint Khaled.

Überdies gelten für mich andere Regeln, bin ich doch weder saudisch noch muslimisch. Sondern eine alleinreisende Gästin aus dem Westen. Eine Art Zwitterwesen. Und so habe ich in Saudi-Arabien Zutritt zu beiden Welten; zu der weiblichen und der männlichen.

Nach Mitternacht fährt mich Khaled zurück ins Hotel. »Morgen Mittag hole ich dich wieder ab«, sagt er zum Abschied, und ich bin dankbar, dass es mir Buraida so leicht macht.

MbS: »Salam.«
Ich: »Salam.«
MbS: »Wie geht's?«
Ich: »Danke, mir geht es gut. Und dir?«
MbS: »Sehr gut.«
Ich: »Du bist nicht MbS, oder? Warum benutzt du sein Foto? ;-)«
MbS: »Ich bin sehr stolz auf ihn und mag ihn sehr. Darum das Foto. <3«

Ich checke aus, überreiche Mohd die Schlüsselkarte, wünsche mir für ihn, dass er irgendwann als wohlhabender Mann nach Kerala zurückkehren kann. Die letzten zwei Tage habe ich mit Khaled, Sultan, Saleh, Anwar und noch einigen anderen männlichen Gästen, die kamen und gingen, im Madschlis verbracht, wir tranken Qahwa und Tee, aßen Kabsa, plauderten, schauten fern oder ins Handy.

Ursprünglich wollte ich längst aus der konservativen Region al-Qassim abgereist sein, doch ich bleibe. Mir gefällt es hier. Für die nächsten Tage ziehe ich auf Einladung der Brüder in die Istrakha, werde dort in einem Gästezimmer auf dem Boden schlafen, tausche die heiße Hoteldusche gegen kaltes Wasser und die weichen Kissen gegen einen alten Teppich. Doch bin ich näher dran an den Menschen, und das ist es wert.

Außerdem merke ich, wie die Beklemmung der letzten Wochen nachlässt, wenn ich nicht alleine mit mir bin. Dann rasen meine Gedanken nicht ganz so schnell, und ich habe weniger Zeit, mir Sorgen über Nichtigkeiten zu machen. Die dunklen Wolken lichten sich. Die Reise wird müheloser.

Khaled holt mich ab, stets ist er pünktlich, seine Absprachen sind verbindlich, das ist eher ungewöhnlich für Saudis, die sich oft und gern mit einem vagen »Inschallah« – so Gott will – herausreden, denn was Gott genau will, weiß ja niemand.

Wir fahren durch Buraida, mir fällt auf, dass hier mehr Moscheen herumstehen als anderswo in Saudi-Arabien. Alle fünfhundert Meter ragt das Minarett eines Gotteshauses in den Himmel. Im Süden der Stadt geht es traditioneller, aber auch bunter zu, unaufgeräumt. An den Fassaden hängen Kabel und Klimaanlagen, vor den Shops und Imbissbuden sitzen Männer mit Smartphones und Gebetsketten in den Händen. Obstkistentürme auf Sackkarren werden die Bordsteine hochgewuchtet, in den Barbershops stutzen Friseure Bärte oder flambieren Ohrhaare. Da ist der Dattelmarkt, der Beduinenmarkt, der Kleidermarkt, auch der Suq mit all seinen Gewürzen, Siegelringen, Teppichen, Schibschib und Handyhüllen. Im Norden ist es teurer und ordentlicher, hier stehen die nobleren Hotels wie Mövenpick oder Radisson Blu. Und da sind die stylishen Cafés, die Foodtrucks, die Verkaufsstände, die Teehäuser.

Khaled kauft einem Mann mit einem Kessel Karak zwei Becher ab, zahlt mit Kreditkarte. Saudi-Arabien ist Kartenland. Denn überall lässt sich mit Karte oder Smartphone bezahlen. Sogar am kleinsten Melonenstand an einer einsamen Wüstenstraße. Tatsächlich ist das gesetzliche Pflicht, erläutert Khaled. Wer keine elektronische Zahlung anbietet, muss ein Bußgeld hinblättern. Er reicht mir den dampfenden Becher Karak, und ich verbrenne mir die Lippen. Saudi-Arabien ist Pappbecherland. Sogar in schicken Cafés wird statt einer Porzellantasse vorzugsweise ein Pappbecher gereicht. Wundersame Saudis.

Wir verlassen die Stadt, cruisen durch einen Ausläufer der rotsandigen Nafud-Wüste, zockeln die Dünen rauf und wieder runter, steigen aus, streicheln Kamele, preschen weiter durch den Sand, lachen und scherzen. Immer wirkt Khaled besonnen, da ist keine Hektik, keine Eile. Mit der Ruhe eines buddhistischen Mönchs balanciert er seinen Pick-up auf dem Dünenkamm, reißt dann das

Lenkrad herum, und wir schießen die Düne hinab wie auf einer Achterbahn, in meinem Bauch kribbelt es.

»Hast du Angst?« Khaled fährt Auto, seit er zwölf ist.

Ich verneine, wir lachen wieder.

Seine ältere Schwester Zena möchte, dass er heiratet. Aber er zögert, obwohl er nächstes Jahr 39 wird, für saudische Verhältnisse ein *late bloomer*, ein Spätzünder. Doch Khaled will nicht. Lieber flitzt er mit seinem Pick-up durch die Wüste, verweilt oft einige Tage in der Wildnis. Allein. In stiller Einkehr. »Es ist nicht leicht, eine Frau zu finden, die das versteht«, glaubt er. Er wartet auf die Richtige.

Nach der Dünensause besuchen wir das Buraida Museum. Es ist überschaubar, aber liebevoll ausstaffiert mit Alltagsgenständen der Provinz al-Qassim aus 150 Jahren. Da sind Teller, Telefone und Telegrafen, saudische Briefmarken, Kochtöpfe und Kaffeekannen, Pistolen sowie alte Schwarz-Weiß-Fotografien von Männern, die wichtig aussehen und nicht lächeln. Auch der weiße Cadillac von Ibn Saud ist ausgestellt, blank poliert und mit saudischen Wimpeln dekoriert. Wir sind die einzigen Besucher.

Als wir wieder draußen sind, sehe ich sie: die Mutaww'a, die Religionspolizei. Ich erkenne sie an ihren langen Vollbärten und der rasierten Oberlippe. Außerdem tragen sie keinen Agal auf dem Shemagh, und die Hosen unter dem Thawb enden oberhalb der Knöchel, so wie angeblich die Gewänder des Propheten Muhammad. Auf ihrem Chevrolet Suburban prangt das kreisrunde Logo der Hai'a in Blau und Gelb. Noch vor wenigen Jahren hätten sie Khaled und mich auf das nächste Polizeirevier geschleppt. Jetzt sind die Tugendwächter zwar entmachtet, doch ganz verschwunden sind sie nicht.

Ich verachte sie. Zu viele Grausamkeiten hörte und las ich. So erzählte der Autor Sami Alrabaa in einem 1998 erschienenen Buch die Geschichte der zwanzigjährigen taubstummen Najat. Sie wurde von der Mutaww'a festgenommen, weil sie alleine auf der Straße stand, während sie auf ihren Bruder wartete. Die Sittenpolizisten beschuldigten die junge Frau, die nicht verstand, was ihr vorgeworfen wurde, und sich deshalb nicht verteidigen konnte, eine Prostituierte zu sein. Ein paar Tage darauf wurde sie zu Tode gesteinigt, ohne dass ihre Familie davon wusste. Ihr Vater übte Rache, indem er den verantwortlichen Mutawwi mit einem brennbaren Insektizid besprühte und dann anzündete, woraufhin der Vater verurteilt und enthauptet wurde.

Den Abend verbringe ich heute nicht mit den Männern im Männer-Madschlis, sondern mit ihren Schwestern, Cousinen und Ehefrauen nebenan im Frauen-Madschlis. Jeden Donnerstag treffen sie sich, kochen und klönen.

Hussa ist mit ihren achtzig Jahren die Matriarchin der Familie und Mutter von Sultan, Saleh, Khaled und von Zena, die ich vor einer Stunde kennengelernt habe. Zena, Anfang fünfzig, Pferdeschwanz mit grauen Strähnen, spricht zwar kein Englisch, reicht mir dafür aber unablässig Kaffee, Datteln, Nüsse, Kekse, Kuchen, Miniäpfel, Sonnenblumenkerne, Schokolade, noch mehr Kaffee, Datteln und wieder alles von vorne. Maha, Salehs Ehefrau, kocht derweil Kabsa in der Küche – für uns und für die Männer im Madschlis nebenan. Sie ist schön wie eine dieser arabischen Popsängerinnen, hat lackschwarzes Haar, trägt Pumps und ein Sommerkleid mit bunten Blumen, das ihre Figur umschmeichelt. Mit dabei ihre drei Kinder; die zwölfjährige Rima, der fünfjährige Saud und ein dreijähriges Mädchen, dessen Namen ich nicht verstanden habe.

Zenas Tochter Wateen setzt sich neben mich, Kringellocken fallen ihr in die Stirn, dicht wie bei einer Puppe. Sie spricht gutes Englisch. »Ich hab's mir selbst beigebracht, mit Tiktok und Youtube«, sagt die Vierzehnjährige cool.

Auch ihre Schwester Haya spricht Englisch, sie ist 25, arbeitet am Flughafen und fährt Auto, liebt ihre neu gewonnene Unabhängigkeit. »Ich bin nicht mehr angewiesen auf einen Mann, der alles bezahlt«, sagt sie, »ich verdiene jetzt mein eigenes Geld, habe mein eigenes Auto.«

Wateen will in ein paar Jahren ebenfalls den Führerschein machen. »Mir ist wichtig«, betont sie, »dass ich mir das Auto dann selbst kaufe. Mit meinem eigenen Geld.« Ihr Berufswunsch: Rechtsanwältin.

Derweil weicht Mahas Tochter Rima nicht von meiner Seite. Im Laufe des Abends wird die Zwölfjährige mir ihre Abaya vorführen, ihre Schulbücher zeigen, ihr Zeugnis auspacken (sie ist Klassenbeste), mir einen Lippenstift schenken, dazu eine kleine Flasche Parfüm und elf Riyal, umgerechnet 2,70 Euro (die sie sich von ihrer Mutter holt).

Weitere Gästinnen trudeln ein, es sind Cousinen (oder Schwestern?) von Zena und ihren Töchtern. Ruba, Fatimah, Muna und Basma betreten tief verschleiert den Madschlis, doch schnell fallen Abaya sowie Niqab, und fröhliche Gesichter kommen zum Vorschein. So viel Liebreiz bleibt ungesehen, denke ich. Im Schlepptau noch mehr Kinder, ein Junge bläst in eine Trillerpfeife.

Mittlerweile ist es 23.30 Uhr, und alle Sprösslinge toben wach und aufgedreht durch das Haus, spielen mit iPads und Spielzeugautos, aus den Smartphones scheppert arabische Kindermusik. Der Junge pustet und speichelt in die Trillerpfeife, dazwischen lautes Lachen, hitzige Diskussionen, Rufe nach irgendeinem Kind, Geschrei. Datteln werden gereicht, Teller mit Gebäck, Schüsseln mit Nüssen, saudischer Kaffee, Gekicher, Geplapper, wieder Datteln. Muna redet über mich hinweg mit Haya, die auf der anderen Seite sitzt, neben ihr brüllt Basma nach ihrem Sohn, der immer noch in die Trillerpfeife bläst, glänzende schwarze Locken werden gekämmt, Rouge ausprobiert, Lippenstifte gezückt, ein Glas fällt zu Boden, der kleine Saud weint, Wateen löchert mich mit Fragen über Deutschland, während Ruba mir zeigt, wie man ein Kopftuch richtig bindet. Jemand gießt mir Kaffee nach, »ya binti«, meine Tochter, ruft Zena, Gebabbel, Gelächter, »ayuwa«, ja, antwortet Wateen. Zugleich will die alte Hussa wissen, ob ich verheiratet sei, »mutazauwwija?«. Ich bin auf diese Frage vorbereitet, zeige ihr auf meinem Handy ein Foto von meinem Freund, den ich als Ehemann vorstelle. Die Trillerpfeife trillert, Fatimah hält mir Kekse hin, danach Pralinen, Hussa nimmt mein Handy und studiert das Foto eingehend, nickt dann zustimmend. »Atfaal?«, Kinder? Ich verneine, sie schenkt mir einen mitleidigen Blick und ahnt nicht, wie kinderwunschlosglücklich ich doch bin. Unterdessen präsentiert mir Rima ihr Mathebuch, ihr Englischheft und irgendwelche Tanzvideos auf Tiktok, Maha stellt derweil eine Platte mit Kabsa vor die Tür der Männer, klopft, und ihr Ehemann Saleh nimmt das Essen entgegen, während ihr fünfjähriger Sohn Saud sie fragt, warum ich keine schwarzen Haare habe so wie die anderen Frauen. Dazwischen wieder Datteln, Kekse, Gefeixe, und Sauds kleine Schwester kotzt auf den Teppich.

Plötzlich lautes Kreischen, Aufregung, denn draußen beginnt es zu regnen; bei zwölf Regentagen jährlich im Nadschd ein Großereignis, das sogleich euphorisch gefeiert wird. Innerhalb von Sekunden stürmen die Frauen und Kinder in den Innenhof, die Jungs und Mädchen hüpfen, versuchen mit ihren Zungen die Regentropfen aufzufangen, Maha hebt die Hände zum Himmel, betet zu Allah, der Rest zückt das Handy und filmt in die Nacht hinein. Nach sechs Minuten ist der Regensegen schon wieder vorüber, doch alle sind glücklich, lachen, kehren zurück in den Madschlis. Das Kabsa wird hereingetragen, dazu Suppe und Bohnen mit Tomatensoße. Außer der alten Hussa essen die Frauen nicht mit den Fingern, sondern benutzen Plastiklöffel und Plastikteller. Tatsächlich schmeckt es besser als die letzten Tage, irgendein Gewürz ist hinzugekommen, ich lobe Mahas Kochkünste, sie lächelt so strahlend schön wie eine arabische Popprinzessin.

Nach dem Essen reicht Zena gezuckerten Tee, dazu wieder Süßigkeiten, 10 000 Kalorien an einem einzigen Abend. Es klopft an der Tür, und Maha wirft sich blitzschnell eine Decke über den Kopf und den Körper, dann erst betritt Khaled den Frauen-Madschlis, um seine Nichten und Schwestern zu begrüßen, Maha sitzt währenddessen statuesk im Sessel, rührt sich nicht, verhüllt wie ein Kunstwerk von Christo. Khaled ist nicht direkt verwandt mit ihr, sondern nur ein Schwager, er darf sie nicht sehen. Ich bin ein wenig betrübt, dass kein anderer Mann weiß, wie schön sie ist. Dass ihre Schönheit nicht zur Verschönerung der Welt beitragen kann.

Als Khaled den Madschlis verlässt und die Luft wieder männerrein ist, lugt Maha unter der Decke hervor, Haya bemerkt meine Irritation. »Das ist unsere Tradition«, sagt sie, »nur der eigene Ehemann, Vater, Onkel oder Bruder darf uns anschauen.« Sie erklärt, dass ein Ehemann, der es zulässt, dass fremde Männer seine unverschleierte Frau anblicken, respektlos seiner Angetrauten gegenüber sei. »Es würde mir wehtun, wenn es meinem Mann egal wäre, wer mein Gesicht sieht.« Bereits das Verschicken eines Fotos von ihr ohne Niqab verletze ihre Intimsphäre, sagt sie, weshalb auch ich keine Fotos von der unverhüllten Frauenrunde schießen darf.

Die zwölfjährige Rima kommt mit einem Niqab um die Ecke geflitzt, möchte, dass ich ihn anziehe. Sie knotet ihn mir am Hinterkopf fest, kichert. Die Frauen applaudieren, machen mir Komplimente. Schon seltsam, denke ich. Es ist eine geschlossene Gesellschaft, in der ich mich bewege. Doch als reisende Frau gewährt mir diese geschlossene Gesellschaft Einblicke, die kein Mann – ausländisch wie einheimisch – jemals haben wird.

Dass Haya mit ihren 25 Jahren noch nicht verheiratet ist, mutet in jener traditionellen Region eher außergewöhnlich an. Doch war bisher nicht der richtige Kandidat dabei. »Wir müssen heiraten«, sagt sie, »auch das ist unsere Kultur. Aber der Mann muss zu mir passen.« Er soll einen ordentlichen Beruf haben und ihr alle Freiheiten zugestehen, die sie sich wünscht. Liebe sei nicht zwingend. »Die kommt dann hoffentlich ganz automatisch.«

Zwei Bewerber hat sie bislang abgelehnt. Der erste Aspirant warb um sie, als sie noch keinen Führerschein hatte. »Das war zu früh. Ich wollte erst auf eigenen Beinen stehen, bevor ich mich binde. Außerdem war ich zu jung.« Seit 2020 müssen Mädchen bei der Eheschließung mindestens achtzehn Jahre alt sein. Zwangsehen wurden 2005 für illegal erklärt.

Stets ist es die Aufgabe des Mannes, das Aufgebot zu stellen. Laut Islam dürfen muslimische Männer eine Christin oder Jüdin heiraten, muslimischen Frauen ist nur ein muslimischer Gatte erlaubt.

Ohne Zustimmung der Familie darf jedoch niemand heiraten. Die Väter handeln die Eheverträge aus. Ist die Frau einverstanden, so unterschreibt sie. Damit ist die Vermählung rechtskräftig, und der Ehemann ist verpflichtet, die Morgengabe an seine Ehefrau zu zahlen. In konservativen Familien dürfen sich die Brautleute nach der Unterschrift trotzdem nicht treffen, höchstens telefonieren. Erst auf der großen Hochzeitsfeier begegnen sie sich leibhaftig und lernen sich kennen.

Der zweite Kandidat, der bei Hayas Vater vorsprach und bei ihr abblitzte, arbeitete als Beamter, allerdings nicht in al-Qassim, sondern in einer anderen Provinz, doch Haya weigerte sich, aus Buraida wegzuziehen, zu tief ist die Verbundenheit mit ihren Eltern, Geschwistern und Cousinen.

Das öffentliche Leben verändert sich schneller als die familiären Strukturen. Auf der einen Seite steht der neu aufkeimende Individualismus, auf der anderen Seite der althergebrachte Kollektivismus in den Familien und Stämmen. Und in diesem Gegensatz bewegt sich nun die saudische Gesellschaft, mit all den Zerrissenheiten, Spannungen, Widersprüchen, Abhängigkeiten, Hoffnungen, Beharrungskräften, Exzessen, Ängsten und Verzückungen, die zum Umbruch dazugehören. Das Land ist auf links gedreht. Der soziale Wandel schreitet in Schallgeschwindigkeit voran, nur die Veränderung ist das einzig Unveränderliche. Nicht jeder kommt mit. Da ist Skepsis. Oder Sorge. Einige bleiben auf der Strecke. Doch scheint mir die Freude über die Öffnung größer als der Widerstand. Auch im strengen Buraida.

Um kurz nach eins endet der Abend. Zum Abschied werden mir Fresspakete geschnürt. Fleisch, Reis, Suppe, Bohnen mit Tomatensoße, eineinhalb Kilogramm Datteln, drei Limonen, Kaugummis, Bonbons, Salat, Kuchen, Kekse, Erfrischungstücher, zwei Wasserflaschen, Streichkäse. Zeda schenkt mir eine Kaffeetasse, die Kinder pflücken Gänseblümchen im Innenhof für mich, Hussa steckt mir fünfzig Riyal zu, ich lehne ab, doch sie insistiert, dazu ein Portemonnaie, das noch in Folie eingeschweißt ist, keine Ahnung, wo sie es herholt, etwas Oud-Holz und ein Stück Kohle, um das Oud zu verbrennen. »Allah y'khaliki, ya ukhti«, Gott segne dich, oh, meine Schwester, sagt sie.

Wir umarmen uns alle lange und innig, küssen uns fünfmal auf die linke Wange. Dann streifen die Frauen ihre Abayas über, binden sich die Niqabs an ihren Hinterköpfen fest und entschwinden als Schatten in die Nacht.

Es ist Freitagnachmittag, islamischer Sonntag also, und die Männer fahren in die Wüste. Das ist etwas, was saudische Männer freitags gerne machen. Sie sitzen dann um ein Feuer herum, trinken Qahwa und Tee, essen Süßigkeiten, plaudern, cruisen mit dem Auto durch den Sand, beobachten, wie andere Männer mit dem Auto durch den Sand cruisen.

Ich fahre bei Khaled mit, im Wagen hinter uns Anwar mit seinem Teenagersohn Hisham. Sultan und Saleh führen unseren kleinen Trupp an. Mit uns düsen noch unzählige weitere saudische Männer aus dem Umland in Kolonnen ins rote Dünenmeer der Nafud, eine Sandwüste mit einer Ausdehnung von rund 78 000 Quadratkilometern, eine Fläche so groß wie Schottland.

Wir finden ein Plätzchen am Fuße einer Düne, legen Teppiche und Kissen aus, holen Pappbecher, Zuckerzeug, Kosmetiktücherboxen, Teekannen und Datteln aus den Autos, Anwar und Saleh sammeln Zweige und machen Feuer. In der Ferne juckeln Geländewagen die Dünen hinauf, pesen die Kämme entlang, geben Gas, rutschen rückwärts hinunter, Sultan strahlt. Hier fühlt er sich am wohlsten. »Wüste, Kaffee und Motorengeräusch – mehr brauche ich nicht«, sagt er lachend.

Unterdessen pustet Anwar in die Glut, Saleh verteilt Kitkat. Sultan stellt die Kaffeekanne ins Feuer, und Khaled animiert Anwars Sohn Hisham, mit ihm Fußball zu spielen. Doch der Dreizehnjährige mit den Pausbacken ist gänzlich untalentiert. Entweder bekommt er keinen einzigen Ball zu fassen, oder er wird angeschossen. Hisham ist etwas zu schwer für sein Alter und überfordert von seiner eintretenden Pubertät. Schrecklich schüchtern ist er obendrein, denn er weicht mir aus, traut sich nicht, mich anzuschauen.

Anwar und ich trinken Kaffee und sprechen über die Konflikte zwischen den Geschlechtern, die mit den Umwälzungen einhergehen. In der Ferne heulen die Motoren, Sandwolken wirbeln auf.

»Wie findest du, dass Frauen nun mehr Rechte haben?«, frage ich Anwar, dessen Ehefrau sich vor sechs Monaten von ihm hat scheiden lassen.

»Dass Frauen jetzt arbeiten und mehr Freiheiten haben, ist gut und war längst überfällig«, antwortet er, und doch wirkt er ob der neuen Rollenverteilung verunsichert. »Der Islam sagt, dass der Mann verpflichtet ist, sich um die Frau zu kümmern. Dass er das Haus bauen und die Familie versorgen soll.« Während er erzählt, müht sich sein Sohn Hisham mit einem Karton Kaffeebecher ab, den er zu öffnen versucht. Linkisch zerrt er an allen vier Ecken, bis er schließlich mit seinen Fingern ein Loch in die Pappe bohrt und die Schachtel aufreißt. Dabei schneidet er sich in den Daumen. »Auch wenn die Frau jetzt endlich ihr eigenes Geld verdient, muss der Mann trotzdem noch seine Pflicht erfüllen«, meint Anwar, bevor er seinem Sohn mit den Kaffeebechern hilft.

Ähnliches gab auch Faisal aus Khobar zu bedenken. Der saudische Mann fühlt sich in seiner Versorgerrolle, die ihm sein Leben lang von Gesellschaft und Religion eingebläut wurde, aus dem Sattel gehoben, so höre ich heraus. Nicht nur die Frauen in Saudi-Arabien müssen sich neu erfinden, auch die Männer müssen es.

Sultan setzt sich zu mir, wir unterhalten uns in Arabenglisch und per App, sprechen über seine Auto fahrenden Töchter, und der stolze Vater zeigt mir ein Foto von seinem jüngsten Sohn Faras, drei Jahre alt, sein fünftes und letztes Kind, wie er betont. Und dann wird Sultan zum ersten Mal in all der Zeit, in der ich sein Gast bin, ernst. Sein immerwährendes Lächeln verebbt. Denn er erzählt von seiner Tochter Sara. Sie war vierzehn, als sie starb. Vor drei Jahren war das. Ein Gehirntumor. Er stockt, als er das sagt. Zwei Tage nach ihrem Tod wurde Faras geboren.

Am Abend betet die Runde gemeinsam, Sultan leitet sie an. Ich setze mich abseits auf eine Düne, beobachte sie, immer mehr Männer gesellen sich hinzu. Sie kennen sich nicht, aber im Gebet sind sie vereint.

Als die Nacht hereinbricht, packen wir die Pappbecher und Plastikschälchen in Mülltüten und schütteln die Kissen aus. »Nadine«, ruft Anwar plötzlich, neben ihm steht Hisham, der es diesmal tatsächlich schafft, mich ganze fünf Sekunden anzuschauen, bevor er die Augen wieder abwendet. »Hisham möchte dich etwas fragen.« Ich bin verblüfft, freue mich aber über die unverhoffte Kontaktaufnahme des Jungen. Hisham sagt einige Sätze auf Arabisch, Anwar übersetzt, und ich bin gespannt wie ein Flitzebogen. »Hisham möchte wissen«, beginnt Anwar, »wie sich mittlerweile das Verhältnis zwischen West- und Ostdeutschland nach der Wiedervereinigung entwickelt hat?«

Mit dieser Frage hatte ich nicht gerechnet. Ich antworte, so gut ich es vermag. Hisham bedankt sich knapp und versucht sich alsdann, beim Aufräumen nützlich zu machen, steht aber bloß im Weg herum. Ich mag den Jungen.

Zurück im Madschlis kocht Khaled wieder Kabsa, aufgetischt wird gegen Mitternacht. Ich frage ihn, warum es jeden Tag Kabsa gibt. »Weil wir es lieben«, antwortet er. Ein Leben ohne Kabsa ist möglich, aber sinnlos.

Die Tage in Buraida. Der viele Kaffee am Abend. In Saudi-Arabien ist der Schlaf leicht und die Nacht kurz. Wieder aufgewacht mit einem Fremdkörpergefühl im rechten Auge. Es juckt und sticht. Ich kühle es mit Wasser. Jetzt sitze ich im Madschlis, trinke Qahwa, zusammen mit Khaled, Sultan, Saleh und Anwar. Im Laufe des Nachmittags kommen noch sechs weitere Männer hinzu, deren Namen ich mir nicht merken kann. Sie nicken mir zu. Manche scheinen überrascht, eine Frau im Madschlis anzutreffen, die meisten geben sich aber ungerührt. Sitzen, Kaffeetrinken, Fernsehschauen, Handyschauen, Reden, Sitzen, Teetrinken, Handyschauen. Mehr passiert nicht. Alle stieren die meiste Zeit ins Mobiltelefon.

Man kann arm sein, ohne Frau und ohne Familie leben, aber ohne Smartphone – undenkbar. Über sieben Stunden täglich verbringt der durchschnittliche Saudi im Internet. Ich merke es an mir selbst. Auch mein Handykonsum hat sich in Saudi-Arabien um das Zehnfache gesteigert, weil sich das gesamte Dasein auf den verfluchten kleinen Bildschirm konzentriert. Vom Taxifahren und Hotelsuchen über Kommunikation, News, Social Media bis hin zu Übersetzungen, Zahlungen und Buchungen. Ständig das Sofortige. Wir sind alle hier, aber nicht wirklich da. Ein konstant überreiztes Nervensystem. Saudi-Arabien ist Handyland.

Im Fernsehen läuft Autorennen, dann saudisches *Takeshi's Castle*, danach Fußball. Man blickt entweder auf den großen Bildschirm oder auf den kleinen in der Hand.

Der Bildhauer Alberto Giacometti wurde einmal gefragt, was er im Falle eines Feuers in Sicherheit bringen würde: einen Rembrandt oder die Katze? Giacometti wählte die Katze. In Saudi-Arabien würden sie das Handy retten.

Tinder-Match mit Ibrahim, 33, aus Khobar, bloß ein einziges Foto im dunkelblauen Thawb und mit Shemagh. Wirkt höflich, sucht einen Reisefreund »ohne Benefit«. Außerdem wünscht er sich Kinder, mag Angeln, Netflix, Radfahren und »classy people«, denn die gebe es so selten.

Ich: »Warum bist du auf Tinder?«

Ibrahim: »Ich möchte die Liebe finden. Ich glaube, dass die Liebe die Kirsche auf der Eiskugel ist. Wenn du jemanden findest, der dich liebt und respektiert und mit dir Kinder möchte – großartig!«

Ich: »Es mag vorkommen, aber nicht so oft, denke ich.«

Ibrahim: »Nicht so oft in Zeiten von Social Media. Aber die Liebe kann überall gefunden werden.«

Am nächsten Morgen sticht wieder mein Auge. Auch die kalte Dusche hilft nicht. Später höre ich ein herzzerreißendes Jaulen. Es kommt von draußen. Ich gehe auf die Straße und entdecke gegenüber der Istrakha einen Hundewelpen zitternd in einer Ecke hocken, er presst seinen kleinen Körper an die Mauerwand des Nachbarhauses und wimmert. Ich nähere mich ihm, doch er zieht das Schwänzchen ein und knurrt mich an. Trete ich zurück, so weint er wieder wie ein Baby, als wolle er, dass ich bleibe. Ratlos schaue ich ihn an. Er hat weiße Pfötchen, Schlappöhrchen und ein Fell wie Karamell und Seide. Ich schätze ihn auf sechs Wochen. Vielleicht ist seine Mutter gestorben, womöglich von einem Auto überfahren.

Zehn Minuten später trifft Khaled ein. »Ya salaaam«, sagt er, »was sollen wir tun?« Wir stellen eine Schale Wasser und einen Plastikteller mit *Laban*, fermentierter Milch, an die Mauer. Und eine Dose Thunfisch, denn etwas anderes können wir in der Istrakha auf die Schnelle nicht auftreiben. Der Welpe knurrt, drückt seinen Körper fester an die Wand. Wir beschließen, ihn erst einmal in Ruhe zu lassen und fahren ins Krankenhaus, mein Auge pocht und prickelt, und Khaled ist besorgt.

Saudi-Arabien verfügt über ein weitestgehend gut funktionierendes Gesundheitssystem, das allen Bürgern und Einwohnern unentgeltliche Gesundheitsdienstleistungen anbietet. Allerdings steht das System immer noch vor Herausforderungen wie einem Mangel an Personal oder Ungleichheiten zwischen städtischen und ländlichen Gebieten. Auch konzentriert sich das saudische Gesundheitswesen mehr auf Heilbehandlung als auf Prävention, was eine höhere Rate an Diabetes, Herz-Kreislauf-Erkrankungen und Fettleibigkeit zur Folge hat. Es gibt zwar Gesundheitszentren – private (kostenpflichtig) und staatliche (kostenlos) –, aber viele Menschen gehen lieber direkt in eines der staatlichen Krankenhäuser.

Ich muss bloß 45 Minuten warten und nicht den halben Tag wie die unzähligen Frauen und Männer, die auf den Gängen vor den Sprechzimmern sitzen oder an der Anmeldung Schlange stehen. Ein Cousin arbeitet hier als Pfleger und schleust mich durch. *Wasta* nennt man das; saudisches Vitamin B. Ohne Wasta dauert in Saudi-Arabien alles länger, ist viel komplizierter oder klappt gar nicht erst.

Nach meiner Krankenversicherung, die ich bei Beantragung des Visums abschließen musste, fragt mich niemand, auch anmelden brauche ich mich nicht. Ein saudischer Arzt bittet mich ins Sprechzimmer, macht einen Sehtest mit mir. Ich soll Buchstaben und Zahlen vorlesen, zuerst mit dem linken Auge, dann mit dem rechten. Danach führt mich ein pakistanischer Arzt in ein anderes Zimmer, lässt die Tür offen, tropft mir mit einer Pipette eine Flüssigkeit ins rechte Auge, untersucht es mit einer Spaltlampe. Ich soll nach oben schauen, ich soll nach unten schauen. Er stellt fest: Ich reagiere allergisch auf die saudische Luft. »Der Staub ruft eine Irritation hervor«, erklärt er. Außerdem bräuchte ich eine Brille. Er verschreibt mir Tropfen für morgens und eine Creme für abends, die ich zehn Tage lang nehmen muss.

Khaled ist erleichtert. »Du wirst also nicht blind«, sagt er und lacht. Auf dem Rückweg stoppen wir an einer Hähnchenbraterei, kaufen Hähnchenschenkel mit Reis. Als wir zurückkommen, hockt der Welpe immer noch in der Ecke. Den Thunfisch und das Wasser hat er nicht angerührt, doch vom Laban hat er getrunken. Als er uns sieht, weiß er nicht, ob er sich fürchten oder freuen soll, abhauen oder nachlaufen. Wir lassen das Eisentor der Istrakha offen, lächeln den Welpen an, stellen eine frische Schale Laban in den Innenhof, locken ihn zu uns. Es dauert nicht lange, und die Neugier des Kleinen obsiegt. Er folgt uns auf das Grundstück, zögert noch, entdeckt die Schale, vergisst seine Angst und trinkt. Das Schnäuzchen milchweiß. Ich rupfe Hähnchenfleisch vom Knochen (ungewürzt) und schiebe es dem Welpen hin, dazu etwas Reis. Er frisst und schmatzt. Die spitzen Milchzähne sind schon durchgebrochen, und jetzt sehe ich, dass er ein Mädchen ist.

Khaled lächelt, nennt die Kleine »Coco«, sagt leise »marhaba«, hallo, lässt Coco an seiner Hand schnuppern, lächelt wieder. Es rührt mich, wie gerührt er ist. Und wie schnell er die süße Coco in sein Herz geschlossen hat. Tatsächlich sind Hunde in Saudi-Arabien nicht sonderlich beliebt, denn im Islam schneiden sie schlecht ab, ähnlich wie im Judentum. Sie gelten weithin als unreine Tiere, mit denen man lieber nichts zu tun haben will. Zugelassen sind sie aber dennoch, vor allem für bestimmte Aufgaben wie Jagd, Schutz oder Assistenz.

Im Koran heißt es, dass Engel keine Häuser betreten, in denen Hunde leben. In Riad dürften die Himmelsboten daher immer öfter vor der Tür herumlungern, denn die koranische Drohung scheint dort zu verhallen. Vereinzelt sieht man Hundehalter ihre puscheligen Malteser und schlotternden Chihuahuas in Täschchen herumtragen. Früher verbot die Religionspolizei das Ausführen von Hunden mit der Begründung, dass Männer dies nutzen würden, um mit Frauen zu flirten. Die Verordnung wurde jedoch überwiegend missachtet. Seit 2023 findet in Riad sogar eine Haustier-Expo statt.

Coco bleibt den ganzen Tag dicht bei uns, sie liegt neben mir, wenn ich draußen auf einem Stuhl sitze, sie hüpft an Khaleds Beinen hoch, sie weint, sobald wir ins Haus gehen (da traut sie sich nicht hinein), sie spielt mit uns, drückt ihre Milchzähnchen in meine Jeans, legt ihr Köpfchen auf Khaleds Schuh, will uns nah sein. Nachts schläft sie eingerollt auf einem Kissen vor der Haustür, morgens trinkt sie Laban, bekommt von uns in Wasser eingeweichtes Hähnchenfleisch.

Die Tage in Buraida – es waren die wärmsten bislang. Wer hätte gedacht, dass ausgerecht jene strenge Stadt, über die ich in Büchern wahrlich nichts Gutes gelesen habe, so ergreifend daherkommt? So herzbewegend? Was für ein Glück ich doch hatte, ein »Affenglück«, wie man im Nadschd sagt, wahrscheinlich weil ein Affe so viel herumhüpft, genauso wie die kleine Coco, wenn sie sich freut. Auch mein Herz hüpft vor Dankbarkeit, trotzdem wird es Zeit, ich muss weiter. In die Hauptstadt. Als ich aufbreche, läuft Coco mir bis zum Eisentor hinterher. Sie jault und versteht nicht, warum ich sie verlasse. Ich spüre einen Kloß im Hals, bekomme feuchte Augen. Khaled verspricht mir, sich um sie zu kümmern.

Als er mich am Bahnhof absetzt und wir uns verabschieden, sagt er: »Du hast jetzt eine Familie in Buraida.«

RIAD

الرياض

Ihr Mädchen von Riad, ihr Mädchen von Riad, ihr funkelnden Diamanten, erbarmt euch des Opfers, das vor eurer Türe liegt.

ABDUL MAJEED ABDULLAH

Riad liegt an einem Fluss, einem Verkehrsfluss, der sich zwölfspurig durch die Ebene wühlt. »Germany very good, sister. Here too many malls. Not good«, sagt Taxifahrer Hakim aus Pakistan, als wir die kilometerlangen Stadtautobahnen entlangfliegen.

Bald acht Millionen Menschen wohnen, lachen, streiten, tanzen und lieben in dieser Metropole, die mit ihren Wolkenkratzern, halb fertigen Hochhäusern, Moscheen und Shoppingmalls auf Sand gebaut wurde. Seit der Unabhängigkeit Saudi-Arabiens im Jahr 1932 ist Riad Hauptstadt, eingefasst in Wüste und Ödland.

Ich denke an Loay. An unsere flüchtige Verzauberung und an die Zeit mit ihm, hier in seiner Heimatstadt. An seine Zerrissenheit, das Dunkle in seinen Augen, und wie er mit seinem Saudischsein haderte, weil er nicht wusste, wohin er gehörte. Weil er irgendwo zwischen heimlichen Partys, Kokain, Traditionen und Konventionen verloren ging. Und dann denke ich an die leise Melancholie, weil wir ahnten, dass es vorbei war, denke an unseren Abschied, an das letzte Lächeln in der Nacht. All das ist drei Jahre her und längst nicht mehr wahr. Die Stadt ist eine andere geworden. Auch ich habe mich verändert. Und doch hoffe ich, dass Loay jetzt glücklicher ist, als er es damals war.

»Look, sister«, sagt Hakim und zeigt auf das Ritz-Carlton-Hotel, das sich vor uns palastartig erhebt, eine Luxusherberge. Barack Obama nächtigte hier bereits, auch Donald Trump. Im Februar 2020 saß ich dort immerhin in der Lounge, gemeinsam mit einem saudischen Bekannten – ein Pilot bei einer lokalen Airline –, umringt von sechshundert Jahre alten Olivenbäumen, die aus dem Libanon importiert wurden. Der Bekannte erzählte mir bei einem Minztee, dass er in seiner Freizeit gern private Swingerpartys besuche. Seine hochschwangere Ehefrau wusste nichts davon.

»Bist du unglücklich in deiner Ehe?«, fragte ich ihn.

»Nein«, antwortete er flugs, »ich liebe meine Frau über alles.«

Weltberühmt wurde das Hotel allerdings durch eine andere Begebenheit. Im November 2017 ließ Muhammad bin Salman im Ritz-Carlton 380 Prinzen, Geschäftsleute und politische Schlüsselfiguren einsperren und beschlagnahmte ihr Vermögen. Eine »Säuberungsaktion«, um Korruption und Klientelismus auszumerzen. Um Widersacher aus dem Weg zu räumen oder auf Spur zu bringen, so titelte die internationale Presse. Viele Saudis begrüßten die Aktion, gleichwohl trat auch Unsicherheit ein, denn wer als Feind oder Freund des Kronprinzen gilt, ist seitdem ungewiss.

Das Taxi fährt an der Baustelle des King Salman Parks vorbei, auf 90 000 Quadratkilometern soll hier die größte Parkanlage der Erde entstehen. Größer als der Central Park in New York. Alles muss hier größer sein als anderswo, scheint mir. So soll auch der King Salman Airport bei Riad der größte Flughafen der Welt werden. Im Jahr 2030 wird in der Hauptstadt außerdem die Expo stattfinden. Bis dahin hat angeblich der Mukaab eröffnet, ein monströser Würfelkomplex im Stadtzentrum, der auf einigen Werbetafeln abgebildet ist und wie eine gigantomanische goldene Kaaba anmutet. Die geplanten Dimensionen: vierhundert Meter in Höhe, Breite und Tiefe. Laut Muhammad bin Salman reicht das, um darin zwanzig Empire State Buildings zu verstauen. Das Megagebäude soll eine Technologie- und Designuniversität sowie Kultur- und Unterhaltungsstätten beinhalten. Auch Wohn- und Hoteleinheiten, Geschäftsräume, Parks und Freizeiteinrichtungen sind geplant. Für Mukaab wird eigens ein neuer Stadtteil hochgezogen. »Saudi crazy«, meint Hakim kopfschüttelnd und lacht.

Statt der Planung diverser Prestigebauprojekte fände ich die längst überfällige Inbetriebnahme der Metro erstrebenswerter. Die komplette Fertigstellung war für 2021 geplant, ist aber immer wieder verschoben worden. Was der Flughafen in Berlin für Deutschland war, ist die U-Bahn in Riad für Saudi-Arabien. Vorerst bin ich also weiterhin auf Taxis angewiesen, anders kommt man nicht durch. Zwar gibt es mittlerweile auch eine städtische Buslinie, doch um zu einer Haltestelle zu gelangen, brauche ich ein Auto. Quod erat demonstrandum.

Mein Hotel befindet sich am Stadtrand, umgeben von staubigen Brachflächen, wie es so viele in Riad gibt, einhundert Euro kostet die Nacht, mittlerweile oft Durchschnitt, wenn man zu spät bucht. Im Badezimmer liegen Mottenkugeln im Abfluss. Die Bettdecke knistert elektrostatisch. Das Fenster zur Welt ist blickdicht, wieder einmal. Es ist kein »Leben hinter den Schleiern«, sondern ein Leben hinter Milchglas. Ich bin müde, habe Kopfschmerzen und Hunger. Verlassenheit überkommt mich.

Dreihundert Meter vom Hotel entfernt, direkt an der Schnellstraße, flackern die Neonlichter eines arabischen Fast-Food-Restaurants. Zwei Wartereihen führen zur Bestelltheke, abgetrennt mit Stellwänden. Ich weiß nicht, in welche Reihe ich muss, bin der einzige Kunde, erkenne keine Schriftzeichen für »Frau«, bin es für heute leid, rate und gehe nach rechts. Der Inder hinter den Tresen legt die Stirn in Falten.

»Bin ich falsch?«, frage ich ihn resignierend.

»Ja, Mam«, antwortet er und seufzt. »Sie stehen in der Reihe für Onlinebestellungen. Links ist für normale Bestellungen.«

»Stehe ich etwa nicht auf der Männerseite?«

Jetzt lacht er. »Nein, Mam, es gibt doch gar keine Geschlechtertrennung mehr.«

Ich kann nicht schlafen, wälze mich, die Bettdecke knistert. Und dann schickt mir Khaled mitten in der Nacht ein Video von Coco. Sie frisst mit Wasser verdünntes Hähnchenfleisch, schmatzt, und ich höre Khaled im Hintergrund kichern.

Ich schreibe ihm, dass ich Buraida vermisse.

Er antwortet: »Du hast hier ein Zuhause und eine Familie.«

Nächster Morgen. Vor meinem Fenster scheinen die Bremer Stadtmusikanten aufzutreten. Ein Hahn kräht, eine Katze miaut, ein Hund bellt. Fehlt nur noch der Esel. Dafür schreit der Kiezmuezzin aus den Lautsprechern und klingt wie ein rostiges Tor. Zwischen den »Allahu akbar« hustet er.

Im Frühstücksraum herrscht Geschlechtertrennung (man kann sich nie sicher sein, welche Regeln wann und wo weiterhin gelten). Das merke ich aber erst, als ich das zweite Mal zum Buffet gehe, um Fladenbrot und weißen Käse nachzuladen. Jetzt sehe ich, wie Frauen und Familien in einem Nebenraum verschwinden, der mir vorher nicht aufgefallen war. Ich kehre zurück zu meinem Platz – unter Männern –, überlege kurz und entscheide, sitzen zu bleiben. Es ist eh zu spät, und ich habe keine Lust, mit meinem Teller umzuziehen. Niemand sagt etwas.

Ich nippe an meinem überzuckerten Orangensaft und scrolle durch die Nachrichten. *The New Arab* schreibt, dass Emad al-Moubayed Saudi-Arabien verlassen habe und nun in Sicherheit sei. Al-Moubayed, ein bekannter Prediger und ehemaliger Imam der König-Abdul-Aziz-Moschee in Dammam, hatte der Regierung letzte Woche in einem auf X geteilten Video geraten, »Gott zu fürchten«.

Bisher erreichte der Clip 1,8 Millionen Aufrufe. Der Geistliche erklärte weiter, dass die jüngsten Veränderungen im Land »den islamischen Glauben auslöschen« würden.

Das Video war an König Salman, Kronprinz Muhammad bin Salman und Turki Al ash-Sheikh, den Chef der Unterhaltungsbehörde, gerichtet. Einen Tag später ruderte al-Moubayed zurück. »Einige Leute haben möglicherweise missverstanden, was ich in meinen vorherigen Worten und meinem vorherigen Clip gesagt habe … Ich möchte klarstellen und bekräftigen, dass unser Land, seine Führung und seine Bevölkerung großen Wohlstand, Sicherheit und Entwicklung genießen.« Nach diesem Tweet war er wie vom Erdboden verschluckt. Das Hashtag #WhereIsEmadMoubayed lag im Trend, und viele Follower machten sich Sorgen um den Geistlichen. Vorgestern twitterte al-Moubayed dann: »Durch die Gnade Gottes konnte ich das Land verlassen und ein sicheres Land erreichen, Gott sei Dank.«

Dass ausgerechnet das lange Zeit fundamentalistische Saudi-Arabien jetzt die eigenen Gottesmänner in Angst und Schrecken versetzt, hätte vor ein paar Jahren wohl niemand ahnen können.

»Es gibt drei Sorten Männer, die du niemals daten darfst: Ärzte, Piloten und Offiziere. Alles Fuckboys.« Sie redet immer noch so schnell wie ein Düsenjet, ist schlagfertig und blitzgescheit, schimpft über die anderen Autofahrer, die uns anhupen. Früher trug sie zerrissene Jeans unter der Abaya, jetzt Stoffhosen. Auch der Nasenstecker ist verschwunden. »Ich bin spießig geworden.« Sie grinst. Lamis und ich kennen uns seit meiner letzten Reise. Sie ist 28, arbeitet in einer Werbeagentur, und sie hat den Schalk im Nacken sitzen. »Niemals Fuckboys daten, die bringen es nicht, hörst du!«

Wir fahren durch das abendliche Riad, wollen zum King Abdullah Financial District (KAFD), Treffpunkt junger Saudis und modernes Wolkenkratzerviertel, bestehend aus sechzig futuristischen Bürotürmen, viel Stahl und Glas, bunt angestrahlt, mit hippen Cafés und stylishen Restaurants. Die Highways und Boulevards auf dem Weg ins KAFD sind verstopft, Riad ist eine Staustadt.

Dass Lamis den Führerschein erst seit einem halben Jahr hat, merkt man. Es ruckelt und rappelt, und Lamis schätzt die Abstände links und rechts nicht immer richtig ein. Dafür hupt und flucht sie reichlich. Auch dann, wenn sie es ist, die den anderen Autos die Vorfahrt nimmt. »Hurensohn«, zetert sie einem Toyota hinterher und übersieht eine Bremsschwelle, wir fliegen, kreischen und kichern. Ein Mann hupt uns an und gestikuliert wütend. »Small dick energy«, kommentiert Lamis dessen Entrüstung trocken.

Nach einigen Rucklern und Beinaheunfällen erreichen wir das KAFD, rollen ins Parkhaus. Lamis versucht, etwas umständlich einzuparken. »Meine Güte, die Parklücke ist so klein wie die Pussy einer Ameise«, ruft sie, und ich lache laut. »Arabisches Sprichwort.« Sie zwinkert und schaltet den Motor aus. Der Fahrer des Nachbarautos wird später über den Beifahrersitz in seinen Wagen klettern müssen, so nah stehen wir neben ihm.

Wir spazieren über das weitläufige Gelände des KAFD, Menschen kehren in Cafés ein oder holen sich einen frisch gepressten Saft an einem Smoothie-Truck. Lamis spendiert uns zwei Becher Matcha on Ice. Wer um die Welt reist, begreift, dass die Gegenwart immer eine Verschachtelung der Zeiten ist. Vergangener und zukünftiger. Wo heute Hochhäuser stehen, war gestern noch Wüste. In dem Königreich, das vor 91 Jahren ausgerufen wurde, haben die Menschen innerhalb eines Lebens die entwicklungstechnologische Wegstrecke eines Jahrtausends zurückgelegt. Jetzt leuchten die Wolkenkratzer auf uns herab, in Grün und Rot und Gelb. Junge ausgehfeine Frauen mit glänzenden Haaren reichen ihre Handynummern an junge Burschen mit Baseballkappen, die sich cool geben, aber noch halb reif sind.

Nirgendwo sonst in Saudi-Arabien sieht man so viele unverschleierte Frauen wie hier, wenngleich die Abaya stets getragen wird. Auch Lamis verlässt das Haus niemals ohne. »Ich fühle mich damit angezogen«, sagt sie. Kopftuch trägt sie nicht. Schon vor drei

Jahren meinte sie: »Die Leute sollen sich gefälligst daran gewöhnen.« Mittlerweile ist sie milder geworden, achtsamer, fastet sogar während des Ramadan, was sie zuvor strikt abgelehnt hatte. Doch durch die Öffnung ihres Landes konnte sie ihre rebellische Haltung aufgeben, fand einen neuen Zugang zu ihrer saudischen Identität.

Wir sprechen über die Seligkeiten und Kümmernisse der letzten Jahre, in denen wir uns nicht gesehen haben. Über Liebe und Liebesleid. Vor zwei Monaten zerbrach ihre heimliche Beziehung, erzählt Lamis, als sie sich unbeobachtet wähnt. Der Mann wollte ihre Verbindung offiziell machen, sich zu Lamis bekennen, doch ihr ging das zu schnell. »Lieber Affäre«, raunt sie fast lautlos. Sie lernten sich in einem Coffeeshop kennen, tauschten Nummern, chatteten, hatten Sexting, trafen sich in der Wohnung eines (schwulen) Freundes, der wohlweislich das Feld räumte, landeten im Bett, verabredeten sich fast immer nachtsüber, fanden sich gegenseitig toll.

»Und deine Eltern?«, frage ich, »wollten die nicht wissen, wo du nachts bist?« Lamis lebt wie die meisten unverheirateten Saudis noch in ihrem Elternhaus.

»In unserer Kultur reden wir einfach nicht darüber«, erklärt sie und zeigt mir ein Foto auf ihrem Handy. Ich blicke in das Gesicht eines jungen Mannes, gut aussehend, offenes Lächeln, markante Gesichtszüge. Lamis hat ihren Kopf an seine Schulter gelehnt. »Leider vorbei.« Sie seufzt, wischt das Foto weg und verrät sogleich, dass sie bereits den nächsten hübschen Kerl an der Angel habe. »Vielleicht lade ich ihn in die Wohnung meines Kumpels ein«, flüstert sie verschwörerisch.

»Ich hoffe, er ist weder Arzt, Pilot noch Offizier«, scherze ich.

»Anwalt«, entgegnet Lamis und fügt grinsend hinzu: »Das sind die Schlimmsten von allen.«

Heute ist der 8. März, internationaler Weltfrauentag. Davon bekomme ich nicht viel mit, außer dass in manchen Beautyshops zwei Cremes zum Preis von einer angeboten werden. Dennoch ist es kein Zufall, dass just zur selben Zeit die *Rally Jameel* – die »schöne« Rallye – stattfindet. Es ist bereits die zweite Ausgabe des 1600 Kilometer langen Autorennens nur für Frauen. Insgesamt treten 82 Fahrerinnen aus 25 Ländern gegeneinander an. Fünf Tage brettern sie durch anspruchsvolles Wüstengelände von al-'Ula bis nach al-Qassim. Am Ende werden Ewelina Chlebowska aus Polen und ihre Beifahrerin Hanna Riehle aus Deutschland in ihrem Toyota FJ Cruiser den ersten Platz belegen.

Und weil heute Frauentag ist, erinnert die Zeitung *Al Arabiya* an bedeutsame saudische Frauen, von denen wir im Westen kaum wissen, wie Raha Moharrak, die jüngste Araberin und erste saudische Frau, die 2013 den Mount Everest bestieg. Ebenso die Ausdauerschwimmerin Mariam bin Laden, die als erste arabische Frau von Saudi-Arabien nach Ägypten schwamm. Oder Prinzessin Reema bint Bandar, die erste saudische Botschafterin in den USA. Oder Mishaal Ashemimry, eine Luft- und Raumfahrtingenieurin, die als erste saudische Frau der NASA beitrat und die zu nuklearen thermischen Raketen forscht.

Auch mir fällt sogleich eine interessante saudische Frau ein, nämlich Cosmicat; der berühmteste weibliche DJ und die bekannteste Elektromusikproduzentin in Saudi-Arabien. Nouf Sufyani – so ihr richtiger Name – ist Anfang dreißig und gehört zu den ersten saudischen Frauen, die am Mischpult standen und auflegten. Früher hat sie sich heimlich mit Freunden auf Underground-Partys getroffen, um Musik zu machen, heute gilt sie als Vorbild, und die *Vogue Arabia* berichtet über sie.

Tinder-Match mit Layla, 25, Marketingmanagerin aus Dschidda. Sie mag Kaffee, Mode und Shopping. Außerdem raucht sie, hört gern Justin Bieber und hat einen Hund. Ihr Profilfoto zeigt sie mit dem Handy in der Hand vor einem Badezimmerspiegel. Das Gesicht liegt frei. Sie trägt ein rosa Kopftuch, ein kariertes Hemd, einen Bleistiftrock, Schmollmund und diverse Filter.

Layla: »Hallo.«
Ich: »Hey, Layla, wie geht es dir?«
Layla: »Hey.«
Ich: »Schön, dich kennenzulernen, liebe Layla. Was genau suchst du auf Tinder?«
Keine Antwort mehr.

Da ich einige Wochen in Riad bleiben werde und mir die Hotels zu teuer sind, ziehe ich in ein Hostel. Tatsächlich gibt es während meiner Reise in ganz Saudi-Arabien nur eine Handvoll Hostels. Eins tief im Süden, ziemlich abseits gelegen, das eher von Bikern genutzt wird. Dann ein Männerhostel in Riad, spartanisch wie ein Gefängnis, noch eine weitere Herberge, die zwar auch Frauen aufnimmt, mich aber wegen der ollen Etagenbetten an grausige Klassenfahrten erinnert, und dieses hier: modern, trendy, sauber. Erst vor zwei Monaten hat es eröffnet, mit einem Schlafsaal nur für Frauen. Die zehn Betten sind als kleine Schlafboxen konzipiert samt Ablage, Steckdosen, Spiegel, Zahnbürste, Nachttischlämpchen, Plastikkaktus und Vorhang.

Derlei Schlafkonzepte kennt man von den Kapselhotels in Japan. Dreißig Euro die Nacht und die günstigste Unterkunft, die ich in Riad finden kann. Das Hostel wird von acht Brüdern geführt, drei von ihnen lerne ich kennen. Sie sind jung und lässig, überaus höflich wie die meisten Saudis, haben ihre Ideen für die Einrichtung aus Amsterdam, Paris und Los Angeles mitgebracht, und sie tragen Shorts. Das ist deshalb erwähnenswert, weil diese in der Öffentlichkeit für Männer erst seit Februar 2022 erlaubt sind.

Im Schlafsaal ist noch eine weitere Kapsel belegt. Viktorija kommt aus der Ukraine. Seit drei Monaten ist die 27-Jährige als Backpackerin unterwegs. Zuvor war sie in Nordafrika, dann in Dschibuti und Somalia, jetzt ist sie hier. Als der Angriffskrieg Russlands gegen ihr Heimatland entbrannte, entschied sich Viktorija für den Aufbruch. Ein Plan, den sie schon Jahre vorher gefasst hatte, es war der lang gehegte Traum von der Weltreise, vom großen Abenteuer. Doch nun ist es mehr als eine Reise geworden. Es ist ihr Leben. In der Ukraine hat sie als Französischlehrerin gearbeitet, jetzt gibt sie online Unterricht. »Vielleicht versuche ich, im Sommer zurückzukehren«, meint sie, »dann ist es nicht so kalt, wenn der Strom ausfällt.«

Im ganzen Land sind die saudischen Flaggen gehisst, an Gebäuden, auf Plätzen, in Schaufenstern, an Autos. Sie wehen im Wind, Weiß auf Grün, werden geschwenkt. Shops verkaufen grüne T-Shirts, auf denen »Die Nation in unseren Herzen« geschrieben steht. Foodtrucks brutzeln Kibbeh und Falafel, viele Menschen haben frei. Heute ist der »Tag der Flagge«, es ist der dritte nicht religiöse gesetzliche Feiertag des Landes und der allererste Flaggentag in der Geschichte Saudi-Arabiens, ebenso neu instituiert wie der Founding Day letzten Monat, und erst vor zehn Tagen per königlichem Dekret beschlossen.

Vorbild sind die Vereinigten Arabischen Emirate, hier wird der Flaggentag seit 2012 begangen. Auch der heutige Gedenktag soll die nationale Identität der Saudis stärken. König Salman spricht von »Stolz und Nation«. Die Flagge Saudi-Arabiens wurde 1932 von Ibn Saud eingeführt und in der derzeitigen Form 1973 angenommen. Sie zeigt auf grünem Grund ein weißes Schwert, darüber weiße arabische Buchstaben, die *Schahada*, das islamische Glaubensbekenntnis. »Es gibt keinen Gott außer Gott, und Muhammad ist sein Gesandter.« Grün ist die Farbe des Propheten Muhammad, eine Farbe, die in jener kargen Wüstenregion das Leben, Überleben und das Paradies allegorisiert. Das Schwert steht für Gerechtigkeit und Redlichkeit und versinnbildlicht die militärischen Triumphe des Islam, der Familie Al Saud und der Wahhabiten. Wegen der abgebildeten Schahada darf die Flagge niemals auf halbmast gesetzt, nicht entsorgt und nicht zerstört werden.

Noch ist die Stimmung auf den Straßen verhalten. Es gibt keine Autokorsos wie beim Founding Day, kein Gehupe, keine Feierlaune. Später regnet es in Strömen. Wie ein Wasserfall ergießt sich der Regen über Riad, vermischt sich mit dem Staub, prasselt auf den Asphalt, schwer und dunkel.

Strebe nach Ruhm und Vorherrschaft,
Lasst uns den Schöpfer des Himmels preisen, und das Grün,
die flatternde Flagge hissen,
das Zeichen des Lichtes!
Wiederhole: Gott ist am größten! Oh mein Land!
Mein Land, magst du ewig leben, der Ruhm aller Muslime!
Lang lebe der König, für die Fahne und das Land!

Saudische Nationalhymne

Adil ist Gamer. Viele Stunden täglich hängt er an der Konsole, zockt *Red Dead Redemption* oder *Borderlands*. Raucht dabei. Zigaretten. Shisha. Joints. Manchmal kommen auch Kumpels zu Besuch. Dann bestellen sie Pizza und kippen ein paar Drinks.

In Kalifornien hat der mittlerweile Dreißigjährige Wirtschaftsinformatik studiert, Partys gefeiert, Pillen eingeworfen, mit Frauen geschlafen und sich zum ersten Mal Hals über Kopf verliebt. Seit 2019 ist er zurück in Riad. »So vieles hat sich hier verändert. Das war ein Kulturschock für mich«, berichtet er. »Die letzten vierzig Jahre, das war nicht Saudi-Arabien. So sind wir nicht. Wir hatten früher Kinos, Musikhören in der Öffentlichkeit war erlaubt, Rauchen ebenfalls, Frauen durften Auto fahren. Bis dann die Extremisten kamen und alles zerstörten. Gut, dass sie endlich weg sind.« Ebendaher kehrte Adil vor vier Jahren zurück. Mit neuen Hoffnungen im Gepäck und einer Tätowierung auf dem Rücken, von der seine Eltern nichts wissen dürfen. Fünf Geschwister hat er, sieben Halbgeschwister. Er bewarb sich um einen Job in einem IT-Unternehmen. Sein Vater wollte es so. Doch jemand anders ergatterte die Stelle, und Adil scheint darüber nicht unglücklich. »Momentan zocke ich lieber«, gesteht er.

Schätzungen zufolge gibt es in der Golfmonarchie über zwanzig (!) Millionen aktive Gamer. Saudi-Arabien ist ein Zockerland. In jedem Haushalt sitzt mindestens ein Familienmitglied ständig am PC oder an der Konsole. Auch Muhammad bin Salman zockt leidenschaftlich gern. *Call of Duty* soll sein liebstes Videogame sein. Kein Wunder also, dass bis zum Ende dieses Jahrzehnts im saudischen Gaming-Sektor rund sieben Milliarden US-Dollar Umsatz erwartet werden.

Adil trägt die lockigen Haare zu einem Knoten gebunden, auf einen Shemagh verzichtet er zumeist. »Nur wenn es sein muss.« Er fischt eine Zigarette aus der Schachtel. Seit dem Nachmittag cruisen wir durch die Stadt, unterbrochen vom Drive-thru eines Coffeeshops. Aus den Boxen wummert »Dance Monkey«.

Mir fällt auf, dass Adil vom Ruf des Muezzin gänzlich ungerührt bleibt. »Ich trinke Alkohol und ziehe Koks, wie kann ich da beten?« Er ascht in den leeren Kaffeebecher in seiner Hand. Und erinnert mich an Loay.

»Bist du glücklich hier?«, frage ich ihn geradeheraus.

Adil atmet tief ein, scheint überrumpelt von meiner Freimütigkeit, doch dann öffnet er sich, als hätte er darauf gewartet, erzählt von seinen Panikattacken, unter denen er seit seiner Rückkehr nach Riad leide. »Manchmal sitze ich auf dem Sofa, und plötzlich zieht sich mein Brustkorb zusammen, und ich kriege keine Luft.«

Als Adil zehn Jahre alt war, heiratete sein Vater eine zweite Frau, später eine dritte. Das gab oft Streit daheim. Viel Eifersucht. Knallende Türen. Unzählige vergossene Tränen. Seitdem zockt er. Das Studium in Kalifornien bezeichnet er als Flucht vor der Beengtheit, in seiner Familie, in seinem Geburtsland. Dennoch hat er sich stets nach einem Zuhause gesehnt. Auch deshalb kehrte er zurück. Und doch kam er nie an.

»Saudi-Arabien ist nicht mehr meine Heimat«, sagt er tonlos, »aber die Staaten sind es ebenso wenig.« Er streicht seinen Thawb glatt, als wolle er ihn von Krümeln befreien, die nicht zu sehen sind.

Dann fahren wir zu seinem Appartement, er hat Freunde eingeladen. »Shishaparty«, feixt er, doch sein Lächeln reicht nicht bis zu seinen Augen.

In der Küche bereitet Adil die Shishas vor, gießt Wasser in ihre Bäuche und setzt die Rauchsäulen auf, befestigt den Schlauch samt Schlauchdichtung an der Pfeife und am Schlauchende die Mundstücke. Dann füllt er den feuchten Wasserpfeifentabak in die Shishaköpfe. Himbeere, Blaubeere und Apfel.

Um 23 Uhr kommen Ahsan und Turki, Adils Kumpels. Ahsan ist Mitte dreißig, Beamter, er duftet nach Jasmin, wirkt fragil, als könne ein Luftstoß ihn davontragen. Sein Gesicht ist milchig, seine Hände hauchzart wie bei einem Kind, seine Stimme leise, sodass ich mich zu ihm hinüberbeugen muss, um ihn zu verstehen. Turki hingegen trägt reichlich Bauch unter dem Thawb, raumfüllend ist er, reißt Witze, lacht laut. Er riecht nach Weihrauch und Bügelstärke, hat Englisch studiert (spricht aber keins), arbeitet in einem Shop der Saudi Telecom Company. Ich biete ihnen Kekse an, die ich mitgebracht habe, Ahsan lehnt ab, »glutenintolerant«, sagt er. Stattdessen greift Turki gleich doppelt zu.

Beide Männer sind geschieden. Ahsan sogar zweimal, immer kurz nach dem Vertragsabschluss, aber noch vor der großen Feier ging die Verbindung zu Ende. Einmal war er es, der kalte Füße bekam, das andere Mal sie. »Dumm gelaufen«, meint Ahsan und richtet seinen rot-weißen Kopfputz.

Turkis Ehe zerbrach letztes Jahr. Nach einem Jahrzehnt. »Sie wollte Kinder, doch es hat nicht geklappt«, sagt er.

Adil holt die Shishas aus der Küche, für jeden eine, pickt mit der Zange die glühenden Kohlen von einem elektrischen Kohlenanzünder und legt sie in die Tabakköpfe. Wir atmen Rauchringe aus, zum Jasmin und der Bügelstärke mischt sich nun der Geruch eines Obstgartens. Turki berichtet von seiner *Umra*, der kleinen Pilgerfahrt nach Mekka, von der er letzte Woche zurückgekehrt ist. Er zeigt mir auf seinem iPhone zwei Dutzend Fotos und Videos, wie er vor der Kaaba steht und dabei sehr glücklich wirkt. Auf einem Foto berührt er den schwarzen Kubus sogar.

»Was ist das für ein Gefühl?«, frage ich.

»Es ist das schönste Gefühl auf der Welt«, erwidert er.

Adil lächelt. So wie er es immer tut. Mir fällt eine Liedzeile von Georg Kreisler ein: »Man lächelt manchmal einen an, man lächelt einen an und weiß, man könnte weinen.«

Kommunikation und Dialog sind die wichtigsten Faktoren für die Stabilität der Familie und schützen vor Drogenmissbrauch. Um Drogenhandel zu melden, rufen Sie in allen Regionen des Königreichs (995) an.

SMS des Innenministeriums
an meine saudische Handynummer

Draußen regnet es. Sulayman fährt das Taxi. »Ana min Almaniya«, ich komme aus Deutschland, teile ich ihm mit – gedacht als Eisbrecher.

»Saudi«, entgegnet er knapp. Mehr wird er auf der halbstündigen Fahrt zum Fort Masmak nicht sagen.

Die Festungsanlage aus verputzten Lehmziegeln, errichtet 1865, liegt im Zentrum der heutigen Altstadt von Riad. Die Burg ist seit den 1980er-Jahren ein Museum und widmet sich ganz der andächtigen Huldigung des Staatsgründers. Zu sehen sind Fotos, Stammbäume, Gewehre, Kanonen. Die Geschichte dazu geht so: Im Januar 1902 gelang es dem jungen Emir Abdul Aziz Al Saud, zusammen mit angeblich nur sieben Gefährten, das Fort Masmak zu überrennen und später die Stadt Riad zu erobern. In den nächsten Jahren nahm Ibn Saud weite Teile der Arabischen Halbinsel ein und rief das Königreich Saudi-Arabien aus. Am 9. November 1953 starb er im Alter von 78 Jahren, doch bis heute gilt er den Saudis als Held.

Und ja, Ibn Saud war ein kluger Realpolitiker, der es verstand, die wahhabitische Ideologie für sich zu nutzen, Föderationen zu schmieden und Hochzeiten zu arrangieren. Er veranlasste, dass der Thron unter seinen Söhnen nur von Bruder zu Bruder oder von Halbbruder zu Halbbruder weitergegeben werden dürfe, damit sich keiner seiner vielen Nachkommen benachteiligt fühle, was zur Folge hatte, dass bis heute alle Könige steinalt sind. Der jetzige König Salman bin Abdul Aziz Al Saud ist der 32. Sohn von Ibn Saud und seiner Lieblingsfrau Hussa bint Ahmad Al Sudairi. Hussas Söhne, genannt die »Sudairi-Sieben«, hatten stets starken Einfluss auf die Machtverhältnisse im Land. (Wer mehr über die politischen und historischen Zusammenhänge erfahren möchte, dem seien die deutschsprachigen Publikationen von Sebastians Sons, Susanne Koelbl und Guido Steinberg empfohlen.)

2017 wurde die Thronfolge durch König Salman geändert, indem er seinen Lieblingssohn Muhammad bin Salman zum Kronprinzen ernannte und dabei alle anderen Prinzen überging. Bereits als Zwölfjähriger nahm MbS an Sitzungen seines Vaters – damals noch Gouverneur von Riad – teil. Doch innerhalb des Herrscherhauses spielte MbS lange Zeit keine wichtige Rolle, niemand hatte ihn als nächsten König auf dem Zettel. Bis er am 21. Juni 2017 als ehrgeiziger Thronfolger die politische Bühne betrat. Von da an wurde alles anders. Jetzt bezeichnet ihn die *Khaleej Times* als »Mr. Everything«, weil er sich zum Dreh- und Angelpunkt des neuen Saudi-Arabiens aufgeschwungen hat. *L'État c'est moi*, Personenkult, ohne MbS geht nichts, obgleich sein greiser Vater weiterhin das Oberhaupt des Staates ist. Seit er 2014 einen Schlaganfall erlitt, kann Salman den linken Arm nur eingeschränkt bewegen, seine Gesundheit ist angeschlagen. Auch deshalb führt sein Sohn die Geschicke im Königreich, seit 2022 ist MbS zudem Premierminister.

Über des Kronprinzen Privatleben weiß man hingegen relativ wenig. Den Bachelor in islamischer Rechtswissenschaft absolvierte er an der King Saud University in Riad. Im Gegensatz zu anderen Kindern aus der Oberschicht hat er nie im Ausland gelebt. Angeblich besitzt er ein drei Milliarden US-Dollar schweres Bankkonto, so las ich online. Verheiratet ist er seit 2008 mit seiner Cousine Prinzessin Sara bint Mashour bin Abdul Aziz Al Saud. Fotos von ihr finde ich nicht. Gemeinsam hat das Paar fünf Kinder.

Gegenüber der Festung liegt die Große Moschee der Hauptstadt. Palmen umsäumen den Vorplatz, der so weitläufig ist wie zwei Fußballfelder, auf Englisch wird der Deera Square auch »Chop Chop Square« genannt. Hack-Platz. Noch vor wenigen Jahren rollten hier Köpfe. Heute werden Todesurteile nicht mehr öffentlich vollstreckt. Und gleichzeitig ist die Zahl der Hinrichtungen im Jahr 2022 mit 196 getöteten Menschen auf ein Rekordhoch seit drei Jahrzehnten gestiegen.

Saudi-Arabiens Verfassung sind der Koran und die Sunna. Das Zivil- und Strafgesetzbuch bildet die Scharia, ein nicht kodifiziertes Rechtssystem, erweitert durch das Gewohnheitsrecht und die Erlasse *(Nisam)* des Königs. Saudi-Arabien ist keine Theokratie, sondern eine absolute Monarchie, die sich größtenteils durch die Wahhabiyya religiös legitimiert (dazu später mehr). Der König trifft alle politischen Entscheidungen, benennt die Gouverneure (stets Prinzen) der dreizehn Provinzen und besitzt die Exekutivgewalt. Er muss die Anwendung der Scharia umsetzen, ist Oberkommandant der Streitkräfte, kann den Notstand oder den Krieg ausrufen. Politische Parteien sind verboten. Es gibt eine beratende Versammlung, die *Madschlis asch-Schura*, die derzeit aus 150 Mitgliedern besteht, darunter auch dreißig Frauen. Die beratende Versammlung diskutiert aktuelle Themen oder schlägt Entwürfe für Dekrete vor.

Das Strafrecht ist drakonisch. Mit der Todesstrafe werden Mord, Drogenhandel, Raub, Vergewaltigung und Rebellion vergolten. Rund dreihundert Scharia-Gerichte verfolgen landesweit Straftaten. Die Angeklagten sind oft Willkür und Fehlurteilen ausgesetzt, viele Gerichtsverfahren finden im Geheimen statt, und dem Beschuldigten werden wichtige Informationen über den Prozessverlauf verwehrt. Die Opfer von Kriminalität oder ihre Verwandten können die Strafe billigen oder dem Täter verzeihen und stattdessen ein Blutgeld als Entschädigung annehmen.

Die Allgemeine Erklärung der Menschenrechte hat Saudi-Arabien nie unterschrieben. Und doch wurde das Königreich 2016 für drei Jahre in den UN-Menschenrechtsrat gewählt. Am 12. März 2022 richtete das Regime 81 Menschen an einem einzigen Tag hin. Erbärmlicher Rekord. Gemeinhin trifft es mutmaßliche Unterstützer der jemenitischen Huthi-Miliz, Drogenschmuggler und saudische Schiiten. Nach China und Iran ist Saudi-Arabien das Land mit den meisten Hinrichtungen.

Ich drehe eine Runde auf dem Square. Frauen und Männer promenieren, Jungs fahren Rad, die Luft ist mild, ich setze mich in ein Café und bestelle einen Cappuccino. Früher haben Gastarbeiter hier mit einem Wasserschlauch das Blut in den Abfluss gespült und die Pflastersteine mit einem Besen geschrubbt.

Mein Handy blinkt. Khaled schickt mir Videos von Coco. Sie spielt mit einem Pappbecher und wirkt dabei sehr glücklich.

Ich denke, dass das neue Europa der Nahe Osten sein wird.
Kronprinz Muhammad bin Salman

Bei Starbucks. Lamis sitzt mir gegenüber, trinkt einen Latte macchiato mit Rosensirup. Wir sprechen über ihr Land, über mein Land, über den sogenannten Westen.

Den letzten Frühling verbrachte sie in Athen, bestaunte die Akropolis, besuchte Museen. »Ich wollte immer schon nach Griechenland«, sagt sie, »die Wiege Europas.« Lamis liest online regelmäßig die ausländische Presse, ist besser über Europa informiert als die meisten Europäer über Saudi-Arabien. Sie liest das Arabische von rechts nach links und das Englische von links nach rechts. Und ich denke, dass sie die Dinge von beiden Seiten aus betrachten kann. Die Entwicklung in Europa beunruhigt sie. Sie kennt den französischen Rassemblement National ebenso wie die AfD. Alice Weidel nennt sie eine »Racist Bitch«.

Aus Griechenland kehrte Lamis jedoch ernüchtert zurück, denn sie erlebte Rassismus und sah sich hartnäckigen Vorurteilen und blöden Fragen aufgrund ihrer saudischen Herkunft ausgesetzt. »Haben deine Eltern Ölquellen? Musst du Kopftuch tragen? Wirst du zwangsverheiratet?« Jeden Tag dieselben Fragen. Lamis verzieht den Mund, schiebt den Latte macchiato von sich weg. In der Metro wollte ein Polizist ihren Ausweis sehen, obwohl sie ihm ihr gültiges Ticket zeigte. Den Ausweis ihrer griechischen Freundin verlangte er hingegen nicht. Lamis wurde wütend, sie drohte dem Ordnungshüter mit dem saudischen Botschafter und sagte schließlich: »Dein Land lutscht meinem Land den Schwanz.« Er ließ sie gehen. Aber in Lamis zerbrach etwas. Nämlich der Glaube an ein freigeistiges Europa.

Der Tourismus ist ein Tor zu jeder Kultur und Zivilisation.
Lassen Sie uns den Besuchern gegenüber der beste Vertreter
dieses Landes sein.

SMS des Innenministeriums
an meine saudische Handynummer

Adil platziert die glühenden Kohlen in den Kopf der Wasserpfeife, seine Augenringe sind so dunkel wie die eines Pandabären. Turki kocht Kaffee, nur Ahsan fehlt, er liegt im Krankenhaus und bekommt eine Infusion. Niemand weiß, warum.

Ich möchte von Turki wissen, was ihm an Saudi-Arabien nicht gefällt. Er muss länger überlegen, dann sagt er in meine Translator-App: »Ich mag den Müll in der Natur nicht.« Was ihm gefällt, frage ich. »Die Freiheit.«

Dichter Rauch hängt im Raum. Die Wasserpfeifen blubbern. Eine Stunde später klopft es an der Tür, Ahsan ist da. Es gehe ihm nach der Infusion besser, beruhigt er uns, doch ist er noch blasser um die Nase als gewöhnlich, macht ein leidendes Gesicht. Was ist denn passiert, fragen wir, während er sich mit einem schweren Ächzer auf die Couch sinken lässt. Die Klimaanlage im Büro war schuld, sagt er, zu kalt.

Ich schreibe mit Ibrahim, meinem Tinder-Match aus Khobar.

Ich: »Was hat dich bisher das Leben gelehrt?«

Ibrahim: »Der Mensch besteht aus zwei Teilen, einer schläft im Hellen, und einer wacht im Dunkeln.«

Ich bin spät dran, mein Taxi steckt im Stau. Um halb sechs ist Anpfiff, ich schaue auf die Uhr, noch fünfzehn Minuten, heute ist Viertelfinale des *The Custodian of the Two Holy Mosques' Cup*. Es spielt der al-Nassr FC aus Riad (Tabellenzweiter) gegen den Abha Club aus dem Süden (Tabellenzwölfter). Für umgerechnet sieben Euro darf ich Cristiano Ronaldo in Aktion erleben. Ich mag ihn nicht, aber neugierig bin ich dennoch auf diesen fünfmaligen Weltfußballer, der behauptete, er sei zu al-Nassr gegangen, weil er eine neue sportliche Herausforderung gesucht habe. Ob er überhaupt jemals zuvor von al-Nassr gehört hat, wage ich zu bezweifeln. Wahrscheinlich waren eher das Jahresgehalt und die Werbeeinnahmen von 247 Millionen Euro spielentscheidend für ihn. Ein Sekundenlohn von acht Euro. Und dass er sich in seinem für Fußballer fortgeschrittenen Alter immer noch gebraucht fühlen möchte.

Fünf Minuten nach Anpfiff komme ich am Stadion an, eile mit Hunderten anderen Verspäteten zu meinem Block und habe bereits das erste Tor verpasst. Jemand von al-Nassr schoss das 1:0, Ronaldo war es nicht. Ein Mädchen ruft mir »Welcome« zu und schenkt mir einen gelb-blauen Nassr-Schal, der mich an Harry Potter erinnert und den ich mir sogleich um den Hals wickle, die Kleine reckt den Daumen.

Fast 17000 Zuschauer sitzen, stehen und applaudieren im Mrsool-Park-Stadion, das 25000 Plätze fasst. Dass ich hier sein darf, war lange Zeit nicht selbstverständlich. Frauen ist der Besuch eines Sportstadions erst seit Ende 2017 erlaubt. Immer wieder rufen Fans »Ronaldo, Ronaldo«, Banner wehen, auf ihnen der Schriftzug »Por siempre Nassr« (Portugiesisch wurde offenbar mit Spanisch verwechselt), Fähnchen werden geschwenkt. Und doch ist die Stimmung nahezu brav im Gegensatz zum europäischen Fußball. Da sind keine Ultras, keine Hooligans, keine bengalischen Feuer (obwohl Pyrotechnik interessanterweise erlaubt ist), und ja, da ist auch kein Alkohol. Die Menschen jubeln, klatschen, rufen. Aber niemand ist aggressiv, niemand brüllt Beleidigungen, niemand beschimpft den Schiedsrichter. Stattdessen sehe ich kleine Jungs und kleine Mädchen, die Trikots mit Ronaldos Rückennummer 7 tragen und über das ganze Gesicht strahlen.

Auch mein Sitznachbar trägt Gelb und Blau, er heißt Saeed, ist 32, Ronaldo-Fan und Jemenit. Seit zwei Jahren lebt er in Riad, und da fällt schon das nächste Tor. Es steht 2:0 für al-Nassr, das Publikum frohlockt, ich weiß nicht, wer getroffen hat, jedenfalls nicht Ronaldo. Auch Saeed springt von seinem Sitz, klatscht, zückt sein Handy und dreht Videos von den jubelnden Menschen um uns herum.

Wenn er nicht Fußball schaut, arbeitet er als Kellner in einem jemenitischen Restaurant, im Jemen hat er Business Management studiert, jedoch scheint er für Business nur rudimentär geeignet zu sein. »Ich habe vor drei Jahren im Jemen eine Reiseagentur eröffnet«, erzählt er, »hab mich da aber wohl verschätzt. Es gibt ja keinen Tourismus im Land. Nach vier Monaten war ich pleite.« Also ging er nach Saudi-Arabien.

Dass sein Gastland sein Heimatland bombardiert, lässt ihn manchmal mit seiner Entscheidung hadern. »Wie hältst du diesen Zwiespalt aus?«, frage ich.

»Mit Kiffen«, entgegnet Saeed, derweil stürmt Ronaldo in den Strafraum von Abha und schießt. Der Schuss wird abgewehrt, aber das hätte eh keine Rolle gespielt, da die Flagge wegen Abseits bereits gehisst war.

»Am liebsten würde ich nach Deutschland auswandern, um dort zu arbeiten«, meint Saeed. In welchem Beruf, will ich wissen. »Arabisch und Englisch übersetzen.« Sein Englisch ist mäßig, aber das sage ich nicht. Jetzt zielt Ronaldo auf die lange Ecke, doch sein Schuss rauscht am Tor vorbei. Halbzeit. »In fünf Jahren hätte ich gerne ein eigenes Restaurant, ein eigenes Haus und eine Frau«, sagt Saeed, »und das werde ich schaffen.« Er wirkt überzeugt.

Nach einer Viertelstunde kommen die Spieler zurück, in der 49. Minute fällt das 3:0 für die »Ritter des Nadschd«, Ronaldo war es wieder nicht, und ich bilde mir ein, dass er insgeheim verärgert ist. Die ganze Mannschaft ist auf ihn ausgerichtet, alles dreht sich um seine Prominenz. Der Portugiese ist zu einem Instrument der saudischen Politik geworden. Er soll Leistung erbringen. Prestige. Und tatsächlich geht es nicht um ihn, es geht um *Nation Branding*. In dieses wird investiert. Geld spielt dabei eine untergeordnete Rolle. Der *Public Investment Fund* (PIF) Saudi-Arabiens gehört zu den größten Staatsfonds der Welt mit einem geschätzten Gesamtvermögen von 650 Milliarden US-Dollar. Und so sammelt der Golfstaat Menschen und Klubs wie Paninibilder. Er kaufte den englischen Fußballklub *Newcastle United*, gründete eine eigene Golf-Tour als Konkurrenz zur US-amerikanischen PGA und steckt Geld – ziemlich verrückt – in den Wintersport; 2029 wird der Wüstenstaat die asiatischen Winterspiele ausrichten. Seit 2021 findet in der Formel 1 der Große Preis von Saudi-Arabien statt, auch im Boxen, in E-Sport-Events und im Handball plant das Land mitzumischen.

Mit Sport und Amüsement will man die Gesellschaft »am Ball halten«. Und freilich fließt das meiste Geld in den Fußball, denn

Fußball verspricht Einheit. Ronaldo, Benzema und andere Kicker sollen helfen, das Nationalbewusstsein zu stärken und gleichzeitig das lädierte Image des Königreichs im Ausland aufzumöbeln. Denn dank der internationalen Fußballsuperstars kennen jetzt auch deutsche, türkische oder französische Kids die saudische Liga. Für sie bedeutet Saudi-Arabien nicht Diktatur, sondern Entertainment.

Seit 2021 gibt es endlich eine saudische Frauen-Fußballnationalmannschaft, trainiert und gefördert von der deutschen Fußballtrainerin Monika Staab. Jede Nationalspielerin bekommt das gleiche Honorar wie ein Nationalspieler – das ist in Deutschland bekanntlich anders. »In den sechzehn Jahren, in denen ich in neunzig Ländern unterwegs war, habe ich noch nirgends so eine Unterstützung gespürt wie in Saudi-Arabien. Da wird alles dafür getan, um wirklich professionell zu arbeiten«, sagte Staab in einem Interview mit der *Frankfurter Rundschau.* Und tatsächlich bewegt sich in Sachen Frauenfußball einiges; 2023 hatten bereits acht der achtzehn großen Männerklubs eine eigene Frauenabteilung. Internationale Spielerinnen werden umworben, jedes Ligaspiel der Frauen wird live übertragen und kann fast überall auf der Welt verfolgt werden – nach nur zwei Jahren Ligabetrieb. In Deutschland hat es hingegen dreißig Jahre gedauert, bis sich mit Wolfsburg und Bayern zwei Vereine des Frauenfußballs annahmen.

In der 69. Minute kassiert al-Nassr ein Gegentor. Es steht 3:1. Saeed rauft sich die Haare. Er selbst spielt keinen Fußball. »Das kann ich noch schlechter, als eine Reiseagentur im Jemen führen«, sagt er und lacht. Neben Ronaldo mag er auch Lionel Messi. Dass der argentinische Megastar dem Hauptstadtklub al-Hilal eine Absage erteilte, hat ihn enttäuscht. Und doch vergeht derzeit kein Tag ohne Spekulationen um den Wechsel eines namhaften Trainers oder Fußballers nach Saudi-Arabien, wenngleich die sportlichen Erfolge noch bescheiden sind. Neben Benzema und Ronaldo kicken auch Mané, Neymar und weitere Fußballfachkräfte, vorwiegend aus europäischen Klubs, in der saudischen Liga. Die Superstars sollen außerdem Jugendliche zu mehr Sport motivieren. Über die Hälfte der Bevölkerung ist fettleibig (ähnlich wie in Deutschland).

Vorbild für die saudische Sportpolitik sind die Vereinigten Arabischen Emirate und insbesondere Katar. Das kleine Emirat hat früh verstanden, mit großen Sportevents internationale Aufmerksamkeit zu erregen. Auch Saudi-Arabien wird nun eine Fußballweltmeisterschaft austragen, 2034 soll es so weit sein, im selben Jahr wie die Asienmeisterschaft, die ebenfalls in Saudi-Arabien stattfinden wird. Und im Gegensatz zu den Katarern sind viele Saudis tatsächlich fußballverrückt. Der Sport hat hier eine Tradition. Bereits 1927 wurde der erste Fußballklub gegründet, noch vor der Ausrufung des Königreichs. Bis zur Weltmeisterschaft will Saudi-Arabien fast zwanzig Milliarden Euro in den Fußball stecken. Als MbS in einem Interview mit *Fox News* »Sportswashing« vorgeworfen wurde, antwortete er: »Das ist mir egal.«

Der Aufschrei aus dem Westen kommt wie erwartet. »Es ist ein Ausverkauf des Fußballs«, rauscht es durch die Gazetten. Dass es im Fußball nicht mehr um die Fans geht, nicht mehr um Teilhabe, dass einzig der Schotter zählt – für diese Entwicklung kann man allerdings nicht Saudi-Arabien verantwortlich machen. Das Königreich ist nicht der Erfinder der Spielregeln, sondern nutzt für sich lediglich jene Kommerzialisierung des Sports, die Europa längst angestoßen hat.

Und tatsächlich zwingt der Golfstaat niemanden, dem Ruf des Geldes zu folgen. Ob es ethisch vertretbar ist, dass sich die Spieler bereitwillig wegkaufen lassen, um in ein problematisches Land wie Saudi-Arabien zu wechseln, ist daher die eigentliche Frage. So akzeptierte der englische Fußballer Jordan Henderson, der 2023 nach al-Ettifaq in Dammam wechselte, dass auf der Stadionleinwand ein Foto von ihm in Schwarz-Weiß eingeblendet wurde, damit die Regenbogenbinde an seinem Arm nicht erkennbar ist. Früher hatte sich Henderson für LGBTQ-Rechte eingesetzt. Mit seinem Wechsel nach Saudi-Arabien hat er nicht nur seine sportliche Leistung verkauft, sondern auch seine Überzeugungen. Aber das ist seine persönliche Entscheidung. Die er offenbar später bereut. Denn nach nur sechs Monaten bei al-Ettifaq geht er Anfang 2024 überraschend zu Ajax Amsterdam. Er soll sich in Saudi-Arabien unwohl gefühlt haben, kam im Alltag nicht zurecht, heißt es.

Al-Nassr gewinnt 3:1 gegen Abha. Ronaldo schießt kein Tor, dafür schießt er den Ball wütend weg und kassiert eine Gelbe Karte. Das Publikum feiert ihn trotzdem, und Saeed freut sich über den Sieg seiner Lieblingsmannschaft. Er ist glücklich. Zumindest für heute.

Lamis versucht, mit einem Messer den Korken aus der Rotweinflasche zu friemeln. »Ich kann ja schlecht in den Laden gehen und nach einem Korkenzieher fragen«, sagt sie, Razan gießt derweil Ginger Ale und Bombay Gin (Schraubverschluss) in vier Gläser, und Souheila, die alle nur Sou nennen, greift nach den Keksen auf dem Tisch. Es ist die Nacht vor meinem Geburtstag, und der Alkohol ist vom Schwarzmarkt. Lamis hat ihn beschafft. Ein Bekannter gab ihr die Handynummer eines Mannes. Die Kontaktaufnahme erfolgte über Whatsapp, anonym, mit vielen Leer- und Sonderzeichen, um mögliche Spyware zu verwirren. Man einigte sich. Eine Flasche Gin, eine Flasche Bordeaux. Daraufhin sendete der Unbekannte eine neue Nummer eines anderen Mannes. Mit ihm wurden Ort und Uhrzeit der illegalen Übergabe ausgemacht. Sonnenuntergang, Seitenstraße. Lamis trug Kopftuch, Gesichtsmaske und Sonnenbrille, um nicht erkannt zu werden. In einer blickdichten Plastiktüte überreichte ein Mann, ebenfalls mit Gesichtsmaske, die Ware von Autofenster zu Autofenster und nahm das Geld entgegen. Schnell und wortlos. Danach löschte Lamis die Nummern und die Chats.

In Deutschland sind die beiden Flaschen für insgesamt 35 Euro in jedem x-beliebigen Supermarkt zu haben. Die Qualität ist mittelmäßig. Hier kosten die Pullen in Summe 2300 Riyal – umgerechnet 570 Euro! Wir teilen schwesterlich. Der astronomische Preis ist dennoch gerechtfertigt, denn der Dealer riskiert seine Freiheit. Und wir haben die Absicherung, dass der Fusel nicht mit Methanol gepanscht ist. Sonst würden wir auf der Intensivstation landen.

»Mist«, ruft Lamis, »der Korken ist abgebrochen!«

»Drück ihn in die Flasche rein«, meint Sou mit vollem Keksmund. Wir sitzen auf dem Sofa in Razans kleinem Appartement, die 29-jährige Ingenieurin mit dem Bubikopf lebt allein. Studiert hat sie im Ausland. An den Wänden hängen gerahmte Schwarz-Weiß-Fotos berühmter Filmdiven wie Greta Garbo, Rita Hayworth oder Marilyn Monroe. Dass die drei jungen Frauen heute ein selbstbestimmteres Leben führen als vor ein paar Jahren, schreiben sie dem Kronprinzen zu. Sie finden gut, was er macht, unterstützen ihn. Wie so viele Frauen hier.

»Früher hätte ich in Saudi nicht als Ingenieurin arbeiten dürfen. Jetzt darf ich«, sagt Razan. Sie ist lesbisch, ihre Eltern wissen das, doch es wird nicht darüber gesprochen. Dass ihren Körper außerdem fünf Tattoos zieren, wissen sie nicht. Gestochen hat diese ein Untergrund-Tätowierer, denn offizielle Tattooläden gibt es in Saudi-Arabien nicht. Zwar sind Tätowierungen nicht verboten, aber in konservativen Gegenden erregen sie Anstoß. Razan hebt das Shirt hoch. An ihrer Flanke breitet ein Phönix seine Flügel aus, unter ihrem Busen sprießen Blumen, auf dem Rücken flattern zwei Schmetterlinge. Letzten Monat kam noch ein Kolibri auf ihrem Schenkel hinzu. Und Baby-Botox in die Stirn, so nennt man eine vorbeugende, sehr niedrig dosierte Botox-Behandlung in jungen Jahren, um Faltenbildung zu mildern. Ein Anti-Aging-Trend. Und Alltag in Saudi-Arabien.

Neulich hat Razan ihrer Mutter gebeichtet, dass sie keine Kinder haben will. »Und was hat deine Mutter gesagt?«, frage ich.

»Es war okay für sie«, antwortet Razan, während Lamis uns endlich den Wein einschenkt.

Auch Sou verweigert die Mutterschaft. Die 27-jährige Softwareentwicklerin lebt noch im Haus ihrer Familie. »Bis zur Heirat ist das üblich bei uns«, sagt sie und zieht an ihrer kleinen E-Shisha.

»Fahr doch zu Harrods nach London«, scherzt Lamis. Ein Insiderwitz. Das bekannte Luxus-Warenhaus ist ein beliebter Ort bei

Golfarabern, um auf Brautschau zu gehen. Dass Sou keine Kinder möchte, haben ihre Eltern akzeptiert. Und doch gehört in Saudi-Arabien die Fortpflanzung zu den Unabdingbarkeiten einer Ehe, erst die Elternschaft macht ein Ehebündnis erfolgreich, wohingegen ein kinderloses Paar ein soziales Stigma trägt. Ohne Kinder bleibt die Frau fragmentarisch. Und ein infertiler Mann ist kein ganzer Kerl. Fruchtbarkeitskliniken sind deshalb im Nahen Osten weit verbreitet.

Obwohl Söhne und Töchter ein integraler Bestandteil der Gesellschaft sind, will dort wie hier nicht jeder Mensch widerspruchslos Nachwuchs zeugen. Auch im Nahen Osten verweigern Frauen und Männer zuweilen entschieden die Elternschaft. In den Golfstaaten sank die Geburtenrate sogar in den letzten Jahren, und das nicht nur aus wirtschaftlichen Gründen. Sou erzählt von einer Bekannten, die ungewollt schwanger wurde. Sie und ihr Mann sind glücklich verheiratet und wollten ohne Nachwuchs weiterhin glücklich bleiben. Also besorgten sie sich Abtreibungspillen vom Schwarzmarkt. »Ich verstehe sie«, sagt Sou. Auch Lamis nickt, obgleich sie sich Kinder vorstellen kann.

Um 23.15 Uhr klingelt es an der Tür, die Pizzen sind da. Wir essen, trinken, lachen und schnacken. Nach Kinderkriegen, Kindermachen sowie ein paar Gläsern Gin und Wein schneiden wir die frivoleren Themen an.

»Wer von euch masturbiert mit dem Wasserstrahl der Handdusche?«, fragt Razan in die Runde und grinst. Handbrausen sind im Nahen Osten üblich für die Intimreinigung und fester Bestandteil einer jeden Nasszelle.

»Wenn meine Schwester wieder ewig lang im Badezimmer braucht und das Wasser rauscht, weiß ich Bescheid«, erklärt Sou und kichert mit uns.

Lamis erzählt von einer Freundin, die sich in London einen Dildo gekauft hatte und diesen dann im Koffer nach Riad schmuggelte. Tatsächlich ist der Import von Sex Toys oder Pornos illegal. Die Freundin hatte Pech, denn ihr Gepäck wurde gefilzt. Der Beamte am Flughafen entdeckte den Dildo, begutachtete ihn, wollte wissen, was das sei. »Privatsache«, antwortete die Freundin cool, und der Mann ließ sie und das Sex Toy gehen.

Um Mitternacht hüpft Lamis mit einem Stück Tiramisu aus der Küche, das der Pizzabote gebracht hatte, steckt eine Kerze hinein und singt »Happy Birthday« für mich. Die Frauen gratulieren und applaudieren, und ich muss mir ein Tränchen verdrücken. Gegen zwei Uhr ist der Wein schließlich ausgetrunken. Den restlichen Gin teilen wir unter uns gleichberechtigt auf, füllen ihn in vier kleine Plastikflaschen. Die beiden leeren Pullen werde ich später versteckt in meiner Tasche mitnehmen, draußen irgendwo im Schutze der Dunkelheit in eine Mülltonne werfen und mich *yalla yalla* davonmachen.

Was in der Nacht geredet wurde, wischt der Tag aus.

Arabisches Sprichwort

Am nordwestlichen Stadtrand, am Wadi Hanifa, liegt das in den 1980er-Jahren entstandene Diplomatic Quarter. Hier sind die Botschaften aus aller Welt angesiedelt, ebenso Residenzen und schicke Wohnungen. Ich bin oft hier. Mehrmals mit Adil, aber auch mit anderen Hauptstadtbewohnern. Denn das Diplomatenviertel ist das vielleicht entspannteste und grünste Viertel der Stadt und hebt sich vom schachbrettartigen Straßensystem Riads ab; hier fahren wenig Autos, und es gibt Bürgersteige. Außerdem sind da kleine Parks, Coffeeshops, morgens joggen Frauen und Männer gemeinsam in Grüppchen.

Die Tage werden wärmer, der Frühling naht. Familien und Freunde sind unterwegs, solange es noch möglich ist, denn im Sommer bei Temperaturen zwischen vierzig und fünfzig Grad wagt sich kaum jemand nach draußen. Das Klima ist selbst für manche

Insekten zu heiß. Es gibt zwar Mücken, aber keine Wespen oder Hummeln.

Mit einem Iced Spanish Latte in der Hand spazieren Adil und ich durch den Richard-Bödeker-Park, springen über die Pfützen des letzten Regenschauers, Adil hält den Thawb leicht hochgerafft und erzählt, dass auf Initiative des neuen Königshauses noch mehr Grünflächen in Riad geplant sind.

Auch Adil findet den Kronprinzen gut. »Seitdem hat sich das Land zum Besseren gewandelt«, sagt er.

»Man darf sich nur nicht gegen MbS stellen, nicht mal als Mitglied der Königsfamilie«, erwidere ich herausfordernd.

»Du meinst die Ritz-Nummer?«, flüstert Adil, und ich nicke. »Pst, nicht in der Öffentlichkeit.« Er blickt mich ernst an.

Derlei Diskrepanzen erstaunen mich immer wieder. Auf der einen Seite ist da die Zuneigung für MbS, auf der anderen Seite die Furcht vor MbS. Beides besteht nebeneinander. Saudi-Arabien ist das Königreich der Widersprüche.

Wir wechseln das Thema und konzentrieren uns lieber auf das Grün um uns herum. Und ja, der Richard-Bödeker-Park ist die gewiss schönste Gartenanlage im Diplomatic Quarter. Bäumchen sind gepflanzt, Palmen sowieso, Wasser plätschert, Steine wurden kunstvoll aufgestellt, ihre Anordnung erinnert an eine Miniversion von Stonehenge.

Der Landschaftsarchitekt Richard Bödeker, geboren 1934, aus dem nordrhein-westfälischen Neandertal nahe Düsseldorf, hinterließ Spuren in Saudi-Arabien. Denn er hat mit dem Grün seiner Gärten das staubtrockene Riad in den vergangenen Jahrzehnten geprägt, um den Namen der Hauptstadt zumindest teilweise einzulösen. Schließlich bedeutet *ar-Riyadh* übersetzt »die Gärten«, weil Riad 1735 auf den Ruinen einer vorherigen Stadt zunächst als ummauerter Lustgarten entstanden war. Und auch das Paradies wird im Koran als Garten beschrieben.

Seit 1973 beriet Richard Bödeker das saudische Königshaus, wie und wo in Riad Grünflächen entstehen sollen. Dass das Diplomatenviertel nicht auto-, sondern menschengerecht gestaltet ist, war seine Idee. »Aus euren Köpfen muss Beton raus und Grün rein!«, sagte er der Stadtentwicklungsbehörde. Auf seinen Ratschlag hin verlegte die Regierung sogar eine sechzehnspurige Straße unter die Erde. Für seine Arbeiten erhielt Bödeker zahlreiche internationale Auszeichnungen, seine Gärten zieren saudische Geldscheine. 2019 starb der 85-jährige nordrhein-westfälische Visionär mit dem gezwirbelten Backenbart. Die Herrscherfamilie beschloss daraufhin, diesen Park, in dem Adil und ich umherschlendern, nach dem Deutschen zu benennen, eine Ehre, die hier sonst nur Königen zuteilwird.

Ein paar Monate später in Düsseldorf erfahre ich, dass »Richard von Arabien« bis zu seinem Tod nicht nur Landschaftsarchitekt war, sondern auch der Vermieter meiner Friseurin. »In Riad soll ein Park nach ihm benannt worden sein«, erzählt sie, als sie mir die Spitzen schneidet. Manchmal ist die Welt tatsächlich ein (Düssel-)Dorf.

Der Abend fällt auf die Welt. Der Himmel ist braun und violett wie eine saftige Dattel. Heute ist kalendarischer Frühlingsanfang. Und ich beschließe, ins einst verbotene Kino zu gehen, denn außer durch eine Mall zu stromern oder im Hotelzimmer zu sitzen, gibt es nicht viel zu tun. Riad ist zwar offener und lebendiger als vor drei Jahren, aber Riad ist eben nicht Berlin, Paris oder Rom. Da sind keine Bars, in denen man ein Bier trinkt und Leute beobachtet, noch zu wenig Ausstellungen, durch die sich wandeln ließe, keine archäologischen Funde, die bestaunt werden wollen. Da ist kein Fluss, an dem man entlangspazieren kann, ohnehin ist Riad keine Stadt für Fußgänger. Auf der Straße sind kaum Menschen, nur Autokolonnen. Am Stadtrand wuchern Brachflächen. Das gesellschaftliche Leben spielt sich hauptsächlich innerhalb der Familien ab. Wer solo reist, trägt die Einsamkeit im Gepäck. Und so verbringe ich viel Zeit allein in geschlossenen Räumen und in klimatisierten Taxis.

Mit Careem zur Riyadh Gallery Mall (jedes große Shoppingcenter hat mittlerweile ein Kino). Der Zipfel meiner Abaya hängt aus der Tür. »Ich heiße Muhammad«, sagt der Fahrer, »so wie der Kronprinz.« Er hätte ebenso den Propheten als Beispiel heranziehen können, doch MbS fällt ihm zuerst ein. Muhammad ist 36 und unverheiratet.

»Warum«, frage ich.

»Zu teuer«, antwortet er in meine Translator-App. Eine Hochzeit kann er sich nicht leisten. Tatsächlich sind die sagenhaften Summen, die Bräute als Mitgift verlangen, unislamisch. Der wichtige islamische Grundsatz, nämlich dass die Frömmsten die Edelsten sind, wird ignoriert. Sozialer Background, Reichtum und Stellung des Heiratskandidaten sind entscheidend. Der Druck, einen gut bezahlten Job und Status zu erlangen, lastet schwer auf den jungen Leuten.

Muhammad fragt, ob Männer in Deutschland auch eine Mitgift für die Braut zahlen müssten. Aus irgendeinem Grund übersetzt die App das Wort »Mitgift« mit »Alkohol«, wie ich erst später feststellen werde. Das sorgt für Missverständnisse, die sich während dieser Fahrt nicht mehr aufklären lassen. Fest steht jedenfalls: Mit seinem Lohn wird sich Muhammad nie vermählen können. Nur den Namen teilt er sich mit dem Kronprinzen. Alles andere nicht. »Jeder Mann braucht doch eine Frau. Ohne Frau ist das Leben traurig«, sagt er noch.

Für umgerechnet 16 Euro kaufe ich eine Kinokarte, 65 heißt der Streifen, ein US-amerikanischer Science-Fiction-Jurassic-Park-Abenteuer-Killer-Action-Baller-Blockbuster. Die Kritiken sind bescheiden. Noch habe ich Zeit, bis der Film beginnt, gehe in ein Café, trinke Karak, beobachte Menschen und bemerke irgendwann, dass ich gegenüber einem Call it Spring sitze, einem kanadischen Laden für Schuhe und Taschen, der auch im Nahen Osten Filialen eröffnet hat. Zwei junge Frauen streifen durch den Shop. Die eine trägt Tarha, also Kopftuch, die andere nicht, dafür hängt an ihrer Schulter ein Jutebeutel mit der Aufschrift »My other bags are Prada«, was ich witzig finde.

Die Frauen scherzen, mustern Sneakers und Ballerinas, eine Verkäuferin mit Niqab steht hinter der Kasse, tippt in ihr Handy, ein junger Mann mit Haarknoten kommt hinzu, er ist offenbar mit den beiden Frauen befreundet, und ich denke: Ja, was in Saudi-Arabien seit drei, vier Jahren geschieht, mag man tatsächlich als »Frühling« bezeichnen. Der dunkle Winter der Verbote und verkrusteten Strukturen scheint vorüber zu sein. Es sind keine kosmetischen Winkelzüge, die sich hier abspielen, wie es westliche Medien dann und wann behaupten. Nein, es ist eine Revolution. Ein gewaltiger Bruch.

»Sie können wohl alle Blumen abschneiden, aber sie können den Frühling nicht verhindern«, schrieb der chilenische Dichter Pablo Neruda. Der Arabische Frühling 2011 mündete in einen Herbst der Enttäuschung, sein Erbe prägt den Nahen Osten bis heute. In Saudi-Arabien wurden seinerzeit jegliche Proteste im Keim erstickt. Jetzt öffnet sich das Land wie eine Knospe. Es geht nicht anders. Zigtausende junge Frauen und Männer studieren in den USA oder in Europa. Sie kehren zurück und verlangen mehr Freiheiten, mehr Teilhabe. Das sind keine Hinterwäldler, sondern Weltbürger. Rund sechzig Prozent der Bevölkerung sind jünger als 30 Jahre. Zum Vergleich: Der Durchschnittsdeutsche ist 45 Jahre alt. Und auch der Kronprinz ist jung, erst 39 (Jahrgang 1985), er weiß um die Sehnsüchte der Jugend, um ihren Wunsch nach gesellschaftlicher Liberalisierung.

Saudi-Arabien war seit jeher eine Gerontokratie, eine »Herrschaft der Alten«. Das ändert sich mit MbS. Er hat begriffen, dass man einen zukunftsorientierten Staat nicht dauerhaft gegen die Mehrheit der Bevölkerung regieren kann. Und so zählen weniger die betagten Eliten, sondern MbS versucht, die junge Generation, die Frauen und die Mittelschicht für sich einzunehmen. Tauscht den harten Fundamentalismus gegen einen (noch) weichen Nationalismus. Verordnet einen staatlich kontrollierten Hedonismus. Verpasst dem Land einen toleranteren Anstrich. Seit 2020 werden Auspeitschungen durch Haft, Geldstrafen oder gemeinnützige Arbeit ersetzt. Auch werden keine Hände mehr abgehackt oder Ehebrecher gesteinigt. Ebenso schaffte Saudi-Arabien (angeblich) die Todesstrafe für Minderjährige ab (2021 wurde dennoch mindestens ein Schiit wegen »Rebellion« hingerichtet, der zum Zeitpunkt seiner Festnahme noch minderjährig gewesen war). Der Kronprinz ruft selbst einen »saudi-arabischen Frühling« aus, kommt damit den progressiven Kräften zuvor. Eine Art Herrschaft des Frühlings indes, eine Revolution von oben, die das Reformbedürfnis von unten auffängt und autokratisch einhegt, mit allen Widersprüchen, die aus einem schnellen Wandel erwachsen. Mitbestimmung der Bevölkerung verboten. Und wer das System infrage stellt, muss mit harten Konsequenzen rechnen. Auch 2023 wurden 170 Menschen hingerichtet.

Dafür wehen jetzt Flaggen, patriotische Songs schallern aus den Boxen, Frauen dürfen Auto fahren, Partyevents finden statt, nach 72 Jahren Prohibition erlaubt die Regierung 2024 wieder den Alkoholverkauf an nicht muslimische Diplomaten, arabischer Kaffee soll saudischer Kaffee heißen, Jungunternehmer erhalten staatliche Kredite, internationale und saudische DJs (Männer wie Frauen) legen auf, Musikfestivals mit weltberühmten Popstars werden gefeiert (wie das jährliche *Soundstorm Festival*), Megabauprojekte entstehen, saudische Frauen nehmen erstmals an der Wahl zur Miss Universe teil, passend dazu übernimmt Saudi-Arabien für ein Jahr den Vorsitz der UNO-Frauenrechtskommission (kein Witz), Feiertage werden proklamiert, die an die saudische Geschichte erinnern, Saudis fliegen ins All, internationale Fußballer werden eingekauft. Brot, Spiele, Nationalstolz. Die Coronakrise fungierte dabei wie ein Identitätskatalysator, denn zum ersten Mal bereisten die Saudis ihr eigenes Land und besuchten archäologische Ausgrabungsstätten aus vorislamischer Zeit, die seit dem Niedergang der religiösen Hardliner endlich gepflegt werden und an Bedeutung gewinnen. Diese neue Hinwendung zur saudischen Kultur stärkt wiederum das Königshaus.

Eine politische Öffnung neben der wirtschaftlichen und sozialen ist freilich nicht erwünscht. Die Monarchie ist absoluter als jemals zuvor. Dabei hilft auch die Digitalisierung. Während der Coronapandemie wurde die App Tawakkalna eingeführt. Sie ist Pflicht. Ursprünglich um Impfzertifikate anzuzeigen und Covid zu tracken, trackt sie heute alle Saudis und Gastarbeiter, denn das gesamte Leben wird über diese Anwendung geregelt, ob Gesundheitswesen, Behördendienste (Anträge stellen, Genehmigungen einholen), Spenden für wohltätige Zwecke (sogar Organspenden), Ticketservice für Events, Apothekenservice für Medikamente, Krankenwagennotruf, Koran lesen, auch Knöllchen und Bußgeldbescheide werden über die App verschickt (da Führerschein und Personalausweis hinterlegt sind), Eltern können die Schulleistungen ihrer Kinder abrufen, Studenten ihre Ergebnisse, ebenso erhält der Vormund die Personaldateneinsicht seiner Familienmitglieder und der angestellten Gastarbeiter. Alles in einer App. Und stets wird der Standort des Users getrackt. Datenschutz? *Welcome to Saudi Arabia!*

Es ist eine autoritäre Modernisierung, die MbS eingeleitet hat. Inspiriert von China und den Vereinigten Arabischen Emiraten, weniger von den USA und Europa. Saudi-Arabien will keine westliche Kopie werden. Es beschreitet einen eigenen Weg. Einen golfarabischen Weg, nachdem sich in der Golfregion in den letzten Jahren eine neue Generation von Staatsoberhäuptern etabliert hat. »Repression und Reform dienen den Herrschern als sich ergänzende Instrumente, um die eigene Macht zu sichern, und sind daher zwei Seiten derselben Medaille«, schreibt der Politik- und Islamwissenschaftler Sebastian Sons in seinem klugen Buch *Die neuen Herrscher am Golf.*

MbS ließ sich bei der Neuausrichtung Saudi-Arabiens vom katarischen Emir Tamim bin Hamad Al Thani und von Muhammad bin Zayid bin Sultan Al Nahyan, genannt MbZ, inspirieren, dem Sheikh von Abu Dhabi und Präsidenten der Vereinigten Arabischen Emirate. MbZ war es, der aus dem superreichen, aber lange Zeit politisch unbedeutenden Golfstaat eine Militärmacht machte, die ihre Interessen in der Region mit rigoroser Unbeirrbarkeit verfolgt. Auch Saudi-Arabien tritt mittlerweile außenpolitisch rücksichtsloser und machtbewusster auf. »Saudi First« heißt es nun. Das Land argumentiert jetzt aus einer Position der Stärke heraus, es wartet nicht mehr auf den Westen, es blickt nach China, nach Russland, wendet sich gleichermaßen an andere Partner, betreibt eine Pendeldiplomatie, tritt den BRICS-Staaten bei, ging (bis zum Angriff der Hamas im Oktober 2023 und der anschließenden israelischen Militäraktion im Gazastreifen) auf Israel zu, will für West und Ost unverzichtbar werden.

Für all jene Projekte und Visionen braucht es eine Bevölkerung, die hinter dem Königshaus steht. Also verknüpft MbS die Modernisierung mit lokalen Traditionen, verordnet den Saudis das Neue und erinnert sie an das Alte, an ihre geschichtlichen Wurzeln, schenkt ihnen Nostalgie und Geborgenheit. Es ist ein folkloristischer Nationalismus, der hier aufblüht. Und das Königshaus inszeniert sich als Leuchtturm, der die Richtung weist. Dennoch stellt sich die Frage, wie eine nachhaltige Modernisierung gelingen soll, wenn skeptische und schlaue Köpfe eingekerkert werden. Wenn ein Out-of-the-box-Denken zwar wirtschaftlich erwünscht ist, aber gleichzeitig der unkonventionell Denkende auf Messers Schneide lebt, sobald er unbequeme Wahrheiten ausspricht. Denn auch das ist typisch für autoritäre Regime: Immer, wenn alles möglich erscheint, ist im nächsten Moment nichts mehr möglich. Wie aufrichtig kann eine Öffnung also sein, wenn Kritiker um ihr Leben fürchten müssen?

Der interne gesellschaftliche Wandel setzte allerdings schon um die Jahrtausendwende ein. Zu jener Zeit eröffnete das Internet neue Welten (heute nutzen rund 95 Prozent der Einwohner das World Wide Web), Frauen forderten seit Jahren mehr Rechte, und die Regierung begann, die Daumenschrauben zu lockern und ein gewisses Maß an Vielfalt zu gestatten. Denn viele junge Saudis fühlten sich gelangweilt und frustriert ob der mangelnden Freizeitangebote, man war gezwungen, nach Manama oder Dubai zu gondeln, um etwas zu erleben. Einige Jugendliche suchten den Ausweg im Drogenkonsum, im Vandalismus oder fuhren sich (und andere) in nächtlichen Autorennen auf den Highways zu Tode. König Abdullah (2005–2015) setzte deshalb vorsichtige Reformen um und ebnete seinem Nachfolger Salman den Weg. So berief er Frauen in die beratende Versammlung, ernannte 2009 erstmalig eine Ministerin und gründete die erste Universität ohne Geschlechtertrennung und mit Englisch als Unterrichtssprache. Ebenso änderte er 2008 das Arbeitsrecht zugunsten der Frauen; eine männliche Zustimmung, um einen Job anzunehmen, ist seitdem nicht mehr nötig, auch wenn es in der Praxis oft anders gehandhabt wird.

Dass sich mit der Rolle der Frau fast alle Fragen nach der Zukunft verbinden, wusste König Abdullah schon damals. 2013 wurde häusliche Gewalt ins Strafgesetzbuch aufgenommen, und 2015 erhielten saudische Frauen endlich das aktive und passive Wahlrecht für die Kommunalwahl. Von Abdullahs bedachtsam eingeleiteten Veränderungen profitieren nun MbS und König Salman. Sie führen fort, was er eingeleitet hat. Schon immer zeigte sich die Herrscherfamilie in diffizilen innen- und außenpolitischen Situationen als extrem geschmeidig und tatkräftig. Und doch ist es ein Balanceakt. Muhammad bin Salman hat zahlreiche Feinde in den eigenen Reihen, die nur darauf warten, ihn zu schwächen. Etliche Kritiker missbilligen die sozialen Lockerungen, viele halten seine »Vision 2030« für überambitioniert. Und für zu teuer. Von dieser Neuausrichtung des Landes, die zwingend gelingen muss, hängt folglich die Autorität des Kronprinzen (und späteren Königs) ab. Sollten sich die Lebensverhältnisse der Saudis verschlechtern, könnte MbS infrage gestellt werden, Forderungen nach politischer Öffnung wären die Folge, vielleicht sogar die Erschütterung der Monarchie.

Noch sind die Saudis bereit, Opfer zu bringen für die Transformation (siehe Mehrwertsteuer). Und doch tänzelt Saudi-Arabien auf der Bruchlinie zwischen gestern und übermorgen. Zwischen Willkür und Weiterentwicklung. Es wird in Zukunft noch viel zu hören sein von diesem Land. Im Guten wie im Schlechten. In einem Interview mit *Fox News* sagte MbS an das westliche Publikum gerichtet: »Saudi-Arabien ist die größte Erfolgsgeschichte des 21. Jahrhunderts. Wollt ihr sie verpassen oder nicht? Das ist eure Entscheidung.«

Everybody lies.

MIT FILZSTIFT AN EINE TOILETTENWAND
IN RIAD GESCHRIEBEN

Der Kinosaal ist fast leer, das mag an der Uhrzeit liegen; 21 Uhr ist für arabische Verhältnisse quasi noch Nachmittag. Bloß ein Pärchen und drei pubertierende Jungs sitzen im Zuschauerraum. Popcorn raschelt, leises Gekicher.

2018 eröffneten nach 35 Jahren Kinoverbot endlich wieder Lichtspielhäuser in Saudi-Arabien. Der erste Film, der auf saudische Leinwände projiziert wurde, war *Black Panther*, ein US-amerikanischer Superhelden-Streifen. Das gefiel nicht jedem, und doch lassen Kultur und Unterhaltung, Tourismus und Sport das Leben weltstädtischer und die Gesellschaft dynamischer werden. Und ja, in fünf kurzen Jahren ist viel passiert. Die Frauenuniversität in Dschidda an der Westküste bietet nun als erste Universität Saudi-Arabiens einen Studiengang »Film, Filmregie und Filmproduktion« an. In Dschidda findet außerdem seit 2019 jährlich das *Red Sea International Film Festival* statt, wo neben arabischen Filmstars auch Hollywoodgrößen wie Will Smith, Johnny Depp oder Halle Berry auf dem roten Teppich schaulaufen. Die Regierung hat zudem rund hundert Millionen US-Dollar bereitgestellt, um die lokale Filmindustrie zu fördern. Es geht um Vitalität, um Identität und um Progressivität, in einem vom Königshaus abgesteckten Rahmen. Denn auch das Regime nutzt das Medium Film gleichermaßen bewusst wie Musik für nationalistische Inhalte und Eigenwerbung.

Der Saal wird dunkel. Auf der Leinwand erscheinen Himmelskörper und Materiewolken, dann fliegt die Kamera durch den Weltraum. Der Originalton ist auf Englisch, die Untertitel sind auf Ara-

Saudi-Arabien ist ein Kaleidoskop aus Konventionen, Stimmungen, Beziehungen, Bräuchen und Doppeldeutigkeiten. Nicht alles ist so, wie es scheint.

Der Qaisariya Suq in Hofuf ist ein Labyrinth aus Gassen, Lehmmauern und Holzbalken. Es riecht nach Weihrauch und Parfüm. In den Cafés gibt es Tee und Kaffee.

Saudi-Arabien ist Duftland: Oft stellen sich Frauen über ein Räuchergefäß, lassen den Rauch aufsteigen und beduften auf diese Weise ihren Körper und die Abaya.

Am Wochenende fahren Tausende Saudis über den King Fahd Causeway nach Bahrain, um sich dort Zechereien hinzugeben. Bahrain ist der Nachtklub Saudi-Arabiens.

Picknick in der Wüste. Insbesondere Männer verbringen die Freitage gern im Dünenmeer der Nafud. Sie chillen, trinken Tee und cruisen per Allrad durch den Sand.

Bald acht Millionen Menschen wohnen, lachen, streiten, tanzen und lieben in der Hauptstadt Riad, die auf Sand gebaut wurde, eingefasst in Wüste und Ödland.

Auf Englisch wird der Deera Square »Chop Chop Square« genannt, »Hack-Platz«. Früher rollten hier Köpfe. Heute werden Todesurteile nicht mehr öffentlich vollstreckt.

Zwei Stunden Fahrt von Riad entfernt liegt die Bruchkante der Erde: »Edge of the World«. Der Grand Canyon Arabiens gehört zum Tuwaiq-Gebirgszug.

Vor fast dreihundert Jahren schlossen in Diriyah die Al Saud und der radikale Prediger Muhammad bin Abd al-Wahhab einen Pakt, der Saudi-Arabien bis heute prägt.

Jetzt ist Diriyah zu einem Freilichtmuseum gediehen. Die wichtigste Zielgruppe sind die Saudis selbst. Im Jahr 1744 wurde hier der erste saudische Staat ausgerufen.

Büstenhalter, Strings, Negligés: Das saudische Lingerie-Label Nayomi betreibt ebenso Filialen in Katar, Bahrain, Kuwait, Oman, Libyen und in den Emiraten.

Obacht bei Rolltreppen: Auch Einheimische stolpern hier über ihre Abaya.

Kopftücher für Männer: Der saudische Shemagh ist traditionell rot-weiß.

Wer auf saudischen Straßen unterwegs ist, hat zuweilen tierische Gesellschaft.

Gespräch mit Gott am Wegesrand: Rund 94 000 Moscheen soll es im Land geben.

Pfeilgerade Straßen, die sich als graue Linien durch die einsame Ödnis pflügen. Darüber der Staubhimmel. Schilder mahnen, dass man hier doch nicht alleine ist.

Saudi-Arabien annektierte im Jahr 1934 Nadschran, das zuvor zum Jemen gehörte.

Die dunklen Häuser in Rijal Almaa ragen teilweise acht Stockwerke empor.

Ausflug entlang der grünen Hänge von Fayfa. Für viele Geflüchtete aus dem Jemen, Eritrea und Äthiopien hingegen ist Fayfa keine Idylle, sondern lebensgefährlich.

Farasan-Inseln: Empfang bei einem Prinzen

In der Hafenstadt Dschidda am Roten Meer schießt das Wasser der Fahd-Fontäne dreihundert Meter in die Höhe.

Ein Pilger unterwegs in al-Balad. Dschiddas Altstadt gehört seit 2014 zum UNESCO-Weltkulturerbe.

Imposant: turmartige Herrenhäuser aus Korallenstein

In Medina ist im Jahr 632 der Prophet Muhammad gestorben. Heute befindet sich sein Grab in der Prophetenmoschee. Sie ist die zweitheiligste Moschee der Welt.

Wunder und Wunderliches in stiller Koexistenz: Unmittelbar neben der heiligen Moschee verkauft das westliche Milliardenunternehmen H&M Sommerkleidchen.

Die hydraulisch ausklappbaren Sonnensegel spannen sich wie riesige Laubblätter über das Areal und bieten Schatten. Die Schirme wurden in Stuttgart hergestellt.

Selfie an der Kaaba: Mekka ist Sehnsuchtsziel vieler Muslime und Musliminnen.

Das Haus Allahs ist zentrales Heiligtum des Islam. Der Innenraum ist leer.

In der Oase al-'Ula bestimmen zackige Felsen aus Sandstein und Granit das Bild, sie sind typisch für den Nordwesten der Arabischen Halbinsel.

In al-'Ula liegt auch die antike Ausgrabungsstätte Hegra oder auf Arabisch Mada'in Salih, eine ehemals wichtige Handelsmetropole, gegründet von den Nabatäern.

Im 12. Jahrhundert erbaut: Noch in den 1980ern lebten Menschen in al-'Ulas Stadtkern, nun sind alle fort. Einige der ehemaligen Bewohner führen heute Besucher herum.

Schwesterliche Verbundenheit: Es sind oft die Frauen im Nahen Osten, die am meisten zu erzählen haben.

Blumenmänner leben sowohl in Saudi-Arabien als auch im Nachbarland Jemen.

Weitherzige Gastfreundschaft. In Buraida ist sogar Welpe Coco willkommen.

Zum Iftar, dem allabendlichen Fastenbrechen, wird ordentlich aufgetischt. Nie essen die Menschen so viel wie während des Ramadan; Bauchweh und Sodbrennen inklusive.

Darf in keinem Haushalt fehlen: Kabsa, Datteln, arabischer Kaffee und Bibsi.

In Restaurants versprechen die Separees und *family sections* Privatsphäre.

Saudi-Arabien ist Coffeeshopland. Viele Cafés sind 24 Stunden täglich geöffnet. Seit Auflösung der Geschlechtertrennung machen in jeder Stadt hippe Läden auf.

Früher verboten, jetzt erlaubt: Kinos, Konzerte und Entertainment. Eine politische Öffnung neben der wirtschaftlichen und sozialen ist jedoch nicht erwünscht.

Der Königssohn Muhammad bin Salman (unten links) verabschiedete 2016 die »Vision 2030«, einen allumfassenden Reformplan, der das Land auf links dreht.

Saudi-Arabien ist keine Theokratie, sondern eine absolute Monarchie. Der jetzige König Salman bin Abdul Aziz Al Saud trifft alle politischen Entscheidungen.

bisch, die Handlung ist rasch erzählt: Das Raumschiff eines humanoiden Astronauten stürzt auf einen fremden Planeten. Den Aufprall des Schiffes überlebt neben dem Raumfahrer auch ein Mädchen, das aber eine ihm unverständliche Sprache spricht. Es wird folglich wenig geredet im Film. Der versierte Zuschauer merkt schnell: Die beiden Raumschiffbrüchigen sind auf der prähistorischen Erde gelandet, zu einer Zeit, als auf ihr noch Dinosaurier lebten, also vor 65 Millionen Jahren. Und so zeichnet sich am Himmel bereits ein riesiger Asteroid ab, der bald einschlagen wird. Gemeinsam machen sich der Astronaut und das Mädchen auf die Suche nach der hoffentlich noch intakten Flugkapsel, mit der sie die Erde in letzter Minute verlassen wollen. Sie kämpfen sich durch Urwälder und Savannen voller Saurier, die alle Hunger haben. Es wird viel geballert, viel gerannt und viel Blut verspritzt. Mir gefällt's.

Schon vor der konservativen Wende 1979 (dazu später mehr) gab es Kinos, in denen nordamerikanische, indische und ägyptische Filme gezeigt wurden. Auch hielt gegen den Widerstand der wahhabitischen Gelehrsamkeit ab 1965 der Fernseher Einzug in saudische Wohnzimmer. Die Flimmerkisten ließen sich zwar nicht verbieten, doch 1983 mussten alle Kinos schließen, da Filmvorführungen angeblich zu Atheismus und Pornografie verführten. Noch in den Nullerjahren wurden populäre US-amerikanische Serien zensiert.

Und dann sind da die saudischen Eigenproduktionen, die mit ihrer Gesellschaftskritik so gar nicht ins repressive Bild passen mögen. Die erfolgreichste und beliebteste Produktion ist die Comedyserie *Tash ma Tash*, was übersetzt »Keine große Sache« bedeutet. *Tash ma Tash* startete 1993 und lief 19 Staffeln lang. Die Episoden beschäftigen sich mit sensiblen Themen wie Terrorismus, Eheproblemen sowie Religion und spöttelten über regionale, kulturelle und rechtliche Begebenheiten in Saudi-Arabien. Sogar unverschleierte Frauen traten auf. Im Jahr 2000 schimpften wahhabitische Gelehrte über die Serie und erließen *Fatwas* gegen sie. Die Serienmacher fühlten sich »geschmeichelt«, wie sie erklärten, und machten weiter. 2011 wurde die letzte Folge ausgestrahlt, doch für diesen Ramadan ist eine Neuauflage geplant.

Auch schaffen es saudische Filmproduktionen hin und wieder auf das internationale Parkett, wie *Das Mädchen Wadjda* oder zuletzt *Barakah meets Barakah* aus dem Jahr 2016. In der Komödie verlieben sich ein konservativer Mittelklassebeamter und eine emanzipierte Influencerin aus der Oberschicht ineinander. Der Film wurde für einen Oscar nominiert. Und tatsächlich sind saudische Spielfilme und Serien überaus witzig, denn Saudis sind überaus witzig.

Kritik an der »Vision 2030« oder am Königshaus ist freilich tabu, Kritik an gesellschaftlichen Verhältnissen wird jedoch nicht sanktioniert. Und so trauen sich saudische Produktionen an heikle Sujets wie Korruption, Faulheit im öffentlichen Dienst, Drogenkonsum, religiöse Spannungen oder Prostitution satirisch heran. Dabei wissen die Macher genau, wie weit sie gehen dürfen. Besonders bemerkenswert in ihrer Überspitzung ist die populäre Zeichentrickserie *Masameer*. In einer Folge verlässt ein Mann frustriert sein Heimatland Saudi-Arabien, weil er es für rückständig hält. In einer Videonachricht an seine Freunde sagt er über die neu gewonnene Freiheit im Ausland: »Morgen werde ich vielleicht Atheist, dann trete ich der Opposition bei, und danach versuche ich, schwul zu sein«, bis ihn die Nachrichten im Fernsehen mit der Meldung unterbrechen, dass in Saudi-Arabien nun Frauen Autofahren dürfen und nicht mehr befürchten müssen, von »irgendeinem Arschloch gepredigt zu bekommen, was sie anzuziehen haben«. Ja. Solche Sätze fallen in saudischen Serien. Und die Saudis lieben das.

Der Platz reicht nicht aus, um alle Begegnungen niederzuschreiben. Und doch sollen die nächsten Zeilen ein paar Menschen gehören, die mich für einige Tage oder nur für wenige Stunden begleiteten. Weil sie Saudi-Arabien zu dem Land machen, das im Westen kaum jemand kennt.

Abdulmalik, 41, Saudi, sein Händedruck ist weich, sein Bart gewissenhaft gestutzt, sein Shemagh so raffiniert gestylt wie eine Hochsteckfrisur. Er ist Anwalt für Scharia-Recht, doch mit Gerichtsverfahren hat er nichts zu tun, stattdessen berät er Firmen, die ihre Geschäfte und Transaktionen der islamischen Rechtsordnung entsprechend durchführen wollen. Er ist verheiratet, hat zwei kleine Töchter, und er unterhält ein geheimes Appartement in Riad, eine Dreizimmerwohnung, zentral gelegen.

Das Appartement und noch viele weitere Immobilien gehören Abdulmaliks Vater, einem schwerreichen saudischen Bauunternehmer. Der hat jedoch keine Ahnung, dass sein Sohn die Bude inkognito über einen Bekannten angemietet hat. Und auch die Ehefrau weiß nichts davon. Wie praktisch, dass sie mit den beiden Töchtern in einer anderen Stadt wohnt, 120 Kilometer entfernt. Nicht, weil Abdulmalik seine Frau mit einer Geliebten betröge. Daran ist er nicht interessiert. Er nutzt die Wohnung, um Shisha zu rauchen. Als heimliche Istrakha sozusagen, um dort mit Kumpels abzuhängen oder sich einen Drink zu gönnen.

Das Appartement ist lauschig eingerichtet, die Möbel sind von Ikea, der Boden aus Laminat. Vor der Couch wellt sich ein Flokatiteppich, in der Ecke leuchtet eine Stehlampe aus Reispapier. Hinter dem Sofa steht an die Wand gelehnt ein Gewehr. »Für die Jagd«, meint Abdulmalik. Laut Statistik befinden sich rund sechs Millionen Schusswaffen in saudischem Privatbesitz. Die Auflagen sind nicht allzu streng.

Mit Feuerwaffen hat Abdulmaliks Frau kein Problem, wohl aber mit Wasserpfeifen. Sie hasst Shishas. »Sie würde mich mit dem Jagdgewehr erschießen«, sagt Abdulmalik, während er Rauchkringel auspustet.

Nafia, 38, ägyptische Einwanderin, arbeitet als Fahrlehrerin für Frauen. Eigentlich hat sie in Kairo für eine Zeitung Texte lektoriert, doch als 2018 in Saudi-Arabien das Fahrverbot fiel und daraufhin der Ansturm auf Fahrstunden so rasant anstieg, dass Fahranfängerinnen bis zu zwölf Monate auf die erste Stunde warten mussten, holte man sich Auto fahrende Frauen aus dem Ausland und bildete diese zu Fahrlehrerinnen aus, denn saudische Fahrlehrerinnen gab es zu wenige.

»Die Bezahlung ist gut«, sagt Nafia. Doch die Arbeit sei mitunter nervenaufreibend. »Die saudischen Frauen wissen teilweise noch nicht mal, wie man den Wagen startet. Sie müssen komplett bei null anfangen.« Hinzu kommt, dass die Versicherung für weibliche Fahrer oft dreimal höher ausfällt als für männliche, da Frauen angeblich mehr Unfälle bauen. Nafia verdreht die Augen. »So ein Quatsch«, sagt sie, »nicht selten sind die Männer schuld. Sie provozieren uns, fahren dicht auf, versuchen, uns von der Straße zu drängen, geben Lichthupe.«

Über tausend Frauen hat Nafia bislang das Autofahren beigebracht. »Du hast etwas Historisches geleistet«, sage ich zu ihr. Sie lächelt nicht ohne Stolz.

Ahmad, 35, Saudi, hatte erwähnt, dass er donnerstags immer seine kleine, zweijährige Tochter bei sich hat.

»Bist du geschieden?«, frage ich.

»Nein«, antwortet er, aber seine Frau sei vor einem Jahr zurück zu ihren Eltern gezogen. Seit zehn Jahren sind sie verheiratet, eine arrangierte Verbindung. »Die Liebe kam während der Ehe.« Doch nun haben sie sich auseinandergelebt, immer öfter gestritten, teilen keine Gemeinsamkeiten mehr.

»Warum lässt du dich nicht scheiden?«, frage ich. Die Ehe ist im Islam nur ein Vertrag, kein Sakrament wie im Christentum.

Ahmad überlegt und antwortet: »Ich möchte nicht, dass meine Tochter geschiedene Eltern hat.«

»Und warum lässt sich deine Frau nicht scheiden?«

Er sagt: »Das ist sehr schwierig in Saudi. Wenn der Mann keinen triftigen Grund für eine Trennung geliefert hat und sich die Frau trotzdem scheiden lässt, gilt sie als kompliziert. Sie wird schräg angesehen, weil man nicht verstehen kann, warum sie einen anständigen Mann aufgibt.«

»Aber wenn man sich nicht mehr liebt?«

Ahmad schnalzt mit der Zunge. »Das spielt keine Rolle, man kann ja trotzdem zusammenbleiben. So ist unsere Kultur. Eine Frau verliert ihr Gesicht, wenn sie geht.«

Trotz einiger Reformen kämpfen Frauen weiterhin gegen rechtliche sowie finanzielle Hürden, auch bleibt der Ehemann so lange Vormund, bis die Ehe geschieden ist. Männer haben es leichter; lange Zeit genügte es, wenn der Gatterich dreimal die Verstoßungsformel »Talaq« ausrief, um die Scheidung einzureichen. Seit 2019 ist es immerhin Vorschrift, die Verstoßene über ihren neuen Familienstand zu informieren, sie erhält dann vom Gericht eine SMS. Das war zuvor nicht nötig, und auch »Triple Talaq« wurde mittlerweile offenbar verboten.

Seit den Reformen lassen sich tatsächlich immer mehr Paare in Saudi-Arabien scheiden. Laut staatlicher Statistikbehörde des Königreichs wurden 2022 über 350 000 Ehen geschieden, 2020 hatte die Scheidungsrate noch bei 57 600 gelegen. Scheidungen und Trennungen sind also nichts Ungewöhnliches, gleichwohl schämt sich Ahmad, er fühlt sich als Versager. Sein Leben hat sich seitdem verschoben. Im Büro weiß niemand, dass seine Ehe gescheitert ist. Auch seine Freunde ahnen nichts, da es als unschicklich gilt, sich nach der Gattin zu erkundigen. Ehefrauen sind Privatsache.

»Meine Mutter hat es erst kürzlich erfahren, als mein Bruder uns zu seiner Hochzeit eingeladen hat und meine Frau nicht mitkommen wollte.« So tief sitzt die Beschämung, so dringend ist der Wunsch, das Gesicht zu wahren, dass sogar die eigene Familie nichts von Ahmads Trennung weiß.

Samina, 29, indischer Abstammung, in Riad geboren. Und doch bekommt sie weder die Staatsbürgerschaft, noch findet sie saudische Freundinnen. »Selbst wenn man hier aufgewachsen ist, bleibt man allein.«

Hosni, 37, Ägypter, lebt seit seiner Geburt in Riad, arbeitet als Betriebswirt. Er liebt Whitney Houston, Lionel Richie und Katzen. Zehn Stubentiger hält er daheim, darunter sieben Babykatzen. Nie verlässt er seine Wohnung ohne eine Tüte Katzenfutter. Denn sobald er draußen einen Streuner entdeckt, legt er Futter aus. »Die freuen sich doch«, meint er. Tatsächlich teilt er diese tierische Fürsorge mit vielen Saudis. Überall im Land sieht der aufmerksame Beobachter Hähnchenschenkel oder Pappteller mit Reis am Straßenrand stehen.

Dina, 33, Palästinenserin, in Riad geboren. Ihre Eltern sind während des Sechstagekrieges zwischen Israel und Palästina 1967 nach Saudi-Arabien geflohen. Dina schlägt sich durch, arbeitet als Englischlehrerin, will irgendwann »heimkehren nach Ramallah«, wie sie sagt. Dass es jemals eine Zweistaatenlösung geben wird, glaubt sie nicht. »Die Rechtsradikalen unter den Israelis werden uns überrennen.«

Mahmoud, 30, Sudanese und Psychiater, arbeitet im staatlichen Krankenhaus, verschreibt Pillen, schiebt Nachtschichten. Die meisten Menschen kommen zu ihm wegen Depressionen. »Es ist so wie überall auf der Welt«, sagt Mahmoud, »zehn Prozent der Bevölkerung sind depressiv. Auch in Saudi-Arabien.« Gründe sind oft der familiäre Druck und die Konventionen. Allerdings sei die Scham sehr groß, sich die Krankheit einzugestehen und Hilfe zu suchen, meint er.

Seit drei Monaten ist Mahmoud verheiratet, seine Frau ist 23, und die Hochzeit wurde in Khartum gefeiert, seitdem haben die beiden sich nicht mehr gesehen. »In zwei Wochen zieht sie endlich zu mir nach Riad«, sagt Mahmoud und lächelt, »danach werden wir nach Dubai gehen. Da ist das Gehalt besser.«

Elham, 41, Saudi, Nasenstecker, locker gebundenes Kopftuch, spricht schnell, stellt sich als »Single Mom« vor. Ist geschieden, war zuvor sieben Jahre verheiratet, hat eine kleine Tochter im Grundschulalter und einen noch kleineren Sohn.

Elham entschied sich vor drei Jahren, die Scheidung einzureichen (online), weil ihr Mann sie ständig verbal erniedrigte und beleidigte. »Total toxisch«, sagt sie, »es hat lange gedauert, bis ich mich von ihm lösen konnte.« Das Sorgerecht liegt bei ihr. Laut Gesetz ist der Mann zum Unterhalt verpflichtet. Doch Elhams Ex will nicht zahlen, sogar die gerichtliche Aufforderung ignoriert er. »Ich werde mich nächste Woche erneut offiziell beschweren«, verkündet Elham, »dann wird die Regierung sein Konto pfänden.« Die Staatsmacht hat Zugang zu allen Konten.

Elham lebt mit ihren beiden Kindern allein, abends jobbt sie im Telefonkundenservice eines Unternehmens, so lange passt ihre Mutter auf die Kleinen auf.

DIRIYAH

الدرعية

Es war einmal ein kleiner Junge. Er wuchs als Sohn eines Richters am Rande der Wüste auf, in einer Oase im südlichen Nadschd. Im Sommer herrschte unerbittliche Hitze, im Winter sanken die Temperaturen auf den Gefrierpunkt. Das Leben war hart, und in der Dorfmoschee trafen sich die Bewohner jeden Tag, um zu beten. Im Alter von zehn Jahren hatte der Junge den Koran auswendig gelernt. Später begann er, in seiner Oase und in den umliegenden Dörfern zu predigen. Doch galt er schnell als zu radikal, denn er propagierte das Prinzip des *Tauhid*, des unbedingten Eingottglaubens. Der junge Mann richtete sich gegen die Anbetung von Steinen und Bäumen, bezeichnete jeden als Ungläubigen, der nicht seiner Lehre folgte, wollte er doch den vermeintlich strengen und reinen »Urislam« wiederherstellen. Nur Koran und Prophetenaussprüche sollten gelten, alle »Neuerungen« wie Gräberkult, Heiligenverehrung, Schia oder Sufismus waren für ihn Häresie und gehörten ausgelöscht, für Frauen forderte er Vollverschleierung. Die Stammesoberhäupter empfanden ihn als bedrohlich und drängten ihn, die Region zu verlassen.

Er zog in den Hidschaz, nach Medina und schließlich ins irakische Basra. Doch das flirrende Leben in der Metropole schockierte ihn. Er sah Männer, die Tabak rauchten, und Frauen, die seidene Kleider trugen. Er hörte die Menschen singen, sah wie Schiiten heilige Schreine anbeteten. Sein Gekeife machte ihn bald unbeliebt, und er wurde aus der Stadt verbannt. Entrüstet kehrte der junge

Mann in seine Heimat zurück. »Wem Gott allein nicht reicht, der soll verdammt sein«, schnaubte er und entschied, den Gutgelaunten seine Vorstellung des absoluten Monotheismus aufzuzwingen. Und zwar mit Gewalt.

Der Name des gottesfürchterlichen Mannes lautete Muhammad bin Abd al-Wahhab. Auf ihn geht das Wort Wahhabismus zurück. Und der Wahhabismus ist die islamische Lesart in Saudi-Arabien.

Ich sitze im Taxi nach Diriyah, heute am nordwestlichen Stadtrand von Riad gelegen, damals Hauptstadt des Nadschd. Vor fast dreihundert Jahren schlossen die Al Saud und der fundamentalistische Prediger Muhammad bin Abd al-Wahhab in jener sonnigen Oase aus Lehmziegelhäusern einen faustischen Pakt, der Saudi-Arabien seitdem prägt. Jetzt ist Diriyah, dieser Geburtsort von allem, zu einem Freilichtmuseum gediehen. Eine Touristenattraktion. Die wichtigste Zielgruppe sind die Saudis selbst. So wie die Iraker stolz sind auf Babylon und die Ägypter auf ihre Pharaonen, so sollen auch die Saudis stolz auf die eigene Geschichte sein – das wünscht sich zumindest das Königshaus. Schließlich wurde in diesem Lehmhäuserdorf im Jahr 1744 der erste saudische Staat ausgerufen.

Der Verkehr nach Diriyah fließt schleppend, denn es donnert und schüttet, als würde die Welt zerbersten. Die Rücklichter ziehen rote Schlieren über das nasse Straßenpflaster, auf die Autodächer hämmern Hagelkörner ein so groß wie Tischtennisbälle. Der Taxifahrer filmt den Wolkenbruch mit seinem iPhone.

Nach fünfzehn Minuten ist alles mit einem Donnerschlag vorüber. Was bleibt, sind das Heulen der Polizeisirenen und ein Regenbogen.

Ankunft in Diriyah. Ehemals eine unbedeutende Oasensiedlung am Wadi Hanifa mit mehreren Dörfern und Gutshäusern. Seit 2010 gehört der Stadtbezirk at-Turaif zum UNESCO-Weltkulturerbe, und dieser Teil ist es auch, der nun zum Museumsdorf erwachsen ist. Die ursprünglichen Bewohner waren Händler und Bauern. Jetzt sind kleine Museen und Galerien in die restaurierten Häuser eingezogen, informieren über das traditionelle saudische Leben, stellen Kleidung und Gewehre aus, erzählen vom arabischen Pferd. Familien bummeln durch die Gassen, knipsen Fotos, schmausen in teuren Restaurants international und lokal, trinken Avocado-Himbeer-Smoothies in Cafés, übernachten in Boutiquehotels. Palmen spenden Schatten, Konzerte werden veranstaltet, direkt neben der Moschee, in der Muhammad bin Abd al-Wahhab einst seinen Fanatismus predigte.

Die damaligen wie heutigen Vertreter seiner Lehren verstehen sich selbst nicht als »Wahhabiten«, wie es zuallererst die Osmanen despektierlich getan hatten, sondern als *Salafiyyun* (Anhänger des Islam der frommen Altvorderen) oder *Muwahhidun* (Monotheisten). Sie zählen sich zu keiner der vier Rechtsschulen, stehen der *Hanbaliyya* aber am nächsten. Im deutschen Sprachgebrauch werden Bezeichnungen wie Salafisten, Wahhabiten, Islamisten, Dschihadisten oder Fundamentalisten oft synonym benutzt. Doch der Wahhabismus und der mit ihm eng verwandte Salafismus zählen trotz ihrer Rigorosität größtenteils nicht zum Islamismus. Denn nicht jeder Salafist oder Wahhabit entwickelt politische Ambitionen. Sie sind Puristen. Als Wahhabit gilt zudem nur, wer die Legitimität des saudischen Königshauses nicht in Zweifel zieht. Die meisten Saudis pflegen gleichwohl eher einen pragmatischen Umgang mit dem Wahhabismus.

Warum Ibn Abd al-Wahhab damals jedoch auf eine strenge, asketische, buchstabengetreue Koranauslegung pochte, ist nicht hinreichend geklärt. Es gab zu jener Zeit keine politischen oder sozialen Umbrüche auf der Halbinsel, die seine drastischen Reformbemühungen hätten rechtfertigen können. Dennoch reiste er als Ein-Mann-Sekte von Oase zu Oase und hetzte und zeterte. Die meisten Muslime nahmen ihn nicht ernst, einige lachten ihn sogar aus. Trotzdem predigte er unentwegt weiter, und schließlich fanden sich ein paar Fanboys, die ihm folgten. Zusammen zerstörten sie Moscheen, Gräber und fällten heilige Bäume. Die Wut der Einwohner wuchs, und sie planten, Ibn Abd al-Wahhab zu ermorden. Er floh, seine Mission schien gescheitert. Doch es sollte anders kommen.

Diriyah ist hübsch herausgeputzt. Was auch an den zig Gastarbeitern liegt, die jeden Zentimeter Steinboden zu fegen haben. Noch immer hängen griesgraue Wolken über der Stadt, aber heute wird es nicht mehr regnen. Ich spaziere durch at-Turaif, male mir aus, wie vor dreihundert Jahren Kamele, beladen mit Gewürzen, Tüchern und Datteln, auf leisen Schwielensohlen über das Kopfsteinpflaster schaukelten. Hähne krähten, und aus den Lehmhäusern strömte der Duft von frisch gebackenem Fladenbrot in die Gassen.

Jetzt ist alles blank und glatt, wie die Oberfläche eines Smartphones. Dort drüben die restaurierten Überbleibsel eines Palastes, da hinten trommeln und tanzen ein paar bezahlte Saudis, dazwischen werfen Videoprojektoren farbenfrohe Muster an die Lehmwände. Stoppschilder und Flatterbänder verhindern den Zutritt zu den noch nicht grunderneuerten Straßenzügen. Aufpasser wurden abgestellt, damit niemand vom rechten Weg abkommt. Und mir fällt Ibn Abd al-Wahhab wieder ein.

Im Jahr 1744 traf der Unerbittliche auf jenen Stammesfürsten, der 17 Jahre zuvor zum Emir von Diriyah ernannt worden war. Nun versuchte Muhammad bin Saud bin Muhammad Al Muqrin einige Oasen in Innerarabien zu erobern, allerdings ohne Erfolg. Er brauchte eine Lösung für sein Problem, hörte dem Prediger zu und erkannte die politische Sprengkraft in dessen Lehren. Mit der Wahhabiyya war dem ehrgeizigen Muhammad bin Saud ein Werkzeug an die Hand gegeben, mit dem das Gewohnheitsrecht der Stämme, welches oft zu Stunk und Spaltung führte, durch ein konsistentes und aus dem Islam abgeleitetes Recht ersetzt werden konnte. Im Wahhabismus gibt es keine Grauzonen, er ist einfach. Die Welt wird in moralisch und unmoralisch eingeteilt. Diese Botschaft ist klar verständlich. Und so fungierte der Wahhabismus als der Kitt, der die Beduinen trotz aller Differenzen zusammenhielt. Und er bot obendrein die Legitimation, jeden zu töten, der nicht folgen wollte. Ibn Abd al-Wahhab erhielt im Gegenzug Schutz und Einfluss, ebenso seine späteren Nachkommen, die Al ash-Sheikh. Der Siegeszug begann, die Gefolgschaft wuchs, und die beiden Muhammads und ihre Nachfolger erstürmten innerhalb der nächsten

Jahrzehnte weite Teile der Arabischen Halbinsel, zerstörten Friedhöfe und historische Stätten, plünderten Städte, erlitten Rückschläge, wurden besiegt, standen wieder auf, setzten sich fest.

Am Abendhimmel zucken Blitze, Lampen strahlen die Lehmhäuser an, lassen sie schimmern wie Bernstein. An einem Aussichtspunkt hält sich ein saudisches Pärchen gegenseitig im Arm. Unvorstellbar vor wenigen Jahren.

Am 20. Juli 1792 starb Muhammad bin Abd al-Wahhab. Er wurde in einem unmarkierten Grab beerdigt. Ohne ihn wären die Al Saud nie so mächtig geworden, der Klerus legitimiert ihre Herrschaft bis heute, ist ihr aber realiter unterstellt. Die Mehrheit der 7000 bis 10 000 wahhabitischen Gelehrten ist mittlerweile quasi machtlos. Unter Muhammad bin Salman hat sich der Druck auf sie erhöht. Als islamischer Rechtswissenschaftler folgt er einer eigenen, einer offeneren religiösen Interpretation. Zahlreiche (widerspenstige) Geistliche und Religionspolizisten verrotten seither in namenlosen Gefängnissen. Im Jahr 2018 ließ das Königshaus sogar den Imam der Großen Moschee in Mekka absetzen und einknasten, nachdem er in einer Predigt die Auflösung der Geschlechtertrennung missbilligt hatte. Ibn Abd al-Wahhab würde sich im unmarkierten Grabe umdrehen.

Match mit Brian. Blaues Häkchen, Amerikaner, Mitte fünfzig, mag Sport und »gute Gespräche«. Das erste Foto zeigt ihn im dunkelblauen Anzug, auf dem nächsten Bild posiert er ohne Shirt vor dem Spiegel, präsentiert seinen Bizeps.

Ich: »Du lebst in Saudi?«

Brian: »Ja, aber in ein paar Monaten werde ich Saudi verlassen.«

Ich: »Warum?«

Brian: »Ich bin Maschinenbauingenieur mit einem Master of Business Administration und habe etwa zwanzig Jahre einschlägige Erfahrungen in internationaler Arbeit in über einem Dutzend Ländern gesammelt. Im Moment arbeite ich für das Senior Management Team bei Aramco.«

Ich: »Was hoffst du auf Tinder zu finden?«

Brian: »Ich versuche, eine Freundin zu finden.«

Ich: »Eine feste Freundin oder nur für Spaß?«

Brian: »Meine über zwanzigjährige Ehe endete 2019.«

Ich: »Das tut mir leid.«

RIAD

الرياض

Immer mehr junge Frauen kommen hinzu, sind in Abayas und Tücher gewickelt, doch darunter tragen sie Catsuits, Leggings und bauchfreie Tops.

Wir sitzen im Schneidersitz, beginnen unsere Körper zu dehnen, strecken die Arme, wölben unsere Rücken und drehen die Köpfe, im Hintergrund läuft Chill-out-Musik, während wir vom herabschauenden Hund in die halbe Taube gleiten und schließlich für drei tiefe Atemzüge in der Haltung des Kindes verweilen. Es ist kurz vor Sonnenuntergang, ein warmer Wind streicht durch unsere Haare. Die Yogastunde findet auf dem Dach eines Hochhauses statt, irgendwo in Riad. Nur Frauen dürfen teilnehmen, Männer sind nicht erwünscht, obwohl es mittlerweile auch gemischte Gruppen gibt. Yogalehrerin Rahaf sitzt vor uns, leitet uns an. Sie ist Mitte zwanzig, ihr kurzes Top gewährt einen Blick auf ihre Bauchmuskeln.

Neben mir auf der Matte reckt sich Amani. Es ist ihre erste Yogastunde. Amani weiß, dass sie schön ist, grün funkeln ihre Augen wie eingesetzte Smaragde. Die 28-Jährige besitzt eine selbstverständliche Anmut, für die sie gewiss reichlich Komplimente erhält. »Yoga stand schon lange auf meiner To-do-Liste. Ich muss mich bewegen«, erklärt sie ihre Motivation und lässt die Schultern kreisen. Kürzlich hat sie einen Bürojob in einer Versicherung angenommen.

Die Stadt errötet, und Rahaf führt uns durch den Sonnengruß. Als der Adhan erklingt, macht sie keinerlei Anstalten, die Musik abzustellen. Tatsächlich ist es geboten, während des Gebetsrufes Radio oder TV auszuschalten, um das Gespräch mit Allah nicht zu stören. Rahaf scheint unbeeindruckt. Obwohl sich keine der Teilnehmerinnen zum Gebet zurückziehen möchte, sagen zwei oder drei Frauen etwas auf Arabisch, auch Amani. Erst dann schaltet Rahaf die Musik aus, und wir dehnen unsere Beine zum Ruf des Muezzins.

Nach der Yogastunde zieht Amani eine schwarze Abaya über ihr Sportoutfit und legt ein Tuch über ihr wallendes Haar. Der Schleier fasst ihr Gesicht ein wie ein Gemälde. Mal trage sie Kopftuch, mal nicht, abhängig von ihrer Laune, sagt sie und setzt eine Sonnenbrille von Cavalli auf ihre Stupsnase. Wir gehen zur Tiefgarage, denn Amani besteht darauf, mich zurück in mein Hostel zu bringen. Einen Führerschein hat sie nicht, dafür einen Fahrer; einen jungen Mann aus dem Sudan, der weder grüßt noch aufschaut, sondern ungerührt weiter auf seinem Handy daddelt, als wir ins Auto steigen. Da er kein Englisch spricht, versteht er nicht, was Amani zu mir sagt: »Das ist der unhöflichste Fahrer in ganz Riad. Ich werde ihn nächste Woche feuern.«

Amani ist seit einem Jahr verheiratet. Sie lernte ihren Ehemann über Tinder kennen. »Er war der langweiligste Mann, den ich bis dahin kannte«, erzählt sie, und doch führten sie gute Gespräche, verstanden sich. Nach einem Monat Chatten und Videofonieren sprach er von Heirat.

Eine Dreiviertelstunde fahren wir durch Riad, am Horizont glitzert das 302 Meter hohe Kingdom Centre, das Wahrzeichen der Stadt. Ein Wolkenkratzer, der einem gigantischen Flaschenöffner ähnelt. Kurz bevor wir mein Hostel erreichen, fragt Amani: »Was machst du morgen zum Iftar?« Mit *Iftar* ist das abendliche Fastenbrechen gemeint. Morgen beginnt Ramadan. »Komm zu uns«, sagt Amani und fügt hinzu: »Auf meiner To-do-Liste steht nämlich auch, dass ich einmal im Leben eine Ausländerin zum Iftar einladen muss. Und du bist die Auserwählte.«

Die vom Nationalen Zentrum für Meteorologie erhaltenen Vorhersagen deuten von Sonntag bis Montag auf leichte bis mittlere Regenfälle in der Region Riad hin (Riad, die Hauptstadt, Majma'a, al-Ghat, Zulfi, Shaqra, Ramah, Afif, al-Dawadmi). Der Zivilschutz ruft alle dazu auf, Vorsichtsmaßnahmen zu treffen, sich an die Anweisungen zu halten und sich von Tälern, reißenden Kanälen, Dämmen, Wasserbecken, Lichtmasten und Elektrizität in den Straßen fernzuhalten.

SMS des Zivilschutzes
an meine saudische Handynummer

Der Islam diktiert das Jahr und das Leben. Heute beginnt Ramadan, der »heiße Monat«, so die arabische Übersetzung. Es ist der neunte Monat des islamischen Mondkalenders und erinnert an die Offenbarung des Koran durch den Erzengel Gabriel an den Propheten Muhammad im Jahr 610 unserer Zeitrechnung. Ausschlaggebend für den Beginn und für das Ende des Fastenmonats ist jeweils die Sichtung der Neumondsichel. Deshalb variiert der Zeitpunkt jedes Jahr. Das Fasten ist eine der fünf Säulen des Islam – neben dem Glaubensbekenntnis *(Schahada)*, den fünf täglichen Gebeten *(Salat)*, dem Almosengeben *(Zakat)* und der Pilgerfahrt nach Mekka *(Hadsch)*.

Ich bin aufgeregt. Noch nie habe ich Ramadan in einem muslimischen Land verbracht, sondern den Fastenmonat stets gemieden wie der Teufel das Weihwasser. Hier in Saudi-Arabien gebe ich mir die volle Dröhnung, ganz bewusst. Ich will wissen, wie der Rhythmus wechselt, was sich verändert. Wie herausfordernd Ramadan tatsächlich daherkommen wird, werde ich noch erfahren. Denn auch mein Reisealltag steht die nächsten 29 Tage kopf. Zwar brauche ich als Nichtmuslimin nicht zu fasten, aber Essen oder Trinken sind trotzdem in der Öffentlichkeit tabu. Angeblich drohen bei

Regelbruch sogar Nichtmuslimen Strafen. Ich weiß nicht, ob das (noch) stimmt, möchte es allerdings lieber nicht herausfinden.

Das tägliche Fasten beginnt, sobald man in der Morgendämmerung einen weißen von einem schwarzen Faden unterscheiden kann, so steht es im Koran. Die letzte Mahlzeit vor Sonnenaufgang heißt *Sahur* und wird morgens vor dem *Fadschr*, dem ersten Gebet des Tages, eingenommen. Von Tagesanbruch bis zum Sonnenuntergang bleiben sodann Teller und Gläser leer. Aber nicht nur auf Nahrung wird tagsüber verzichtet. Auch das Fluchen, Lästern, Lügen und der Streit sind untersagt, ebenso Parfüm, Rauchen und Sex. Die Arbeitszeit ist auf sechs Stunden verkürzt, und die Menschen verbringen den Rest ihrer Zeit am liebsten daheim. Die Entsagung versinnbildlicht, dass die Hingabe an Gott einen höheren Wert besitzt als alle menschlichen Bedürfnisse. Nach dem *Maghrib*, dem Gebet zum Sonnenuntergang, endet das Fasten täglich mit dem Iftar, dem gemeinsamen Abendessen. Der Abschluss des Ramadan wird mit dem *Id al-Fitr*, dem Fest des Fastenbrechens, gefeiert. Ich freue mich jetzt schon darauf.

Es ist 17 Uhr. Ich laufe eine Seitenstraße entlang, feiner Sand überzieht den Asphalt wie überall im Wüstenstaat. In meinen Händen halte ich eine Schachtel Konfekt, eingepackt in glänzendes Stanniolpapier. Google Maps führt mich zu einem großen Haus mit zwei Eingängen, irgendwo in Riad. Die gusseiserne Flügeltür ist für Frauen und Familienmitglieder vorgesehen, die schmale Tür links neben der Garage für männliche Besucher, ebenso für männliches Dienstpersonal wie Fahrer oder Handwerker. Beide Bereiche trennt eine Häuserwand. Die Fenster sind vergittert und die Rollläden herabgelassen. Weder Hausnummern noch Namensschilder kennzeichnen hier die Wohnhäuser. Man muss wissen, wo man hinwill.

Ich weiß es nicht und schicke Amani deshalb eine Nachricht, doch ihr Handy ist abgestellt. Sie hatte mich zum Iftar eingeladen, ins Haus ihrer Familie, sagte mehrmals, ich müsse unbedingt pünktlich sein, und so lungere ich vor der Flügeltür herum, bis kurze Zeit später ein SUV vor dem Haus parkt. Ich erkenne den sudanesischen Fahrer wieder, der nächste Woche gefeuert werden soll. Eine tief verschleierte Frau steigt aus. Über dem schwarzen Niqab trägt sie einen schwarzen Gazeschleier, der ihre Augen verdeckt. Ihre Hände stecken in schwarzen Handschuhen. In gebrochenem Englisch stellt sie sich als Amanis Mutter Boushra vor und lässt mich eintreten. »Amani sleep«, sagt sie, während sie mir meine Abaya abnimmt und mich ins Haus geleitet. Im Eingangsbereich stehen sechs cremeweiße Sessel im Louis-quinze-Stil. Hier warten normalerweise die Gäste, ich ziehe meine Schuhe aus, obwohl Boushra meint, ich könne sie anlassen. »Mafi mushkila«, kein Problem, sagt sie, doch ich weiß, dass sie bloß höflich sein will.

Boushra öffnet die Tür zum heiligen Privatbereich, der für gewöhnlich nur Familienmitgliedern vorbehalten ist. Aber ich darf hinein, betrete das Wohnzimmer, geheimes Land in Saudi-Arabien. Eine Wendeltreppe führt in den ersten Stock, LED-Laternen flackern auf dem Marmorboden, in der Ecke steht ein riesiges Sofa mit bunten Kissen, gegenüber flimmert der ebenfalls riesige Flatscreen. An der Wand hängen goldene Halbmonde und Sterne, ebenso eine Girlande mit dem arabischen Schriftzug »Ramadan kareem«, froher Ramadan – es ist die typische Dekoration, wie sie just in Millionen Wohnungen und Häusern rund um den Globus zum Einsatz kommt, ähnlich dem Weihnachtsschmuck in nicht muslimischen Haushalten.

Mittlerweile hat Boushra Gazeschleier, Niqab, Kopftuch, Handschuhe und Abaya abgelegt, und jetzt endlich sehe ich ihr Gesicht. Boushra lächelt mich an, ich schätze sie auf Mitte fünfzig, Falten kräuseln sich um ihre Augen, ihre braunen Haare sind rötlich getönt und zu einem Bob geschnitten.

»Salam Nadine, welcome in my house!« Amani erscheint. Elegant wie eine Königin schreitet sie die Treppe hernieder, gefolgt von drei jungen Frauen. Alle tragen die *Dschalabiya*, ein langes Kleid, das Saudi-Araberinnen gern zu Ramadan anziehen. Amani strahlt, ihre Haare sind glatt geföhnt, sie begrüßt mich, küsst mich dreimal auf die linke Wange. »Ich habe geschlafen«, sagt sie entschuldigend, »der erste Tag im Ramadan ist immer schrecklich anstrengend.« Sie stellt die drei jungen Frauen vor, »meine Schwestern, Aseel, Nermin und Waad«. Aseel mit Brille und Lockenkopf reicht mir die Hand, sie ist 26, Medizinstudentin, macht jetzt ihr Examen, das Lernpensum lässt sich an ihren Augenringen ablesen. Daneben lächelt Nermin ein zauberhaftes Zahnspangenlächeln, sie ist 24 und studiert Psychologie. Dann die 21-jährige Waad mit großen gewitterblauen Augen (Kontaktlinsen), sie hat gerade ihr Biologiestudium begonnen und leuchtet mir sonnengleich in ihrer safrangelben Dschalabiya entgegen.

Ich überreiche ihnen das Konfekt, bewundere ihre Kleider, Amani dreht eine Pirouette. Das Gewand sei ein unverzichtbarer Bestandteil im Kleiderschrank einer jeden Saudi-Araberin, sagt sie. Manche Dschalabiyas ähneln Nachthemden, andere Abendkleidern. Es gibt sie mit kurzen oder langen Ärmeln, tailliert oder luftig fallend. Die günstigeren Dschalabiyas werden zumeist von ägyptischen Händlern verkauft und sind in ihren Designs und Farben eher schlicht gehalten, alltagstauglich. Und dann sind da die aufwendig bestickten und die kunterbunten, mit Perlen besetzten oder mit Ornamenten ausgestalteten Exemplare, die zu besonderen Anlässen wie Ramadan getragen werden. Amanis Dschalabiya ist ein weißes Blusenkleid, verziert mit grünen Palmenblättern.

»Hello!« Ein älterer Mann in Thawb begrüßt mich, gibt mir die Hand, sein Händedruck ist weich. Abdul Aziz ist der Vater der Familie, neben ihm lächelt verlegen der 19-jährige Sohn Battal mit Bartflaum, das Nesthäkchen. »Er macht eine Ausbildung zum Piloten«, erklärt Amani, und ich nicke dem Jüngling anerkennend zu. Auch er trägt Zahnspange. Die beiden Männer wandern in den Gästebereich ab. Amanis Ehemann wartet dort auf sie.

Wir Frauen lassen uns derweil in der Sofaecke nieder, im Fernsehen predigt ein Imam. Boushra überreicht mir eine Plastiktüte, darin Modeschmuck und zwei Dschalabiyas, die sie extra für mich gekauft hat. Ich soll mir eine aussuchen, als Geschenk, dazu zwei güldene Armreifen, auf denen »Cartier« steht. Die eine Dschalabiya ist eierschalenfarben und am Saum mit einer schwarzen Spitze durchsetzt, die andere zieren Blumen. Ich entscheide mich für das Blumengewand, ziehe es sogleich an, Boushra schießt Fotos mit dem Handy, am Ende des Abends darf ich beide Dschalabiyas behalten. Großherzige Boushra.

In zwanzig Minuten beginnt Iftar, das muslimische Fastenbrechen. Unter den Frauen macht sich eine freudige Unruhe breit, ich erinnere mich an meine Kindheit, als ich an Heiligabend zappelig auf das Glöckchen des Christkindes wartete. Noch ist Zeit, und Amani möchte mir das Haus zeigen. »Komm, ich führe dich herum«, sagt sie. Wir steigen die Marmortreppen hinauf, und ich bin erstaunt, wie unbefangen Amani mich durch die heiligen Hallen führt, immerhin gibt es in Saudi-Arabien nichts Privateres als den Privatbereich. Die Zimmer der Geschwister befinden sich im ersten Stock, insgesamt sind es drei Stockwerke, ganz oben wohnen die beiden indonesischen Hausmädchen. »Ist ein kleines Haus«, meint Amani. Ich glaube zuerst, sie scherzt, doch sie lacht nicht. Offenbar haben wir unterschiedliche Vorstellungen von Größe.

Amani öffnet Battals Zimmertür. »Er muss aufräumen«, sagt sie, und diesmal stimme ich ihr zu. Auf dem Boden, dem Bett und über dem Schreibtischstuhl liegen und hängen T-Shirts, Jeans, Thawbs in verschiedenen Farben und mindestens drei Shemaghs. In einer Ecke steht eine verstaubte Gitarre, an die Wand ist ein Poster eines Fußballers gepinnt. Trotz des Durcheinanders duftet der Raum nach Rosenparfüm.

Auch das Zimmer der 21-jährigen Waad ist chaotisch, ein Haufen Abayas und Dschalabiyas liegt auf dem Himmelbett verstreut, die Wände sind rosa gestrichen, der Kleiderschrank ist weit geöffnet, und auf der Kommode glitzern Haarspangen, Ketten, Ringe und Armbänder. Direkt an Waads Wust grenzt das Zimmer der Psychologiestudentin Nermin, tadellos aufgeräumt. Und minimalistisch. Bloß ein schlichtes Bett (gemacht), ein Schreibtisch (leer), ein Kleiderschrank (geschlossen) und ein großer Spiegel. »Das war mal mein Reich«, sagt Amani wehmütig, »nach meiner Heirat ist

Nermin eingezogen.« In Aseels Zimmer stapeln sich Medizinbücher in die Höhe, das Pult biegt sich unter Papieren, Heften und noch mehr Büchern. »Wir sind alle froh, wenn sie dieses blöde Examen bestanden hat«, meint Amani und streicht sich eine Haarsträhne aus dem Gesicht.

Kurz bevor der Adhan erklingt, beladen die zwei Hausmädchen den Wohnzimmertisch mit Pralinen, Datteln, *Loqaymat* (süße frittierte Teigbällchen, die es nur zu Ramadan gibt), Maamoul, Keksen, Küchlein und Boxen mit Kosmetiktüchern. Dann warten wir auf den erlösenden Ruf des Muezzins, der es den Gläubigen erlaubt, bis zum Sonnenaufgang zu essen und zu trinken. Als endlich die Sonne untergegangen ist und der Adhan von allen Dächern der Stadt ertönt, schenkt Boushra Kaffee in kleine Tässchen, und Amani verteilt Datteln. In der Tradition des Propheten Muhammad wird das Fasten mit einer Dattel gebrochen, dem Brot der Wüste. »Der Zucker sorgt für einen schnellen Energieschub«, erklärt Aseel, die angehende Ärztin. Nach Kaffee und Datteln begeben sich die Frauen ins Badezimmer für den *Wudu*, so heißt die rituelle Waschung, die vor jedem Gebet Pflicht ist. Dreimal die Hände mit Wasser waschen, dreimal das Gesicht, dreimal den Mund mit Wasser ausspülen, dreimal die Füße waschen. Gott mag es keimfrei. Dann beten die Frauen neben der Treppe Richtung Mekka.

Nach den Süßspeisen und dem Gespräch mit Allah folgt die herzhafte Schmauserei: eine fette Suppe mit Lammfleisch, dazu Teigtaschen gefüllt mit Hähnchen, Thunfisch, Gemüse oder Eiern. Ebenso *Sambusas* – dreieckige Teigtaschen mit Hackfleisch. Und *Vimto*, ein pappsüßer, kirschroter Sirup, der immer zu Ramadan eingeschenkt wird und so künstlich nach Fruchtgummi schmeckt, dass es mir den Mund zusammenzieht.

Während wir essen und trinken, reden die Frauen wild durcheinander, sie lachen und kreischen und diskutieren leidenschaftlich. Nermin und Waad debattieren über das Paradies, das islamische *Dschanna*. Waad will wissen, ob sie im Dschanna tatsächlich alle Menschen wiedersehen wird, auch diejenigen, die sie nicht leiden kann. Berechtigte Frage, wie ich finde.

»Nur die, die du magst«, antwortet Nermin wissend.

Ich mische mich ein und frage, was passieren würde, sollte der eine jemanden wiedersehen wollen, der andere aber nicht.

»Gott findet dafür eine Lösung«, sagt Nermin.

Ich lasse die Antwort gelten, denn sie ist in ihrer Einfachheit entwaffnend schlau.

Im Hintergrund orgelt der Fernseher. Der saudische Sender *MBC* ist eingeschaltet und zeigt eine der vielen Ramadan-Soaps, die heute anlaufen. Für den Fastenmonat werden in muslimischen Ländern jedes Jahr neue Fernsehserien produziert. Es gibt Liebesschmonzetten, Kriegsdramen sowie Historienabenteuer, Tragödien, Spielshows und Comedysendungen. Eine von Netflix 2018 beauftragte Umfrage ergab, dass der Fernsehkonsum im Nahen Osten während des Ramadan um achtzig Prozent steigt. Die Menschen bleiben lange wach, und zu den populärsten Aktivitäten gehört, nach dem Iftar gemeinsam die nächste Folge der jüngsten Telenovela zu schauen. Darunter auch die Neuauflage der beliebten saudischen Comedy-Reihe *Tash ma Tash*. In der heutigen ersten Episode werden die Protagonisten vom Blitz getroffen und vom Jahr 2011 (da endete die Serie) ins Jahr 2023 geschleudert, also ins jetzige Saudi-Arabien. Und sie sind völlig überfordert, denn plötzlich fahren Frauen Autos, und das Benzin kostet zehnmal so viel wie zuvor. Alles ist anders geworden. Auch in saudischen Serien.

In einem Nebenraum, getrennt vom Wohnbereich, sitzen der Vater, Bruder und Amanis Ehemann Fahad, den mir Amani nach dem Essen unbedingt vorstellen möchte. Ein adretter, höflicher junger Mann, der aufsteht, als ich den Raum betrete, und mir die Hand reicht. Er spricht hervorragend Englisch, arbeitet als plastischer Chirurg. Ich beglückwünsche ihn zu seiner tollen Ehefrau.

Amani lächelt geschmeichelt und schlägt die Augen nieder. Sie hört derlei Komplimente häufiger.

Als wir die Männerrunde fünf Minuten später verlassen, bestätige ich ihr, dass sie eine sehr gute Wahl getroffen habe und dass ich mich für sie freue.

»Ja«, sagt sie, »ich bin auch wirklich erleichtert.«

Doch wie genau funktioniert die Liebe in Saudi-Arabien? Amani erzählt: Nachdem Fahad und sie ein paar Wochen lang Textnachrichten ausgetauscht und telefoniert hatten, machte er den nächsten Schritt und sprach von Hochzeit. Sie stimmte zu, woraufhin seine Mutter ihre Mutter Boushra besuchte. Die beiden verstanden sich, und Amani lernte Fahads Mutter kennen, um ihr zu zeigen, wie klug und hübsch sie ist, dass sie sich Kinder wünscht und deshalb eine vorteilhafte Partie für Fahad sei. »Sie mochte mich sofort«, sagt Amani so selbstbewusst, als hätte sie nie daran gezweifelt.

Danach traten die Väter auf den Plan, einigten sich über das Finanzielle; 60 000 Riyal Brautgabe musste Fahad an Amani zahlen, umgerechnet 15 000 Euro, dazu kamen noch das gemeinsame Appartement, die Flitterwochen, die Ringe und der Schmuck für die Brautmutter. »Die Feier habe größtenteils ich bezahlt, weil ich so viele Extrawünsche hatte.« Amani lacht.

Fünf Monate nach der ersten Textnachricht vermählten sich Fahad und Amani. Bis dahin wurde alles geklärt, von der Wohnungseinrichtung bis zur Kindererziehung. Sie wollte sich absolut sicher sein, ob ihre Leben zueinanderpassen, sagt Amani. Die Vermählung fand ohne sie statt, das ist üblich. Amani wartete im Wohnzimmer, während der Imam mit ihrem Vater und Fahad im Männerbereich die Formalitäten klärte, denn der Ehevertrag wird grundsätzlich zwischen dem Brautvater (oder Mahram) und dem Bräutigam ausgehandelt. Nach der Einigung klopfte der Imam an Amanis Tür, zeigte ihr den Vertrag und fragte, ob sie einverstanden sei. Sie bejahte. Und unterschrieb. Erst jetzt war die Ehe rechtskräftig geschlossen, sofort wurde alles online per App registriert. Behördengänge sind nicht nötig. Auch Scheidungen werden per App abgewickelt.

»Was habt ihr nach der Vermählung gemacht?«, frage ich und stelle mir ein romantisches Candle-Light-Dinner oder eine Hausparty vor.

»Nichts«, antwortet Amani und zuckt mit den Schultern, »ich war müde, wir haben uns erst einen Tag später wiedergesehen.«

Am nächsten Morgen brachte Fahad die Ringe vorbei, dazu eine passende Goldkette und eine goldene Uhr für seine frischgebackene Ehefrau sowie einen diamantenbesetzten Armreif und die entsprechenden Ohrstecker für seine Schwiegermutter Boushra. Außerdem überwies er Amani die Brautgabe.

Die Wochen nach der Eheschließung ging das Paar ins Kino oder ins Restaurant, beide lernten sich besser kennen. Jetzt endlich verliebte sich Amani in Fahad. »Er war gar nicht so langweilig, wie ich dachte«, sagt sie, »er ist bloß ruhiger als ich.« Theoretisch ist den Eheleuten nach der vertraglichen Verehelichung Sex erlaubt. Faktisch warten viele Paare dennoch bis zur großen Hochzeitsfeier, nicht nur aus Tradition, sondern auch weil sie erst danach in die Flitterwochen abrauschen oder ihre gemeinsame Wohnung beziehen. Und Ruhe finden. »Wir haben im Kino geknutscht«, erzählt Amani, »mehr aber nicht.«

Ein knappes halbes Jahr später fand die offizielle Hochzeitsfeier statt. »Was man da alles vorbereiten muss«, Amani pustet sich eine Haarsträhne aus der Stirn, »ich bin immer noch ganz erschöpft.«

Hochzeiten feiern Braut und Bräutigam getrennt voneinander. Frauen in dem einen Saal, Männer in dem anderen. Während der großen Sause werden oft nur noch die Ringe getauscht. Dieser Moment ist der einzige auf dem Fest, an dem sich Braut und Bräutigam begegnen. Im Frauenbereich nimmt das Paar dann auf einer Bühne Platz, lässt sich bejubeln, bis es sich schließlich in die Zweisamkeit verabschiedet.

Über zweihundert Gäste waren bei Amanis und Fahads Hochzeit geladen: Tanten, Cousinen, Neffen, Onkel, Schwestern, Brüder, Freunde, Freundinnen, Kinder. Sie zeigt mir Videos aus dem Frauensaal auf ihrem Handy, die kein Mann jemals sehen wird, nicht einmal ihr eigener Ehemann. Musik donnert aus den Boxen, hundert Frauen tanzen ausgelassen und unverhüllt, haben schon Wochen vorher Friseurtermine vereinbart und Kleider aus Tüll und Spitze gekauft in Rot, Türkis, Pink, Blau, Grün. Die Haare fallen in Locken, die Gesichter sind geschminkt, dunkel umrahmte Augen, angeklebte Wimpern, Rouge auf den Wangen, schimmernde Lipgloss-Lippen. Wie Hollywood-Schönheiten auf dem roten Teppich. Die Frauen lachen, beglückwünschen die Braut, »mabruki«, schnipsen mit den Fingern, ihre Stöckelschuhe klackern auf dem Marmorboden. An die Stühle sind rosa Schleifen gebunden, rosa Luftballons hängen unter der Decke, überall stehen bauchige Vasen, bestückt mit Pfingstrosen.

Als Fahad zusammen mit Amanis Vater und ihrem Bruder um Mitternacht an die Flügeltür der Veranstaltungshalle klopft, verschleiern sich sämtliche Frauen außer Amani für den kurzen Moment männlicher Präsenz, verhüllen ihre bunten Kleider und schwarzen Locken. Die hundert Abayas und Kopftücher sind durchweg in zartrosa Farbtönen gehalten und wurden vom Brautpaar extra für diesen Abend gekauft, so wollte es Amani. »Damit alles farblich zueinanderpasst.« Sie selbst trägt ein lilienweißes ausladendes Prinzessinnenkleid mit einer Corsage aus Spitze, der Tüllrock ist mit feinen weißen Blüten bestickt, die Ärmel sind lang und ebenfalls aus Spitze, ihre Haare liegen in Wellen, die grünen Augen sind dick mit Kajal umrandet, Diamantstecker im Ohr.

Amani funkelt und strahlt wie ein Feuerwerk am Nachthimmel, auch Fahad strahlt, als er sie erblickt. Er wirkt sehr verliebt. Unter Trommelmusik und Applaus schreitet er durch den Saal, trägt einen weißen Thawb und darüber eine schwarze Mischlah mit Goldsaum. Er küsst seine Gattin auf die Stirn, nimmt sie an die Hand, die beiden setzen sich auf ein rosa Sofa, das auf einer kleinen Bühne aufgestellt ist, über ihnen baumelt eine Lichterkette. Amanis Vater spricht die erste Sure des Koran ins Mikrofon. Dann tauscht das Hochzeitspaar endlich die Ringe. Die Frauen jauchzen, trillern und tanzen, irgendjemand dreht die arabische Musik lauter. Eine halbe Stunde später entschwinden die Eheleute in die Hochzeitsnacht.

»Wir sind sofort zum Flughafen gefahren und in die Flitterwochen geflogen«, erzählt Amani, »nach Mauritius.«

Unser Iftar bleibt weiter heiter. Gegen ein Uhr nachts lassen wir auf Youtube zuerst Miley Cyrus »Flowers« singen (ein Hit in Saudi-Arabien), dann die libanesische Popikone Nancy Ajram, »habibi araab bussi wa bussi buss, za'alaan iza'al, iza'al nussi nuss«. Hiernach klickt Aseel aus einer Laune heraus die saudische Nationalhymne an, grün leuchtet die Flagge auf dem Flatscreen, kurze Festtagsstimmung im Wohnzimmer, sie scrollt weiter, und wir hören die ersten Takte des gewiss komischsten, aber völlig ernst gemeinten Propaganda-Popsongs von Rashed al-Majed. »All of us MBS« heißt der schmalzige Ohrwurm, der mich kurz aus dem Konzept bringt. Nach »Ya Muhammad« dachte ich, auf alles Abseitige in diesem Land vorbereitet zu sein. Ich hatte mich geirrt.

Ein Pianosolo erklingt, auf dem Bildschirm flimmert das Foto des Kronprinzen neben einer saudischen Flagge, dann trällert ein Kinderchor auf Englisch: »All of us MBS.« Die Lyrics werden praktischerweise eingeblendet, damit jeder Saudi mitsingen kann. Vom Englischen gleitet das Lied ins Arabische, und Muhammad bin Salman wird über den saudischgrünen Klee gelobt. »Seine Vision von Entwicklung und Innovation ermöglicht es den Menschen, durchzuhalten. Wir alle sind MbS.« Die Mädels stimmen in den Refrain mit ein, »all of us MBS, all of us MBS«, nach der zweiten Strophe klickt Aseel »Ya Muhammad« an, auf dem Fernseher erscheint nun ein anderes Porträt des Kronprinzen, entschlossen blickt er an uns vorbei, Amani, Nermin und Waad springen vom Sofa auf, klatschen und zwitschern den Text auswendig mit. »Geh mit uns. O Muhammad. Und deine Herrlichkeit bleibt bestehen. Und sobald wir dich sehen, beginnt der Tag. O Muhammad. O Muhammad.« Die Schwestern heben die Arme auf Schulterhöhe, wiegen sich im Takt, schnipsen und singen. Auch ich werde aufgefordert, vor dem Fernseher (und vor MbS) zu tanzen, Boushra filmt mich mit ihrem Smartphone. Hoffentlich gerät das Video niemals in die falschen Hände, perfektes Erpressungsmaterial, denke ich, während ich vor Muhammad bin Salman herumhüpfe. »Und im Himmel und auf der Erde oder über den Meeren. Wir schreiben deinen Namen in Gold über den Wolken. O Muhammad.«

Nach der royalen Ekstase lassen wir uns ermattet in die Kissen fallen, wieder wird Essen gereicht, süß und herzhaft, dazu Vimto. Die vier Schwestern und ihre Mutter lachen und naschen, und ich bin trotz der Tanzeinlage dankbar für diesen Abend. Mein erstes Iftar hätte nicht lustiger sein können. Wäre ich ein Mann und keine Frau, säße ich nicht im Wohnzimmer, dürfte nicht hier sein, würde nur die Hälfte Saudi-Arabiens sehen. Und bloß die Hälfte wissen.

Er diversifiziert die Wirtschaft und die Industrie
Und sorgt dafür, dass Frauen in Würde leben.
Wir alle sind MbS.

Rashed al-Majed

Nach dem Regen kommt der Staub und legt sich wie ein Belag auf die Stadt. Riad nimmt die Farbe der Wüste an. Seit einigen Wochen wohne ich nun im Hostel, und so stellt sich ein Gleichmaß der Zeiten ein, ein Gerüst der Routine. Die Tage in Riad. Es fällt mir noch schwer, mich an Ramadan zu gewöhnen. An diesen umgekehrten Rhythmus. An das Warten. Die Menschen sind tagmüde und nachtwach. Erst abends springt das Land an.

Hungern muss ich nicht, solange ich im Hostel bleibe, denn ich bestelle mir Essen bei diversen Lieferdiensten, auch Supermärkte sind geöffnet.

Weil es bis zum Tagesende nichts zu tun und nichts zu sehen gibt, besuche ich beinahe jeden Nachmittag den kleinen Bagala eine Straße weiter, um Wasser und frisches Fladenbrot zu kaufen, begrüße den älteren Mann hinter der Kasse. Lange Zeit wirkt er verhalten, er weiß nicht, wie er mir begegnen soll, der Westlerin.

Gleichwohl gebe ich nicht auf, grüße ihn beharrlich. Bis er mich anlächelt, an einem Mittwoch, ganz unverhofft, zum ersten Mal. Seitdem scheint er sich zu freuen, wenn er mich in den Laden kommen sieht, er grüßt und schmunzelt, bin doch auch ich für ihn eine Abwechslung im Einerlei. Ahmad heißt der Sechzigjährige, vor etlichen Jahren kam er aus dem Jemen nach Saudi-Arabien.

Die Tage in Riad. Es ist eine Stadt, die man sich erarbeiten muss. Sie gibt sich nicht ohne Widerstand her, ist anstrengend, bisweilen unnahbar, spiegelglatt und borstig zugleich. Reizlos und reizvoll. Ausufernd und einkreisend. Moloch und Momentum. Längst wollte ich dich verlassen. Ach Riad, ich hasse dich, ich liebe dich.

NADSCHRAN

نجران

Ihre Zakat (verpflichtende Spende) ist ein Segen und eine Belohnung. Bezahlen Sie in einfachen Schritten über die Anwendung »Zakat«. Hiermit können Einzelpersonen unter der Aufsicht der Zakat-, Steuer- und Zollbehörde ihre Zakat berechnen lassen und an die Empfänger der Sozialversicherung zahlen.
So besuchen Sie die Website: https://zakaty.gov.sa
#MeineZakatFürIhreFamilie

SMS des Finanzministeriums
an meine saudische Handynummer

»Von Reisen in das Grenzgebiet zu Jemen, die Provinzen Nadschran, Asir und Dschazan, wird dringend abgeraten«, schreibt das Auswärtige Amt auf seiner Website.

Mein Flieger nach Nadschran geht um elf Uhr. Die Provinz liegt ganz weit unten im Süden, vor ein paar Jahren sind hier Raketen der Huthi-Rebellen eingeschlagen. Die Niqabi von der Sicherheitskontrolle tastet mich etwas zu gründlich ab.

Die Kaffeebuden am Flughafen sind geöffnet. Vereinzelt sehe ich Saudis ein Sandwich verdrücken oder am Becher nippen. Wer reist, braucht nicht fasten, heißt es im Koran. Auch ich trinke einen Cappuccino und fühle mich, als würde ich etwas Verbotenes tun. Viele Männer sind in die weißen Baumwolltücher der Pilger gehüllt, tragen bloß Sandalen, um die Nacktheit des Menschen vor Gott zu versinnbildlichen. Sie befinden sich im Weihezustand, im *Ihram*, und sind auf dem Weg nach Mekka, um die Umra, die kleine Pilgerfahrt, zu absolvieren.

Am liebsten hätte ich den Bus in den Süden genommen, 13 Stunden Fahrt, doch sowohl Lamis und Amani als auch Adil rieten mir eindringlich ab. Busfahren in Saudi-Arabien ist mitunter eine heikle Angelegenheit, immer wieder geschehen Unfälle, und da selten Saudis, sondern zumeist Arbeitsmigranten damit unterwegs sind, um die sich kaum jemand schert, entsprechen die Busse oft nicht den Sicherheitsstandards. Dann Ramadan. Wenig Schlaf, tagsüber nichts essen, nichts trinken. Obwohl ein Überlandbusfahrer aufgrund seiner Tätigkeit von der Fastenpflicht befreit ist, lässt während des Ramadan die Konzentration der Fahrer zu wünschen übrig, da sich ja dennoch der Schlafrhythmus verschiebt. So sagte man mir.

Boarding. Auf dem Flugzeug steht: »God bless you«. Wie schon im Zug sind nicht alle Saudis mit ihrem Sitzplatz zufrieden. Der Mann aus Reihe 25 möchte lieber in Reihe 27 sitzen, die beiden Frauen aus Reihe 23 wechseln eine Reihe weiter nach hinten. Auf meinem Fensterplatz sitzt bereits ein Saudi, der mich entschuldigend anlächelt, sich aber nicht wegbewegt, ich setze mich an den Gang, doch der Mann von Reihe 21 findet diesen Platz besser als seinen, weil neben ihm eine fremde Frau sitzt, die jedoch lieber eine andere Frau bei sich hätte. Und so ziehe ich insgesamt dreimal um, was die Stewardess mit einem enervierten Gesichtsausdruck quittiert, sie kennt das schon. Neben mir nun eine dicke Niqabi, die über zwei Sitze expandiert.

Kurz bevor ich das Handy ausschalten will, trudelt eine Nachricht von Khaled ein, er schickt Videos von Coco, es gibt Neuigkeiten: Nach Wochen hat Coco tatsächlich ihre Familie wiedergefunden. Die letzten Tage stromerte die Mutter vor der Istrakha herum, offenbar auf der Suche nach ihrem Baby. Khaled öffnete die Eisentür, und Coco stürmte zu ihrer Mama, jaulte und hopste. Nun ist sie zurück bei ihren Brüdern und Schwestern, sie haben sich einige Meter abseits der Straße an der schützenden Mauer eines Rohbaus niedergelassen. Die vier Welpen ziehen die Köpfe ein, kauern hasenfüßig hinter Steinen, als Khaled mit der Handykamera näher tritt. Nur Coco nicht. Sie wedelt mit dem Schwänzchen, hüpft wie ein Flummi und quiekt vor Freude. Mein Herz läuft über bei diesen Bildern.

Nadschran ist anders als Dammam, Riad oder Dschidda. Strenger. Traditioneller. Tribaler. Entgegen dem westlichen holzschnittartigen Schwarz-Weiß-Bild ist die saudische Gesellschaft (wie generell die Gesellschaften in den Golfländern) überaus heterogen. Die Regionen unterscheiden sich teilweise eklatant voneinander.

Die Provinz Nadschran ist Stammesgebiet. Eingebettet zwischen den Bergen von Asir im Westen und der Leere der Rub-al-Khali-Wüste im Osten liegt die gleichnamige Provinzhauptstadt in einer Oase, nahe der jemenitischen Grenze. Saudi-Arabien annektierte 1934 Nadschran, das zuvor zum Jemen gehörte. Die meisten hier lebenden Saudis sind Ismailiten. Sie bilden eine Strömung innerhalb des schiitischen Islam. In der Vergangenheit kam es häufiger zu Spannungen mit der saudischen Regierung, da sich die Ismailiten aufgrund ihres Schiitentums diskriminiert fühlten. Heute scheint Ruhe eingekehrt zu sein.

Mein Hotel heißt »Florida Inn«. An der Wand hängt ein Foto einer Südseeinsel. Der Lampenschirm auf dem Nachttisch ist in Plastik eingeschlagen. Schaue ich aus dem Fenster, so sehe ich die graubraunen Berge des Nachbarlandes, unerreichbar nah.

Warum nennt man ein Hotel am Rande Saudi-Arabiens, eine halbe Autostunde vom Jemen entfernt, nach einem US-amerikanischen Bundesstaat? Wundersame Saudis. Wie die meisten Städte der Golfmonarchie versprüht auch Nadschran keinen Charme.

Sandstaubige Straßen, sandbeige Fassaden, an denen sandgraue Klimaanlagen hängen. Und doch entdeckt man mancherorts jene uralten mehrstöckigen Häuser aus gestampftem Lehm, die an den Jemen erinnern. Die braunen Lehmbauten wirken wie Lebkuchenhäuser, und die mit Kalkputz geweißten Zinnen und Fensterrahmen wie Zuckerguss. Einige Gebäude werden restauriert, viele dem Verfall überlassen. Ruinen. Stille Zeugen der Vergangenheit.

Ich lerne Nasser kennen, sah ihn zuvor auf Social Media. Ein stattlicher Mann mit sonorer Stimme und sanftem Handschlag. Der Mittdreißiger strahlt Selbstbewusstsein aus. Und Stolz. Denn er gehört zum Banu Yam, einem angesehenen Stamm, zu dem rund drei Millionen Menschen zählen, nicht nur in Saudi-Arabien, sondern ebenfalls in Kuwait, Bahrain und Katar. Auch die Mutter von Muhammad bin Salman war eine Yam. In Nadschran gilt Nasser innerhalb seiner Sippe als Autoritätsperson. Wer ein Problem hat, kommt zu ihm und fragt um Rat. In seinem SUV fahren wir durch die Stadt. Auf der Rückbank liegt eine Barbie.

Vor dem Propheten Muhammad gab es auf der Arabischen Halbinsel keine umfassende politische Ordnung. Die Region bestand aus diversen tribalistisch strukturierten Gesellschaften; Beduinen und Städter gliederten sich in Stämme, Unterstämme, Clans und Sippen. Auch heute entscheidet die Zugehörigkeit zu einem Stamm über die soziale Schicht. Allerdings nimmt die Bedeutung ab. In Riad interessieren sich immer weniger Saudis für die Stammeszugehörigkeit. Anders im Süden. Hier wird neben dem staatlichen Gesetz noch das Stammesgesetz angewandt: Bei Streitereien vermittelt ein Sheikh zwischen den Parteien. Zwar hat das letzte Wort der Staat, doch überlässt er den Stämmen das Recht, innerhalb des legalen Rahmens zu handeln. Nasser erklärt es mir so: Wenn ein Mann aus dem einen Stamm jemanden aus einem anderen Stamm tötet, so ist der Stamm des Mörders verpflichtet, eine große Summe Riyal zu sammeln (in Millionenhöhe) und damit bei der Familie des Opfers und dessen Stamm um Vergebung zu bitten. Akzeptiert der betroffene Stamm das Gesuch, so bleibt der Mörder am Leben. Akzeptiert er nicht, so wird der Mörder dem Staat überlassen. Der ihn dann hinrichtet. Selbstjustiz oder Blutrache ist nicht erlaubt und wird strafrechtlich geahndet.

Nasser hat in Kanada Medizin studiert, doch die Gemeinschaft seines Stammes ist seine Heimat. Hier in Nadschran will er bleiben, hier ist er bekannt wie ein buntes Kamel. Nicht nur, weil er als Arzt im hiesigen Krankenhaus arbeitet, sondern auch weil ihm Tausende Menschen auf Snapchat folgen.

Etwas brummt. Nasser zückt eines seiner beiden Handys und hört eine Sprachnachricht ab, eine Frauenstimme spricht auf Arabisch, flott und bündig, sie klingt, als würde sie Anweisungen geben. Er antwortet ihr per Sprachnachricht zurück, sagt mehrmals »ayuwa«, ja, checkt danach seinen Snapchat-Feed und entschuldigt sich währenddessen bei mir, weil er wegen Ramadan nicht viel Zeit für mich habe. »No problem«, sage ich und meine es so. Ich wusste, dass Saudi-Arabien während der Fastenzeit zäh werden würde. Deshalb habe ich diesen Zeitraum gewählt.

Wir stoppen an einem Bagala. Nasser steigt aus und kommt mit Windeln, Kosmetiktücherboxen, Schokokeksen und fünf Packungen Maamoul zurück. »Für Iftar.« Er zwinkert. Während er telefoniert, fahren wir zu seinem Haus am Stadtrand, sechs Kilometer weiter verläuft am Fuße einer Bergkette die Grenzlinie zum Jemen.

Nassers Ehefrau Badriah hat einen ungewöhnlich festen Händedruck. Und drei Kinder. Zwei Mädchen, einen Jungen. Shakir ist sieben, Iman fünf und die kleine Reem ein Jahr und vier Monate; sie fixiert mich mit ihren großen dunklen Kulleraugen, scannt mein Gesicht, scheint jedes Muttermal, jede Falte einzustudieren und zu archivieren.

»Wir fahren in die Wüste«, sagt Nasser, und ich freue mich, denn mit »Wüste« ist ein Ausläufer der Rub al-Khali gemeint, das »Leere Viertel«. Sie ist die größte Sandwüste der Welt, manche ihrer Dünen sind doppelt so hoch wie die Freiheitsstatue. An ihren Rändern schlängelte sich die Weihrauchstraße entlang. Das ist lange her, die Straße ist mittlerweile verweht, kaum mehr erkennbare Wegspuren. Doch die Wüste bleibt, die Menschenleere dehnt sich aus. Sie erstreckt sich von Saudi-Arabien über Jemen und Oman bis in die Vereinigten Arabischen Emirate.

Eilig hat es jedoch niemand. Stattdessen zeigt mir Badriah zuerst den Kräutergarten, präsentiert mir die selbst gezogene Minze, den Rosmarin und den Koriander, dann führt sie mich durch das zweistöckige Haus. Weiße Fliesen, klare Kanten, Kronleuchter aus Glassteinen. Unten der Gästebereich und die Küche, die mit ihrer Kochinsel und dem riesigen Kühlschrank an amerikanische Sitcoms erinnert. Oben die Privaträume wie Wohnzimmer, Schlafzimmer und Kinderzimmer. Das Haus wirkt aufgeräumt, so wie Badriah selbst.

Während mich die Hausherrin durch die heiligen Hallen führt, läuft mir die fünfjährige Iman gickelnd hinterher, will mir ihre Barbie-Sammlung zeigen. Für sie ist es aufregend, eine Frau aus dem Westen zu sehen. Badriah streicht der Kleinen über den Wuschelkopf. In Nadschran sei es nicht üblich, eine Haushaltshilfe zu beschäftigen, so wie in Riad oder Dschidda, erklärt sie. »Man mag das hier nicht.« Für Badriah bedeutet dies, den ganzen Tag die Kinder zu hüten, zu putzen, zu waschen und zu kochen. Mit zwanzig hat sie geheiratet, das ist acht Jahre her. Ein anderes Leben käme für sie nicht infrage. Auch sie ist eine Yam. Nasser ist ihr Cousin, er fragte ihren Vater, der fragte sie, und sie stimmte zu. Die Flitterwochen verbrachten sie in der Schweiz und in Italien.

Wir gehen in die Küche. Für das heutige Iftar fehlen noch rund fünfzig Sambusas. Badriah erklärt mir, wie man die Teigfladen mit Hackfleisch füllt und zu dreieckigen Tüten faltet. Zuerst den Teig von der linken unteren Ecke nach rechts oben diagonal umknicken, dann den Teig von der rechten unteren Ecke nach links oben falten und so weiter. Anfangs will mir das nicht gelingen, doch Badriah lobt mich unentwegt, als wäre ich eines ihrer Kinder, und nach dem achten Versuch klappt es ganz gut. Anschließend zwanzig Minuten backen und fix in Plastiktüten und Taschen verstauen.

Dann zieht Badriah Abaya, Tarha und Niqab über, und wir setzen uns in den SUV; die fünfköpfige Familie vorne, ich hinten. Es steigen noch zwei Kinder hinzu, von denen ich bis zum Ende des Abends nicht wissen werde, wem sie gehören. Eine Minute später klettert Nassers Schwester zu mir auf die Rückbank, auch sie heißt Badriah und trägt Niqab, was mich zeitweise verwirrt. Danach zwei weitere voll verschleierte Schwestern (oder Schwägerinnen?), von denen ich die Namen nicht verstehe, keine von ihnen spricht Englisch. Insgesamt sind wir elf Menschen im Auto.

Bis in die Wüste schaffen wir es nicht. Stattdessen landen wir im Park, immerhin dem größten in Nadschran. Etliche Familien sitzen bereits auf der Wiese, allerdings mit reichlich Abstand zwischen den Grüppchen. Als gäbe es sogar in der Natur *family sections*. Zwei Brüder und/oder Ehemänner (ich weiß nicht, von wem) sind schon da und helfen uns, Decken, Sitzkissen sowie diverse Tragetaschen mit Sambusas, Teigröllchen, Datteln, Saft, Käse-Makkaroni und Suppe aus dem Auto auf die Wiese zu schleppen. Noch eine Stunde bis Iftar. Die Sprösslinge turnen auf einem Klettergerüst herum, spielen Fußball (Kinder müssen im Ramadan nicht fasten), die Männer scrollen durch ihr Handy oder singen Kinderlieder für die kleine Kulleraugen-Reem, die auf der Decke sitzt und aufmerksam lauscht.

Wir Frauen gehen eine Runde im Park spazieren, sprechen über dies und das (sofern die Translator-App mitkommt), auch über den Niqab. Badriah erklärt, dass der Gesichtsschleier für sie Anonymität bedeute. »Ich kann rausgehen, und niemand erkennt mich. Ich habe meine Ruhe.« In einer Gesellschaft, die durch Familienbande eng verzahnt ist, wo gemustert und getratscht wird, symbolisiert der Niqab für Badriah ein Stück Privatheit. Sie nimmt den Schleier nicht als Einschränkung wahr. Im Gegenteil, er schaffe ihr Freiheit, er öffne den Raum, sagt sie. Als sie ihre Flitterwochen in Europa verbrachte, legte sie ihn jedoch ab, trug nur Hidschab, also Kopftuch und lange Kleidung.

»Warum ist es in einem anderen Land okay, das Gesicht zu zeigen?«, frage ich.

»Weil es abseits meiner Kultur ist. Niemand kennt mich dort. Außerdem möchte ich nicht angefeindet werden.«

Keine der Frauen, mit denen ich in Saudi-Arabien gesprochen habe, betrachtete den Niqab als eine religiöse Pflicht. Auch Badriahs Antwort verdeutlicht, wie stark der Gesichtsschleier an die hiesige Tradition geknüpft ist und eben nicht an die Religion, wie im Westen gemeinhin angenommen wird.

Wir schlendern zurück zur Picknickdecke. Die beiden Badriahs verteilen jetzt mit den anderen Frauen die Lebensmittel auf dem Plastik-Sufra (ich darf nicht mithelfen). Der Adhan kommt per Smartphone. Wir beginnen traditionell mit den Datteln, sogar die Kerne sind mittlerweile essbar; zumindest das war vor 1400 Jahren noch anders. Eine neue Sorte, meint Badriah. Dann wird gebetet. Ich sitze derweil auf der Decke, trinke Kaffee und tunke eine saftige Dattel in *Qischta*, eine Art Rahm. Es schmeckt himmlisch. Die weltbesten Datteln gibt es in Saudi-Arabien, so viel steht fest. Nach dem Gebet werden Plastikbecher mit Vimto und Plastikteller mit Suppe, Sambusas und Teigröllchen gefüllt. Die Frauen fühlen sich unbeobachtet und klappen den Niqab hoch.

Kinder springen umher, greifen mit ihren Händchen nach den Leckereien, verschütten Suppe und bekommen rote Vimtomünder. Die süße Reem wird von allen geknutscht und geherzt. Einige Meter entfernt spielt eine Gruppe Jünglinge Volleyball. »Das machen Saudis nur zu Ramadan«, meint Nasser und lacht, »den Rest des Jahres spielt kein Mensch Volleyball.«

So friedlich war es hier nicht immer. Vor ein paar Jahren schlugen manchmal Raketen der Huthi-Miliz in Nadschran ein, auch auf Nassers Grundstück. Zwanzig Ziegen starben. »Nachts ging oft der Fliegeralarm los. Das war keine schöne Zeit«, erinnert er sich, »die meisten Raketen wurden aber zum Glück von unserem Patriot-Abwehrsystem abgefangen.« Auf der anderen Seite der Grenze hörte man sie trotzdem; die dumpfen Explosionen, die Detonationen in den Bergen. Saudisches Kriegsgerät, das zum Einsatz kam.

Saudi-Arabien versprach 2015 einen schnellen Sieg gegen die Huthi-Rebellen, eine Bürgerkriegspartei, ursprünglich stammen sie aus dem Nordjemen. Für die Saudis gelten sie jedoch als verlängerter Arm des Iran, da sie zu den Schiiten zählen. Zudem wird der Jemen seit jeher als saudische Einflusssphäre betrachtet, und geostrategisch ist das Land ohnehin nicht uninteressant für Saudi-Arabien, verfügt es doch über eine Küstenlinie von 2400 Kilometern und dominiert die Meerenge Bab al-Mandab am Ausgang des Roten Meeres.

An der von Saudi-Arabien angeführten und von den USA, Frankreich und Großbritannien logistisch unterstützten Militärintervention nahmen unter anderem die Streitkräfte Ägyptens, Bahrains, Katars, Kuwaits, Jordaniens, Marokkos, des Sudans und der Vereinigten Arabischen Emirate aktiv teil. Granaten trafen Hochzeitsgesellschaften und Schulbusse, Mädchen und Jungen wurden in Stücke gerissen. Insgesamt sind nach UN-Angaben etwa 380 000 Jemeniten direkt oder indirekt durch den Krieg getötet worden. Nahezu alles, was die Koalition bisher auf den Jemen abgefeuert hat, kam aus amerikanischer oder europäischer Produktion. Allein im Dezember 2015 soll das Gemetzel rund zweihundert Millionen US-Dollar gekostet haben. Pro Tag.

Die Saudis haben mittlerweile erkannt, dass der Krieg auf allen Ebenen ein Verlustgeschäft für sie ist. Die Huthis wurden zwar teilweise zurückgedrängt, doch ihr Einfluss ist ungebrochen. Sie kontrollieren weiterhin die einwohnerstärksten Regionen, ebenso die Hauptstadt Sanaa, ja, sie häufen sogar im Mafiastil Vermögen an, während die Preise für Grundnahrungsmittel steigen und die Bevölkerung den Hungertod stirbt. Über 22 der 32 Millionen Einwohner hängen von Hilfsorganisationen ab.

»Arabia felix«, glückliches Arabien, so nannten die Römer den fruchtbaren Süden der Halbinsel einst. Heute ist aus dem glücklichen Arabien ein unglückliches geworden. Laut des *Fragile States Index 2023* gilt der Jemen nach Somalia als das zweitinstabilste Land der Erde.

Am Himmel nimmt die Mondsichel zu. Über uns flattern Flughunde. Während wir hier essen, Vimto trinken, plauschen und den lauen Frühlingsabend genießen, sterben auf der anderen Seite der

Grenze, nur wenige Kilometer von uns entfernt, immer noch Menschen. Am Krieg. Vor Hunger.

Nächster Morgen. Der Adhan holt mich zurück auf diese Welt, die zu dieser Stunde ein kleines Hotelzimmer am Ende der Landkarte ist.

Im Internet lese ich, dass in einer anderen Ecke des Planeten, nämlich in der dänischen Hauptstadt Kopenhagen, Korane verbrannt werden. Saudi-Arabien verurteilt die »Schändung« scharf. Außerdem berichten alle saudischen Zeitungen von einem tragischen Unglück: Gestern prallte ein Bus mit Pilgern in der Nachbarprovinz Asir gegen einen Brückenpfeiler. Die Bremsen hatten versagt, der Bus überschlug sich und fing Feuer. Zwanzig Pilger starben, und neunundzwanzig weitere wurden verletzt. Die Opfer waren auf dem Weg nach Mekka, um in der ersten Ramadan-Woche die Umra zu vollziehen und Allah zu preisen. Sollte es Gott tatsächlich geben, so ist er entweder machtlos oder ein zynischer Widerling.

Regelmäßig lese ich von Unfällen. Letzte Woche verbrannte ein Pakistaner in seinem Truck. Anfang des Monats kam eine sechsköpfige Familie ums Leben, als sie nach den Schulferien von Riad in den Süden nach Dschazan zurückkehrte. Tage zuvor waren im Westen zwei Menschen gestorben und einundzwanzig weitere verletzt worden, nachdem ihr Bus auf einer Straße umgekippt war.

Trotz dieser beunruhigenden Nachrichten ob des saudischen Straßenverkehrs versuche ich, einen Fahrer zu organisieren. Ich möchte nach Hima, ein im Leeren Viertel gelegener Landstrich, zweihundert Kilometer entfernt, in dessen Felsschluchten Abertausende Zeichnungen in den Stein geritzt worden sind. Manche Gravuren sind 9000 Jahre alt. Dargestellt sind Löwen, Geparden, Strauße, Oryxantilopen, Steinböcke, Kamele und sogar Giraffen. Aber auch tätowierte Frauen und Tänzer wurden eingekerbt, ebenso Krieger mit Keulen und Lanzen, Jäger mit Beute, Hirten mit Herden, sowie ganze Schlachtszenen und verschiedene altsüdarabische Inschriften. Eine archäologische Schatzkammer also, die 2021 in die Welterbeliste der UNESCO aufgenommen wurde.

Doch kein Mensch ist bereit, mich nach Hima zu fahren. »Ramadan«, heißt es. Und »mushkila«, Problem. Ich biete eine ordentliche Entlohnung an, aber meine Bemühungen sind zwecklos. Während des Ramadan will sich niemand mehr bewegen als unbedingt nötig. Ich verstehe das. Fasten ist hart. Und auf Wasser zu verzichten ist brutal. Allerdings gibt es auch sonst nichts zu erleben. Denn alles ist geschlossen. Der Amarah-Palast aus dem 20. Jahrhundert genauso wie der Aan-Palast aus dem 17. Jahrhundert, die Shops gleichermaßen wie das Heimatmuseum. Cafés und Restaurants ohnehin. Alles dicht, die Straßen leer. Saudi-Arabien wartet auf den Abend. Im Bagala neben dem Hotel ruht die Stirn des Kassierers auf dem Tresen. Das Land ist lahmgelegt, im wahrsten Sinne.

Ich ziehe ein paar Runden um den Block. Auf Google Maps entdecke ich achthundert Meter entfernt die Fountains Science Library, eine laut Beschreibung – Obacht – christliche Buchhandlung. Bevor der Islam Einzug hielt, lebten in Nadschran christliche Araber. Mit Muhammad einigten sie sich im Jahr 631 auf ein Abkommen, bei dem sie ihre Religion unter Zahlung eines Tributs als Schutzbefohlene *(Dhimmi)* weiter ausüben durften. Unter dem Kalifat von Umar wurden sie jedoch einige Jahre später aus der Provinz vertrieben.

Ich klicke mich durch Fotos dieses angeblich christlichen Buchladens, sie zeigen kein einziges Buch, sondern Stifte, Federmäppchen und Rucksäcke mit der Aufschrift »Fortnite«. Aus reiner Langeweile heraus folge ich der Google-Navigation in graustaubige Seitenstraßen. Obwohl der Tag noch jung ist, zeigt das Thermometer bereits 27 Grad. Google führt mich durch Hinterhöfe und Gassen, an Rohbauten vorbei bis zu einem Ziegenstall. »Sie sind angekommen«, sagt das Navi. Es riecht nach Mist. Eine Ziege kaut auf einem Büschel Heu herum, glotzt mich an, dahinter Ackerland und

Palmen. Keine Buchhandlung in Sicht. Dass mich das Navi auf der Suche nach christlichen Überbleibseln ausgerechnet zu einem Stall führt, finde ich witzig. Eine Krippe entdecke ich aber nicht.

Am Nachmittag wird es interessanter, nach seiner Schicht im Krankenhaus holt mich Nasser ab, er wirkt müde, und doch fahren wir zusammen zu al-Ukhdud. Weitherziger Nasser. Der Gast ist König, immer.

Einst war al-Ukhdud eine wichtige Station auf der Weihrauchstraße, ein florierender Ort. Die Ruinen dieser antiken ummauerten Stadt, die ursprünglich Ragmat hieß, liegen im Süden des modernen Nadschran.

Während der Fahrt unterhalten wir uns kaum, denn Nasser hängt ununterbrochen am Handy, dreht Videos für Snapchat, tippt Nachrichten, liest Nachrichten, ruft jemanden an, wird angerufen, verschickt Sprachnachrichten, hört Sprachnachrichten, checkt den Snapchat-Feed, versendet abermals Nachrichten. Mehr als zwei Sätze Konversation am Stück schaffen wir nicht. Ich bin gnädig, denn Nasser ist gefragt, insbesondere an Ramadan. Also blicke ich aus dem Fenster, sehe Handyshops, Klamottenläden, Möbelgeschäfte, Apotheken, Berge, schaue wieder Nasser an, wie er eine Nachricht einspricht. Ich schätze ihn. Er ist freigiebig, hilfsbereit, kümmert sich um alles und jeden. Und genau das ist sein Problem. Er fühlt sich für ganz Nadschran verantwortlich, wirkt getrieben, als liefe ein Motor in seinen Eingeweiden, der sich nicht abstellen lässt. Tatsächlich weiß ich nicht, was ihn bewegt. Ob er Stillstand nicht ertragen kann, oder ob er sich gebraucht fühlen möchte. Vielleicht stimmt beides. Vielleicht auch nichts davon.

»Machst du manchmal Pause?«, frage ich ihn, nachdem er die Nachricht abgeschickt hat.

»Manchmal«, antwortet er, doch bevor ich nachhaken kann, klingelt sein Handy.

Al-Ukhdud ist geschlossen, eigentlich, aber Nasser hat seine Kontakte spielen lassen. Jemand mit dunklen Augenringen schließt uns auf, man begrüßt sich, tauscht Klatsch und Tratsch, bespricht

Probleme, erzählt die neuesten Stammstorys; irgendwer hat Streit mit irgendwem, Nasser will schlichten.

Ab etwa 685 vor unserer Zeit war al-Ukhdud die nördlichste Stadt von Saba, google ich, während die Männer schwatzen. Ich denke sofort an die legendäre Königin von Saba, die im Koran Bilqis heißt und die von König Salomo in Jerusalem empfangen wurde. Ob sie realiter existiert hat, bleibt ungeklärt, denn bisher wurde keine Nennung der Königin in sabäischen Inschriften gefunden, auch wenn es damals durchaus arabische Königinnen gab.

Nach einer halben Stunde sind alle Neuigkeiten ausgetauscht, und Nasser führt mich durch die rund 2500 Jahre alten Ruinen. Bereits der deutsche Forschungsreisende Carsten Niebuhr soll hier 1792 als erster Europäer entlangspaziert sein. Zumindest behauptet dies eine Infotafel. Wir laufen auf Kieselsteinen, es knirscht unter den Sandalen, streifen vorbei an zerbröselten Mauerresten, versuchen kufische Inschriften aus der frühislamischen Zeit zu lesen, betrachten Einkerbungen auf Steinen, wie die einer menschlichen Hand oder eines Pferdes mit Horn auf der Stirn. »Hier haben früher Einhörner gelebt«, schmunzelt Nasser und dreht für Snapchat; einige Tausend Menschen schauen zu. Ich sage in seine Handykamera, wie beeindruckt ich sei, und es stimmt, immerhin habe ich Geschichte studiert, aber dennoch von Südarabien nicht allzu viel gehört. Mir fällt ein Satz von Joseph von Eichendorff ein: »Was der Mensch doch nicht alles erfährt, wenn er sich einmal hinterm Ofen hervormacht.« Sofern er die Mittel dazu hat, möchte ich ergänzen.

Seit 1972 schaufeln hin und wieder Archäologen in al-Ukhdud. Man fand Münzen, Tontöpfe, Weihrauchbrenner, Getreidemühlen und Überreste einer Moschee aus späteren Zeiten. Der Name der Stätte bedeutet übersetzt »der Graben«. Nasser erzählt von einem jüdischen König aus dem im Jemen gelegenen altsüdarabischen Königreich Himyar. Yusuf As'ar Yath'ar belagerte vor 1500 Jahren al-Ukhdud und stellte den christlichen Bewohnern ein Ultimatum, so heißt es: Entweder sie konvertieren zum Judentum, oder sie sterben. Die Christen entschieden sich für Letzteres und wurden in einen Feuergraben geworfen. Angeblich verbrannten hier an der Stelle, wo Nasser und ich jetzt stehen, rund 20 000 Frauen, Männer und Kinder.

Die Geschichte fand sogar Eingang in den Koran. Ob sich das Massaker faktisch so zugetragen hat, ist historisch nicht verbürgt. Tatsächlich entdecke ich zwischen den Kieselsteinen Knochensplitter, nehme sie in die Hand, betrachte sie. Von wem oder was sie stammen und seit wann sie hier liegen, vermag ich nicht zu beantworten. »Das ist ein Massengrab«, sagt Nasser ernst.

Der französische Archäologe Christian Robin, der vor dem Jemen-Krieg in al-Ukhdud mit einem französisch-saudischen Team gegraben hat, bezweifelt den Wahrheitsgehalt der Märtyrerstory. Seiner Ansicht nach starben hier weitaus weniger Menschen, und vermutlich verbrannten sie nicht, sondern wurden durch das Schwert gerichtet. An ein Ultimatum zur Konversion glaubt er nicht. Es wird in Zukunft noch einiges an Forschung nötig sein, um verlässliche Aussagen über al-Ukhdud zu treffen. Fest steht aber, dass das damalige Nadschran als ein wichtiges Zentrum des südarabischen Christentums galt. Und womöglich ließ der jüdische König Yusuf As'ar Yath'ar die himyarischen Christen in seinem Reich aus politischen Gründen verfolgen. Sicher ist das jedoch nicht. Als Nadschran 1934 von Saudi-Arabien annektiert wurde, lebten noch etwa sechshundert Juden in der Region, bis sie sich aufgrund der staatlichen Repression 1949 nach Israel absetzten.

Am späten Nachmittag falte ich Sambusas mit Badriah. Nach Sonnenuntergang wieder Iftar. Diesmal im Madschlis von Badriahs Mutter, eine vornehm wirkende Dame um die fünfzig, die Haare zum Dutt gebunden. Dieselben Frauen von gestern, keine Männer. Dafür noch mehr Kinder, die umherspringen wie Flöhe und kreischen und lautstark zurechtgewiesen werden. Die Frauen reden kreuz und quer durcheinander, ich verstehe wenig und bedauere, dass ich nie anständig Arabisch gelernt habe.

Es gibt Datteln, Kaffee, Tee, Vimto, Sambusas, Teigröllchen, Suppe sowie einen Reisbrei, der an Risotto erinnert und steinschwer im Magen liegt. Die fünfjährige Iman hat den Niqab ihrer Mutter stibitzt, sie möchte sich wie eine Erwachsene geben, drückt mir das schwarze Stück Stoff in die Hand und strahlt mich an. Ich soll ihr den Gesichtsschleier umlegen und am Hinterkopf festbinden. Aber ihr Kopf ist zu klein, der Niqab rutscht herunter. Mädchen eifern stets der eigenen Mutter nach, wollen aussehen wie sie, denke ich. Ob mit Nagellack, in Stöckelschuhen oder verschleiert.

»My name is Michelle«, tippt die Person ins Textfeld, »I've seen you in al-Ukhdud. Here on Snapchat.« Ich kenne keine Michelle, sie schreibt: »Give me your number, please.«

»Why?«, frage ich.

»I wanna invite you to my home«, antwortet die Person.

Trotz der auffällig kühnen Nachricht ist meine Neugier angesprungen, ich tippe meine saudische Handynummer in den Chat. Und schon blinkt »Hello« in meinem Whatsapp-Posteingang, »Here is Michelle. Come to my home.« Das Profilbild zeigt eine Blume. Als allein reisende Frau bin ich bei solchen Angeboten wachsam. Ich frage Michelle, ob sie mir ein Foto von sich schicken kann, denn eine Blume als Profilbild weckt mein Vertrauen nicht.

»Of course«, schreibt sie und fügt schnell hinzu: »No scam! I'm real!« Dreißig Sekunden später flattert ein Selfie in unseren Chat, ich sehe eine Person in einem Niqab, wahrscheinlich eine Frau, schwarz verschleiert bis zum Unterlid. Doch nachdem ich das Foto angeklickt habe, löscht es sich augenblicklich selbst und verschwindet für immer. Es folgt eine Sprachnachricht, ich höre eine weibliche Stimme, sie klingt jung, vielleicht Anfang zwanzig, nicht älter, überaus lieblich, wie die Synchronstimme aus einem Disneyfilm, ihr Englisch ist fast akzentfrei. »You can trust me«, säuselt die Disneystimme und teilt ihren Standort, der außerhalb der Stadt liegt, zwei Kilometer vom Jemen entfernt. Ich frage nach ihrem Alter. Das verrät sie nicht. Erst wenn wir uns treffen. Außerdem darf ich unter gar keinen Umständen ihre Sprachnachrichten weiterleiten.

An niemanden. »Nobody«, schreibt sie und schickt drei Ausrufezeichen hinterher.

Mir fällt die Reisewarnung des Auswärtigen Amtes ein, ich male mir aus, wie ich in eine Falle gelockt werde und mich jemenitische Geiselnehmer in die Berge verschleppen, um Lösegeld zu erpressen. Annalena Baerbock müsste Rat halten, vielleicht gäbe es deswegen Konflikte unter den Stämmen, politische Verwerfungen zwischen Deutschland, Saudi-Arabien und dem Jemen, alle fänden mich doof, und die ganze Chose würde Monate dauern. Aber ach, die Neugier, ach, sie plagt mich, sie lässt mich nicht ruhen. Ich frage nach Michelles richtigem Namen.

»Mashail«, antwortet sie, »but my friends call me Michelle.«

Mir reicht das nicht, ich will ihren Familiennamen wissen.

Sie tippt ihn in den Chat. »Please come to us!«, schreibt sie noch.

Die Sache wirkt ominös, ich schicke Nasser eine Sprachnachricht, erzähle ihm von der Einladung und nenne den Familiennamen der Person.

»Ja, das ist ein anderer Stamm«, antwortet er zehn Minuten später, »aber um auf Nummer sicher zu gehen, soll mich ihr Bruder oder Vater anrufen. Dann bespreche ich alles.«

Ich ahne, dass es knifflig werden könnte; eine ausländische Gästin, die unter der Obhut des einen Stammes steht, wird von einer Familie eines anderen Stammes eingeladen. Mir ist klar, dass ich die »Verhandlungen« darüber den Männern überlassen muss.

Iftar bei Nassers Mutter. Badriah und Badriah, die Schwestern, Schwägerinnen und zig Zöglinge sind dabei. Es gibt Sambusas und Teigröllchen und Kindergeschrei und Müttergebrüll. Ich bin iftarmüde. Und weil ich nur wenig verstehe, fühle ich mich unter all den klönenden Frauen und kreischenden Kindern seltsam einsam.

Michelle schickt mir eine Nachricht. Sie macht sich Sorgen, dass ich ihre Einladung ausschlagen werde. Ihr Vater habe heute Nasser angerufen, schreibt sie. Das Gespräch sei »schwierig« verlaufen.

Nasser bestand darauf, dass mich ihr Vater oder Bruder abholt und wieder zurückbringt (rund eine Stunde Fahrt). Immerhin ginge es um meine Sicherheit, und diese müsse die ganze Zeit über gewährleistet sein. »Wir fressen sie schon nicht auf«, habe Michelles Vater daraufhin geantwortet. Sie konnten sich nicht einigen.

Ich bin unschlüssig. Nähme ich ein Taxi und führe auf eigene Faust hin, würde ich Nassers Autorität untergraben. Lehnte ich die Einladung ab, würde ich Michelles Familie enttäuschen. Alles ist kompliziert in diesem Land.

»Bitte komm uns besuchen«, schreibt Michelle. Und ich treffe eine Entscheidung.

Vertraue Allah – aber binde dein Kamel fest.

ARABISCHES SPRICHWORT

Am nächsten Abend nehme ich ein Careem zu einer unbenannten Straße, in ein unbekanntes Dorf, stehe jetzt vor einem Haus mit hohen Mauern, unweit des Jemen. In meinen Händen halte ich eine Pralinenschachtel und bin nervös wie bei einem Blind Date. Ein Mann öffnet die Tür, auf seinem Arm ein Kleinkind. Er lächelt, sagt: »Ahlan wa sahlan«, herzlich willkommen, lässt mich eintreten, schließt die Tür. Im Innenhof stehen nebeneinander aufgereiht drei junge Frauen in festlichen Dschalabiyas und strahlen mich an. Eine von ihnen tritt hervor und umarmt mich wie eine alte Freundin. Es ist Michelle. Sie trägt eine weiße Dschalabiya aus Spitze, ihre Armreife klimpern.

»I'm so happy«, säuselt sie in ihrer lieblichen Disneystimme und drückt mich noch fester an sich. Endlich sehe ich ihr Gesicht, ein himmelschönes Gesicht mit großen schwarzen Augen, dichten Wimpern und roten Lippen auf heller Porzellanhaut, dazu langes nachtschwarzes Haar, das an der Seite von einer Haarspange aus

Perlen gehalten wird. Ich muss an Schneewittchen denken. »Das sind meine Schwestern Tala und Lina«, sagt Michelle. Die beiden Frauen lächeln, umarmen mich und geben drei Wangenküsschen. Der Mann mit dem Kind auf dem Arm stellt sich als ihr Bruder Ahmad vor.

Michelle spricht als Einzige Englisch, und zwar fließend. »Ich übe jeden Tag«, erzählt sie, während sie mich in den Madschlis führt. Auf roten Teppichen und grünen Kissen nehmen wir Platz. Alle blicken mich begeistert an, als stünde auch ich auf der UNESCO-Welterbeliste. »Du bist die erste Ausländerin, die wir sehen«, sagt Michelle aufgeregt. Es habe sie all ihren Mut gekostet, mich anzuschreiben, verrät sie. »Ich möchte dich als Gast willkommen heißen und dir unsere Kultur zeigen. Du kannst mich alles fragen.«

Erst 23 ist sie, indes wirkt die junge Frau, als hätte sie schon über viele Dinge des menschlichen Daseins nachgedacht. Kürzlich hat sie ihr Psychologiestudium abgeschlossen. Doch am liebsten würde sie Englisch studieren. Sie liebt die Sprache, träumt von einem Leben in London. »Aber das geht nicht«, sagt sie. Ohne Ehemann, der sie dorthin begleitet, darf sie nicht fort. »Jeden Abend bete ich, dass mir Gott einen lieben Mann schickt, der mit mir gemeinsam nach London zieht«, hofft sie und wartet und betet. Und büffelt täglich Vokabeln, belegt Onlinekurse, holt sich damit ein Stück Welt in ihr Zimmer am Ende der Landkarte. Ihre Eltern und Schwestern wiederholen unablässig, sie solle ihr Schicksal akzeptieren, sie sei eine Frau. Und so seien die Regeln. Noch nie hat Michelle mit einem anderen Mann gesprochen, der nicht ihr Bruder, Onkel oder Vater ist. Was für mich undenkbar erscheint, ist für sie normal, das ist ihr Leben, sie empfindet keine Wut. Sie liebt ihre Familie. »Meine Eltern machen sich bloß Sorgen. Und ich werde traurig, wenn sie sich Sorgen machen.«

Ismaelit muss der künftige Ehemann sein, so wie sie, ausgesucht von der Familie und, wenn möglich, aus dem eigenen Stamm. Ein strenger Stamm. Das war der Grund, warum mir Michelle verbot, ihre Sprachnachrichten weiterzuleiten. Ihre Stimme ist genauso tabu wie ihr Gesicht. Sie erklärt: »Die Kerle denken sonst, ich sei schamlos, wenn ich ihnen erlaube, meine Stimme zu hören. Die sind dumm, weißt du.« Nach der Eheschließung dürfe sie ihren Angetrauten bis zur Hochzeitsfeier weder sehen noch sprechen. Und erst in der Hochzeitsnacht fiele der Niqab. Derlei Bräuche beeinflussen die Saudis stärker als die religiösen Werte, nicht selten kommt es zum Konflikt zwischen Religion und Tradition. So bewilligt das islamische Gesetz durchaus, dass sich die Frau einem Anwärter noch vor der Vermählung ohne Schleier zeigt, Mann und Frau ist es ausdrücklich gestattet, sich anzuschauen, um eine Entscheidung fällen zu können. Und doch verweigern einige Familien ihren Söhnen und Töchtern dieses Recht. Besonders strikte Clans erlauben es ihren Frauen nicht einmal, den Niqab nach der Hochzeitsnacht zu heben. Manche Männer haben das Gesicht ihrer eigenen Ehegattin noch nie gesehen! Michelle erzählt von einem Bekannten ihres Vaters; der Arme kennt bis heute das Antlitz seiner Frau nicht. Seit dreißig Jahren sind sie verheiratet, haben sechs Kinder miteinander gezeugt, und nie hat seine Liebste den Niqab gelüftet, niemals erlaubte sie ihm, sie anzuschauen. Würde die Frau bei einem Unfall sterben, könnte der Mann ihre Leiche nicht identifizieren.

»Wahnsinn«, sage ich.

»In meiner Familie ist das nicht so streng«, beschwichtigt Michelle, »das betrifft heutzutage auch eher die ältere Generation und nicht mehr die junge.« Dennoch verlassen sie und ihre Schwestern das Haus nur in Begleitung des Bruders oder des Vaters, niemals allein.

»Wie ist das für dich?«, frage ich sie.

»Meine Familie beschützt mich, sie liebt mich«, dann lächelt sie, »ich bin zufrieden hier. Wir haben alles, was wir brauchen.«

Michelle ist wach im Kopf, quirlig, kommt gescheit und kess daher. Obwohl sie die jüngste ihrer drei Geschwister ist, scheint sie den Ton anzugeben, sogar gegenüber ihrem älteren Bruder. Sie will den Führerschein machen, steht schon seit acht Monaten auf der Warteliste der hiesigen Fahrschule, möchte unbedingt ihr eigenes Geld verdienen, bevor sie heiratet, »vielleicht als Englischlehrerin«.

Immer wieder berührt sie meine Schulter oder nimmt meine Hand; es sind die zärtlichen Gesten zwischen Frauen in Arabien. Auch Männer halten in der Öffentlichkeit Händchen. Nicht weil sie sich begehren, sondern weil es als Zeichen ihrer Freundschaft gilt. Michelle ist aufmerksam und bedacht, aber ebenso naseweis und neugierig. »Findest du mich hübscher als meine Schwestern?«, fragt sie und grinst. Ich bemühe mich um eine diplomatische Antwort und mache allen drei Frauen Komplimente. Sie lächeln und komplimentieren zurück.

Mir tut es weh, dass Michelles Potenzial und das ihrer Schwestern aufgrund ihres Geschlechts im Wüstensand versickert. Dass sich ihre Sehnsüchte wahrscheinlich nie erfüllen werden. Im Roman *Weil wir längst woanders sind*, geschrieben von der deutsch-saudischen Schriftstellerin Rasha Khayat, sagt jemand den Satz: »Aber manchmal ist die Familie stärker als die eigenen Träume.« Daran denke ich, als ich die drei jungen Frauen anschaue.

»Wärst du lieber als Mann geboren worden?«, frage ich Michelle nach einer Weile.

Sie überlegt, dann antwortet sie: »Nein. Ich bin gerne eine Frau«, sie hält kurz inne, »aber dass Männer mehr dürfen als ich, finde ich unfair.«

Die Eltern betreten den Madschlis, ich erhebe mich, begrüße die Mutter mit drei Wangenküsschen und den Vater mit einem Herzgruß. »Welcome, welcome«, sagt er, das einzige englische Wort, das er kennt. Der Mittsechziger trägt einen grauen Rauschebart, Thawb, Shemagh und tiefe Lachfalten um die Augen. Er ist groß gewachsen und muss in jungen Jahren ein attraktiver Mann gewesen sein. »Welcome, welcome.«

Sie setzen sich zu uns auf den Boden, die Mutter fragt mich auf Arabisch, ob ich Kinder habe, ich verneine, zeige aber sogleich das Foto meines Freundes vor, den ich als Ehemann vorstelle, und sie nickt gutheißend. Derweil sagt der Vater einen Satz zu seiner Frau und grinst so schelmisch wie ein Lausbub, der etwas ausgefressen hat. Die Schwestern schimpfen ihn lachend.

»Er ärgert meine Mutter«, übersetzt Michelle, »er meint, dass er eine zweite Frau heiraten würde«, sie schmunzelt, »aber er liebt meine Mutter über alles, er will sie nur eifersüchtig machen.«

Die Mutter holt zum Gegenschlag aus, reagiert gespielt empört und fuchtelt ausladend mit ihren Händen umher, die Familie kringelt sich.

»Sie hat gesagt, sie wird Kabsa aus ihm machen, sollte er es wagen.«

Saudischer Humor, denke ich und muss ebenfalls schmunzeln. Der Vater grinst noch immer, erhebt sich, verabschiedet sich mit dem Herzgruß, sagt »welcome, welcome« und verlässt zusammen mit dem Bruder und dem Kleinkind, das mittlerweile in dessen Armen eingeschlafen ist, den Madschlis. Auch Tala und Lina sind aufgestanden, um die traditionellen Speisen Nadschrans aufzutischen, die sie heute extra für mich gebrutzelt und gebraten haben. Saudi-Arabien kennt mehr Sehenswürdigkeiten unter Menschen als unter Bauwerken.

Es gibt *Raqsch*, ein dünnes im Lehmofen gebackenes Brot aus Vollkornweizen, das mit Fleisch, Gemüse und Zitronen in einen Steintopf geschichtet wird. Weiterhin kredenzen die Frauen mir Sambusas, Käse-Makkaroni, Salat, Kuchen und *Naschufah*, eine Suppe aus Zwiebeln, Milch, mit Wasser vermischtem Mehl, schwarzem Pfeffer und Kurkuma. Und dazu *al-Wafd*, ein dickes faustrundes Brot, das in Fleischbrühe getränkt wurde und in einer Holzschale serviert wird. Fürwahr, es schmeckt köstlich, und ich bedanke mich voller Rührung, lobe die Kochkünste. Michelle, Tala und Lina lächeln bescheiden, ihre Wangen röten sich hauchzart. Es ist schade, dass ich keine Fotos von ihnen machen darf. Ihre Gesichter werden einzig in meiner Erinnerung weiterleben.

Nachdem die Teller abgeräumt sind, bemalt Tala meine Handinnenflächen mit Henna. Konzentriert führt sie den Pinsel, schürzt die Lippen. Die Hennamalerei ist seit dem Altertum bekannt, sie soll ihren Ursprung in Persien haben und verbreitete sich von dort nach Indien und über die Arabische Halbinsel bis nach Nordafrika. Fünfzehn Minuten später legt Tala den Pinsel beiseite. Die orangeroten Schnörkel sind hübsch geworden. Noch müssen sie trocknen, dann einige Stunden nachdunkeln. Zwei Wochen wird es dauern, bis die Malerei auf meiner Haut verblasst.

Weit nach Mitternacht bestelle ich ein Careem, es ist der einzige Wagen, welcher in dieser Gegend zu dieser Uhrzeit unterwegs zu sein scheint. Bevor ich die Familie verlasse, überreicht mir die Mutter noch eine große Plastiktüte prallvoll mit Sambusas, Brot, Suppe und Geschenken. Tatsächlich sind es diverse Dekoartikel, die sie offenbar im Haus eingesammelt hat, darunter zwei liegende Kamele, bronzefarben, aus schwerem Kunststoff, mit denen man jemandem den Schädel einschlagen könnte – ein Kamelohr ist bereits abgebrochen. Dazu ein Adlerpaar, das auf einem Fels hockt, wuchtig wie ein Ziegelstein, in zweifacher Ausführung, samt Adlerküken im Adlernest. Ich bedanke mich, und die Mutter nickt zufrieden.

Als der Careem-Fahrer anruft, um die Adresse abzuklären, aber kein Englisch versteht, reiche ich Michelle reflexhaft mein Handy, doch sie weicht konsterniert zurück, als würde ich ihr ein glühendes Holzscheit entgegenstrecken. Weder sie noch ihre Schwestern wollen mit dem Mann telefonieren. »إلى أين يجب أن أذهب؟«, fragt er in den leeren Raum hinein, die jungen Frauen kichern nur tonlos, halten sich die Hände vor die Münder. Mir fällt Sadim aus Khobar ein, die forsch den Busfahrer zu sprechen verlangte, um ihm per Handy Anweisungen zu geben, wo er mich rauszulassen habe. Ich lege wieder auf und hoffe, dass der Fahrer mich nicht storniert.

Michelle umarmt mich zum Abschied. Ich versuche, mir die Geografie ihres Gesichts einzuprägen, die schwarzen Augen, eingerahmt von heller Schneewittchenhaut.

»Du bist jetzt meine Schwester«, sagt sie, grinst dann und fügt zwinkernd hinzu: »Aber wenn du mich vergisst, bringe ich dich um.«

Ich lache und verspreche, sie niemals zu vergessen.

»Auf Wiedersehen, meine Schwester«, säuselt Michelle und schenkt mir ein letztes Lächeln.

Meine Welt ist eine Auster,
genau wie für meine unverschleierten Schwestern.
Sie treffen ihre Entscheidungen so wie ich die meinen.
Ich bleibe verhüllt, sie bleiben unverhüllt.
Alle vereint durch das unzerbrechliche Band
der Schwesternschaft.

NIMAH ISMAIL NAWWAB

ABHA

أبها

König Charles ist zu Besuch. Nicht in Saudi-Arabien, sondern in Deutschland, wie ich lese. Royaler wird es heute nicht mehr. Kurz bevor ich den Bus in die Provinz Asir nehme, verschwinde ich auf die Toilette, um heimlich einen großen lauwarmen Schluck aus der Wasserflasche zu trinken.

Der Busfahrer döst noch ein bisschen, ehe wir losfahren. Aus den Sitzen quillt der Schaumstoff. Eine pakistanische Großfamilie steigt hinzu. Ich denke an die zwanzig Pilger, die vor drei Tagen verbrannten.

Pünktlich zur Abfahrt wacht der Fahrer auf, schließt die Tür und tritt aufs Gaspedal. Das Schild am Ortsausgang wünscht »Safe journey«. Wir sausen auf geschwungenen Straßen durch die Berge. Die signalroten Warnschilder versprechen »Dangerous curves ahead«, es ist Saudi-Arabiens höchstes Gebirge, doch die Hämmerchen, um im Notfall die Fenster einzuschlagen, fehlen. Die Sicherheitsgurte sind zerrissen oder rasten nicht im Gurtschloss ein, weil diese allesamt mit Kaugummi zugeklebt sind. Ich schreibe Michelle eine Nachricht. Aus »dear« macht die Spracherkennung »dead«.

Entlang der Straße zerbröckeln vereinzelt Lehmhäuser mit aufgeplatzten Fassaden. Nur wenige sehen bewohnt aus. Einstürzende Altbauten. *Midmakh* werden diese Häuser genannt. Bis zu sieben Stockwerke können sie hoch sein. Im Erdgeschoss wohnte das Vieh, darüber die Menschen. Die Fenster sind klein, um Hitze und Eindringlinge draußen zu halten. Jene Bauweise war jahrhundertelang typisch für den Süden, der einst mit dem Jemen verbunden war. Asir bedeutet übersetzt »schwieriges Land«. Wegen der Berge und der Abgeschiedenheit. Die Landschaft kommt schroff und sanft zugleich daher, grün und grau.

Neun der fünfzehn Flugzeugentführer des 11. Septembers stammten von hier. Und gleichzeitig ist der Süden Heimat der Blumenmänner. Sie tragen Kränze aus Blüten, Blättern und Kräutern auf dem Kopf. Eine Tradition, die die Nachkommen der alten Stämme der (jemenitischen) Tihama und Asiri bis heute pflegen. Blumenmänner findet man auch auf der anderen Seite der saudischen Grenze. Doch der Krieg zwischen Saudi-Arabien und dem Jemen hat die Gemeinschaft erschüttert, obwohl die Menschen demselben Stamm angehören.

Nach zwei Stunden legen wir eine Gebetspause an einer Raststättenmoschee ein. Ich verstecke mich hinter der Moscheemauer, um dort das abgepackte Käsecroissant zu essen. Wie eine Kriminelle.

Weiter. Durch Dörfer und Kleinstädte, vorbei an Werkstätten, Möbelhäusern, Abaya-Läden, Wäschereien, Banken, Apotheken, Tankstellen, Blumenläden, Hotels, Süßigkeitenshops; ein Café heißt »Lover's Bridge«, doch es gibt hier weder eine Brücke noch Liebespaare, zumindest keine sichtbaren.

Wir erreichen die Peripherie der Provinzhauptstadt Abha. An den staubigen Straßen sieht man sie oft sitzen, diese alten, voll verschleierten Frauen vor ihren Töpfen, in denen Selbstgekochtes (für Iftar) auf Käufer wartet, die selten vorbeikommen. Ich weiß nicht, ob die Frauen saudisch sind oder jemenitisch oder syrisch. Aber ihr Ausharren betrübt.

Die Greisinnen erinnern mich an die Aufpasserinnen damals in den Metrostationen Moskaus. Reglos wie Matrjoschkas hockten sie den ganzen Tag in einem kleinen Glaskasten, starrten ewig lang auf die Rolltreppen und schnarrten gelegentlich ins Mikrofon: »Halten Sie die linke Seite frei!« Kein Buch durften sie lesen, kein Gespräch führen, nicht ruhen, nichts, bloß Stunde um Stunde auf die Rolltreppen stieren. Es war einer der stumpfsinnigsten Jobs der Welt, hirnzersetzend, freudlos. Geist und Körper müssten doch rebellieren, dachte ich. Auch hier sitzen die alten Frauen stundenlang herum, schauen auf die Straße, und wünschen sich wahrscheinlich woandershin.

Das Hotel in Abha wird von Sudanesen geführt. In der Lobby hängen Bilder von Paris, die Wanduhr ist stehen geblieben. Niemand spricht Englisch. Ich versuche trotzdem, einen Fahrer zu organisieren, der mich morgen nach Rijal Almaa chauffiert, ein Museumsdorf, dessen Häuser an den Jemen denken lassen.

Saidu, der Mann an der Rezeption, wiederholt mehrmals die Wörter »Ramadan« und »mushkila«, auch der Sudanese in der Sofaecke schaut ratlos drein, dennoch telefonieren sie herum. Der Fernseher läuft ohne Ton, die Kameraeinstellung zeigt die Kaaba in Mekka aus der Vogelperspektive. Tausende Pilger kreisen wie Ameisen um den schwarzen Kubus herum, ein oszillierendes Gewoge, das Heiligtum als Lebensmittel. Als Mittel zum Leben.

Das Zimmer ist kalt. Abha ist fünfzehn Grad kühler als Nadschran. Ich drehe die Heizung auf. Eine Stunde später klopft es an meiner Tür. Saidu hat den Cousin eines Schwagers seines Neffen aufgetrieben, der mich morgen nach Rijal Almaa fährt, trotz Ramadan.

Am Abend esse ich in der Kebab-Bude nebenan. Ein Mädchen kommt herein, vielleicht zwölf oder dreizehn, geht zum Tresen und bettelt den Mann am Kebab-Spieß an, er reagiert nicht, das Mädchen wiederholt seinen Spruch, diesmal mit Nachdruck. Der Mann schüttelt den Kopf, es folgt ein kurzer Wortwechsel auf Arabisch. Dann spuckt das Mädchen auf die Theke und lässt die Tür knallen. Niemand wischt die Spucke weg.

Tayeb ist pünktlich um neun Uhr da und wartet in der Lobby. Auf dem Fernsehbildschirm ziehen die Pilger noch immer ihre Kreise. Tayeb ist 32 und spricht zwanzig Wörter Englisch, wofür er sich alle zehn Minuten entschuldigt. Seit drei Jahren lebt er in Saudi-Arabien. In Khartum hat er Agrarwissenschaften studiert, in Abha fährt er Taxi. Inoffiziell. Eine Frau und zwei Kinder sind auf seine Rücküberweisungen angewiesen.

»Woher kommst du?«, fragt er.

»Deutschland«, sage ich.

»Hitler!!!« Er lacht.

Wir fahren los. Abha ist in ein Nebelkleid gehüllt, liegt auf 2200 Metern Höhe am westlichen Rand des Hidschaz-Gebirges. Wir gondeln die Serpentinen hinauf, düsen durch grüne, wolkenverhangene Landschaften, Mantelpaviane hocken am Straßenrand und fressen Müll. Der ehemals höchste Berg Saudi-Arabiens steht in Asir, der Jabal Sauda (2998,7 Meter). Vor Kurzem haben neuere Messungen ergeben, dass der etwa hundert Kilometer südöstlich gelegene Jabal Ferwa drei Meter höher ist.

Obwohl Tayeb kaum Englisch spricht, verstehen wir uns gut. Er nennt mich »sister« und hat mir eine Flasche Wasser mitgebracht, die ich aus Respekt ihm gegenüber nicht trinken möchte, aber er besteht darauf. »You not Muslim, sister. You drink.« Von ihm lerne ich auch, dass man in Abha nicht »marhaba«, hallo, sagt, sondern »marhabanalf«, was »tausend Hallos« bedeutet, und ich finde diese Begrüßung ganz entzückend.

In Rijal Almaa sind wir die einzigen Besucher. Das siebenhundert Jahre alte Dörflein ist an einem Berghang gebaut und lag einst auf der Pilgerroute zwischen dem Jemen und Mekka. Vom runden Hauptplatz aus, der mich an ein römisches Theater erinnert, bestaunen wir das Panorama von Rijal Almaa, das sich im Halbkreis vor uns auffächert.

Rund sechzig Gebäude aus dunklem Basaltgestein ragen teilweise acht Stockwerke in die Höhe. Wie steinerne Zeugen einer längst vergangenen Zeit. Die hölzernen Fensterläden und Türen leuchten blau, weiß, grün und orange, ebenso sind die Wände der Innenräume mit bunten Linien, Dreiecken, Quadraten oder Diagonalen bemalt. Diese spezielle Malkunst, genannt *al-Qatt al-Asiri*, ist typisch für die Region Asir und wird einzig von Frauen ausgeführt. Denn nur die weiblichen Familienmitglieder sind für das Verputzen und Streichen der Wände, Flure und Decken ihrer Häuser verantwortlich. Umso verzierter die Innenräume, desto wohlhabender die Familie.

Im Jahr 2017 wurde al-Qatt al-Asiri in die UNESCO-Liste des immateriellen Kulturerbes der Menschheit aufgenommen. Auch Tayeb staunt. Es ist das erste Mal, dass er in Rijal Almaa ist. Er kannte den Ort nicht.

Auf der Rückfahrt will er mich zum Islam bekehren. »Du bist eine gute Frau. Der Islam ist eine gute Religion. Ihr passt zusammen.«

Ich antworte, dass ich es mir überlegen werde, und Tayeb lächelt.

Nachmittagsspaziergang in Abha. Das Regionalmuseum hat geschlossen, die osmanische Festung hat geschlossen und alles andere auch. Dicke Blumenkohlwolken hängen über der Stadt. April ist nicht der beste Monat für einen Besuch. Ramadan ohnehin nicht. Abha macht erst auf, wenn im Sommer viele Tausend saudische Touristen aus dem Inland kommen und hier ihre Sommerfrische verbringen.

Um heimlich einen Schluck zu trinken, hocke ich mich zwischen zwei parkende Autos. Auf der anderen Straßenseite liegt das Konzerthaus Talal Maddah, benannt nach dem gleichnamigen Sänger. Die »goldene Kehle« des Landes ist nicht in Abha geboren, aber hier gestorben, genau genommen bei einem Auftritt in diesem Konzerthaus vor über zwanzig Jahren. Auf Youtube gibt es ein Video von dem Moment seines Todes, denn das Konzert wurde live im Fernsehen übertragen. Man sieht Talal Maddah, wie er (noch) munter auf der Bühne sitzt, umringt von einem Orchester, sich selbst mit der Kurzhalslaute begleitend, dazu singt und plötzlich mitten in einer Liedzeile vom Stuhl kippt. Herzinfarkt. Was für ein Abgang! Einen himmlischeren Tod für den passionierten Musiker hätte es wahrlich nicht geben können.

Wenn der Taghimmel verglüht und die weißen Neonröhren und grünen Straßenlaternen die einbrechende Düsternis ausleuchten, dann füllen sich die Boulevards und die Gassen, dann kommen die Nachtfalter aus ihren Häusern und Winkeln. Sie schlagen ihre Decken auf, lassen sich auf dem Grünstreifen neben der Schnellstraße nieder. Tüten, Kühlboxen und Körbe mit Datteln, Sambusas, Teigröllchen, Vimto werden ausgepackt und aufgestellt wie Reliquien, andächtig angeschaut.

Warten auf den erlösenden Ruf.

Es ist das erste Mal, dass ich während Iftar draußen bin. Ernsthaftigkeit liegt in der Luft. Alte und Junge, Ehepaare und Familien sitzen auf ihren Decken, blicken auf die Uhr, halten inne, halten aus. Die letzte Minute. Die längste.

Dann endlich die Erlaubnis. Kurz nachdem der Adhan verklungen ist, herrscht feierliche Stille. Die Menschen essen leise. Einige beten. Auf der Straße fährt kein Auto, kein Handy bimmelt, niemand spricht. Zwanzig Minuten Schweigen. Selbst die Vögel hören auf zu zwitschern.

Mit der Nahrungsaufnahme kehrt das Leben zurück. Nach einer Weile brausen die ersten Autos wieder durch die Stadt, Tässchen klappern. Es werden Shishas geraucht, Kinder kugeln umher, man sitzt noch auf der Decke, isst Reis mit Hühnchen, lacht und plauscht, Kuchen wird genascht, Kosmetiktücherboxen herumgereicht und Kaffee getrunken, Liebende fassen sich an den Händen, Blicke treffen sich. Im Kunstlicht enthüllen sich Geheimnisse, und es entstehen neue.

Um 1.30 Uhr laufe ich zurück ins Hotel. Auf den Baustellen wird jetzt gearbeitet. Die Möbelhäuser, Cafés und Teppichläden sind hell erleuchtet. Die Nacht gehört allen.

Ibrahim: »Fühlst du dich auch manchmal allein?«
Ich: »Manchmal schon, so wie jeder Mensch, denke ich.«
Ibrahim: »Ich fühle mich immer allein. Sogar wenn ich nicht alleine bin.«

DSCHAZAN

جازان

Der Mond heute Nacht war voll, und Ramadan ist damit zur Hälfte geschafft. Am Morgen Busfahrt ans Rote Meer. News des Tages: Nach fast sieben Jahren Eiszeit zwischen Saudi-Arabien und Iran treffen sich in Peking die Außenminister der beiden Länder zu Gesprächen. Interessant: Der saudische Außenminister Prinz Faisal bin Farhan Al Saud spricht fließend Deutsch, denn er wurde in Frankfurt am Main geboren, wuchs dort auf. Seine Mutter ist Deutsche.

Ankunft in Dschazan (oder Dschizan), der Hauptstadt der gleichnamigen Provinz. Die Stadt wirkt gesichtslos, bleischwere Hitze, eine Hafenstadt hochgezogen aus flirrendem Beton, die Luftfeuchtigkeit beträgt siebzig Prozent, die Temperatur 35 Grad. Von hier aus sind es bloß eine Autostunde bis zur jemenitischen Grenze und fünf Stunden bis nach Sanaa. Ein paar Schritte von meinem Hotel entfernt liegt der Stützpunkt des Grenzschutzes. Und damit ist auch schon alles über Dschazan gesagt. Dass ich mein Zimmer gleich für fünf Nächte gebucht habe, war etwas zu optimistisch, so dünkt mir. Dachte ich doch an das Rote Meer und an einige Tage Urlaub von der Reise.

Ich gehe die Uferstraße entlang, es gibt keine Bürgersteige. Nach einer halben Stunde kehre ich um. Bloß Asphalt, nichts weiter, da hilft auch kein Meerblick. Die Sonne beißt, der Beton glüht, unter der Abaya rinnt der Schweiß, ich bin müde. Dschazan ist ein Dampfkochtopf. Die Stadt macht das Gehirn weich.

Ist das Reisen vergeblich, wie Gottfried Benn in einem Gedicht einst meinte? Trotz der zeitweiligen Ernüchterung glaube ich das nicht. Vielmehr bin ich überzeugt, dass wir durch das bewusste, durch das wache Unterwegssein Wissen erlangen über das Unvermutete, das uns weder Bücher, Artikel noch Youtube-Videos jemals vermitteln können. Wer lebt, sieht viel. Wer reist, sieht mehr, sagt ein arabisches Sprichwort. Denn wie soll ich die Welt auch nur in Grundzügen begreifen, wenn ich sie mir nicht anschaue, nicht berühre, nicht rieche, nicht an mich heranlasse? Fürwahr, zuweilen sind die Tage mühsam, leidig und langweilig. Manchmal lähmt mich Angst oder Schwermut. Und doch: »Reisen ist das Entdecken, dass alle unrecht haben mit dem, was sie über andere Länder denken«, sagte der Schriftsteller Aldous Huxley. Es katapultiert uns von der Behauptung ins Beschlagensein. Gewiss, da sind genug Leute, die von einer langen Reise genauso blöd zurückkehren, wie sie zuvor schon waren. Wer jedoch mit offenen Augen und geweitetem Herzen unterwegs ist, wer sich Gefühlen wie Einsamkeit, Ekel, Hoffnungslosigkeit und Glück aussetzt, wer mit den Menschen vor Ort in den Austausch tritt, der wird bewegt. Aber ja: Reisen ist Bewegung im Raum, innere und äußere Landschaften korrespondieren.

Noch eine Wahrheit gehört zum Reisen: Es ist nur realisierbar, wenn ich die richtige Staatsangehörigkeit und die finanziellen Mittel besitze. Dieses Privileg ist selten. Und kostbar. Daher hat der Reisende eine Verantwortung, nämlich genau hinzuschauen. Und doch macht mich das Reisen nicht zu einer anderen, gar besseren Person. Denn ich nehme mich selbst ja mit, ganz gleich, wohin es mich verschlägt. Ich kann mir nicht entkommen. Und deshalb muss ich mich auch nicht finden. Bloß meine Ansichten über ebenjene Welt wandeln sich. Im günstigsten Fall. Das ist alles, was ich mir erhoffe. Lediglich ein paar Gramm mehr Wirklichkeit im Kopf.

Ebenso muss der Reisende einsehen, dass er nie vollends verstehen wird. Dass er niemals fertig verstanden hat. Denn dieses schöne und schreckliche Weltganze ist zu komplex, um es in all seinen mannigfachen Nuancen, Verschiedenheiten, Traditionen und Kulturen jemals rundweg durchdringen zu können. Und das ist okay.

Die Tage in Dschazan. In der *Saudi Gazette* lese ich von der saudischen Astronautin Rayyanah Barnawi, die zusammen mit ihrem Landsmann Ali al-Qarni und zwei US-Amerikanern nächsten Monat zu einer Weltraumexpedition aufbrechen wird. Von Florida aus werden die vier Raumfahrer in einer privaten Mission zur Internationalen Raumstation (ISS) starten. Medienberichten zufolge bezahlten die Passagiere jeweils rund fünfzig Millionen Euro für den Trip. Die Tickets der Saudis übernahm laut *Al Jazeera* die saudische Regierung. Barnawi, eine Stammzellenforscherin, geboren in Dschidda, wird damit nicht nur die erste Saudi-Araberin im Weltall sein, sondern sogar die erste Araberin überhaupt. »Wir tragen eine große Verantwortung, die nächste Generation von Frauen zu inspirieren«, sagt sie. In ihrer Freizeit widmet sich die 34-Jährige dem Wildwassersport, dem Gerätetauchen, dem Bergwandern und dem Gleitschirmfliegen.

Ich hingegen liege im Bett, esse Kekse und schaue Ramadan-Serien, weil es draußen nichts zu sehen gibt, und gäbe es etwas zu sehen, wäre es geschlossen. *Tash ma Tash* ist soeben zu Ende, der Abspann läuft. Ich zappe zwischen den Kanälen hin und her. Bleibe kurz bei *Marba Al Ezz* hängen. Die syrische Seifenoper spielt zu Beginn des 20. Jahrhunderts in Damaskus, doch die Frauen haben aufgespritzte Lippen und botoxglatte Gesichter. Es folgt *Safar Barlik*, ein saudisches Historiendrama, das die Herrschaft des Osmanischen Reiches und dessen koloniales Erbe kritisch beleuchtet. In den insgesamt zwanzig Episoden lehnen sich vier arabische Studenten gegen die Ungerechtigkeit des osmanischen Sultanats auf. Die türkischen Figuren kommen dabei nicht gut weg. Passend dazu die nachfolgende Dokumentationsreihe *Tuwaiq* (so heißt ein Gebirgszug in Saudi-Arabien). Sie stellt die Fortschritte des Golfstaates in sämtlichen Bereichen heraus, klar doch. Saudi-Arabien wird dem Zuschauer als innovativer Wegbereiter für Industrien und Geschäftigkeit auf der ganzen Welt präsentiert. Branchenführer und Kulturexperten kommen zu Wort. Alles prima im Königreich, ich zappe beruhigt weiter.

Die ägyptischen Seifenopern wirken immer ein wenig trashig (angeklebte Schnurrbärte, Kulisse aus Pappmaschee), die kuwaitischen hingegen einen Hauch zu mondän (Botox, Hyaluron, goldene Kreditkarten). Am Abend dann die umstrittenste Serie der Saison: *Dof'at London*, mit panarabischer Besetzung. So wie das Fastenbrechen zu Ramadan gehört, so gibt es jedes Jahr mindestens eine heftige Kontroverse um das TV-Programm. Die vom saudischen Sender *MBC* produzierte Serie *Dof'at London* – »Londoner Klasse« – erzürnt dabei sowohl den Irak als auch Kuwait. Die Dramaserie erzählt die Geschichte einer Gruppe arabischer Medizinstudentinnen, die in den 1980er-Jahren wegen des Studiums nach London ziehen und versuchen, arabische Traditionen und konservative Werte mit den liberalen Vorstellungen der britischen Hauptstadt in Einklang zu bringen. Doch schon nach der ersten Folge reagierten irakische Zuschauer empört, weil Irakerinnen als Dienstmädchen dargestellt und obendrein des Diebstahls beschuldigt werden. In einer anderen Szene weigert sich ein irakischer Mann, einer Gruppe kuwaitischer Frauen zu helfen, denen Geld gestohlen wurde. »Warum werden Iraker immer in einem schlechten Licht gezeigt?«, fragen viele Zuschauer empört in den sozialen Medien. Und so kommt aus dem Irak just die Warnung, die Serie würde die diplomatischen Verbindungen zu Kuwait gefährden. Und auch die kuwaitische Regierung lässt mitteilen, dass alles abgelehnt werde, was die Beziehungen der beiden »brüderlichen Länder« untergrabe. Ramadan-Serien sind also bisweilen mehr als seichte Seifenopern mit angeklebten Schnurrbärten. Manchmal können sie durchaus für politische Divergenzen sorgen.

Die *Arab News* berichtet, dass ein Iraner den internationalen Koran-Rezitationswettbewerb in Riad gewonnen hat. Ausgerechnet. Er setzte sich gegen 50 000 Teilnehmer aus 165 Nationen durch. Die Jury zeigte sich hingerissen, lobte seine »meisterhafte Stimme«. Preisgeld: drei Millionen Riyal – etwa 740 000 Euro.

Ich beschließe, der Provinz Dschazan doch noch eine Chance zu geben, und kann jemanden auftun, der bereit ist, mich trotz Ramadan für Geld herumzukutschieren. Nach Fayfa will ich fahren, eine Bergregion samt gleichnamigem Dorf irgendwo-nirgendwo, 2000 Meter über dem Meeresspiegel.

Abu Firas holt mich ab. Vierschrötig, Raucherstimme, ehemaliger Soldat. Er trägt Jogginghose und ist schon zweimal geschieden. »Warum das?«, frage ich. Weil die erste Frau die zweite nicht akzeptieren wollte und die zweite nicht die dritte, erklärt er schmallippig. Insgesamt hat er neun Kinder. Fünf von der ersten, drei von der zweiten und eins von der dritten. Für eine vierte Frau fehlen die nötigen Riyal. Vielleicht helfe ihm ja meine Bezahlung, sage ich. Abu Firas lacht und klingt dabei wie ein verrußter Dieselmotor. Das Eis ist gebrochen.

Wir keuchen die steilen Haarnadelkurven hinauf. Kleine Häuser sind in die Landschaft gesprenkelt, klammern sich an die grünen Hänge, auf Terrassenfeldern wird Gemüse und Kaffee angebaut. Abu Firas hupt Mantelpaviane beiseite, manchmal steht ein einzelner Mann am Straßenrand und hebt die Hand. »Ich nehme keinen Jemeniten mit«, sagt Abu Firas, »nicht mal, wenn er verletzt im Straßengraben liegt. Zu gefährlich.«

Er verbindet sein Handy mit der Stereoanlage und dreht die Boxen auf. Als die silberhelle Stimme von Nancy Ajram erklingt, werden seine Gesichtszüge weich. »Habibi araab bussi wa bussi buss«, der Ex-Soldat kennt fast alle Lieder der libanesischen Popsängerin auswendig, »za'alaan iza'al, iza'al nussi nuss«. Selig trällert er mit, lächelt krumm und knittrig.

Gelegentlich stoppen wir in Parkbuchten. Um in die Landschaft zu gucken (ich) oder um zu beten (Abu Firas). Die Luft ist frisch, der Blick reicht in den Jemen. Seit jeher galt das Nachbarland als

Armenhaus Arabiens. Der einzige Wirtschaftssektor, der ohne Schwierigkeiten funktioniert, ist der Handel mit *Qat*, einer Pflanze, die leicht berauscht und deswegen in Saudi-Arabien verboten ist. Im Jemen kauen Männer wie Frauen tagein, tagaus die Blätter und lagern den Pflanzenbrei über Stunden hinweg in der Wangentasche. Das öffentliche Leben kommt durch den exzessiven Konsum gegen Mittag gänzlich zum Erliegen.

Riad ist von Fayfa knapp 1200 Kilometer entfernt, und tatsächlich sind die Einwohner Fayfas der jemenitischen Hauptstadt Sanaa nicht nur geografisch näher als der saudischen Hauptstadt. Rund zwanzig Stämme bewohnen die Region. Noch vor zwei Jahrzehnten lebten die Menschen hier völlig isoliert; ihre Gemeinden hatten keinen Strom und keine asphaltierten Straßen.

Am Ortseingang von Fayfa-Dorf bietet ein Jüngling Blumenkränze feil. Abu Firas kauft ihm zwei Kränze ab. Blumengirlanden aus wildem Basilikum, Bockshornklee und Ringelblumenblüten schmücken jetzt unsere Köpfe, und Ex-Soldat Abu Firas wirkt mit den Blümchen im Haar fast anmutig. Wie in Asir tragen auch die Männer in Dschazan seit Jahrhunderten diesen floralen Kopfschmuck, ebenso auf der anderen Seite der Grenze, im Jemen.

In Saudi-Arabien leben etwa zwei Millionen Jemeniten. Nicht alle sind Geflüchtete. Die meisten verdingen sich als Gastarbeiter, ob legal oder illegal, und waren schon vor dem Krieg im Land. Eine Flucht vom Jemen in das angrenzende Bergdorf Fayfa kostet rund 1500 Riyal, etwa 370 Euro, schätzt Abu Firas, so viel verlangt der Schlepper. Aber Fayfa ist nicht sicher. Und daher verstecken sich die Geflohenen vor der saudischen Polizei, versuchen, irgendwie ins Tal zu gelangen und dann unterzutauchen. Mit dem Auto sind es bloß zwanzig Minuten Fahrt, doch am Fuße der Hänge ist ein militärischer Checkpoint postiert. Nochmals 1000 Riyal Schleppergeld sind fällig, damit es die Geflüchteten an der Grenzpolizei vorbei schaffen, die unter anderem von der deutschen Bundespolizei ausgebildet wurde. Man versteckt sich im Kofferraum, Fußraum, unter der Motorhaube.

»So kommen schon mal elf Personen zusammen«, meint Abu Firas. Saudis müssen mit Gefängnisstrafen rechnen, wenn sie illegalen Einwanderern ein paar Riyal zustecken oder ihnen eine Mitfahrgelegenheit anbieten. Deshalb nimmt Abu Firas keinen Anhalter mit. »Zu gefährlich«, sagt er wieder.

Nicht nur Jemeniten fliehen vor Krieg und Hunger, ebenso flüchten Äthiopier, Somalier und Eritreer in den Jemen, um von dort das vermeintlich sichere Saudi-Arabien zu erreichen. Im Juni 2023 veröffentlichte Human Rights Watch einen Bericht, der fassungslos macht: Offenbar gehen die saudischen Grenzpolizisten mit extremer Gewalt gegen Geflüchtete vor. So soll der Grenzschutz laut Zeugenaussagen gezielt auf Migranten und Asylsuchende schießen, mit Maschinenpistolen, aber auch mit Mörsern und Granaten. Mehrere Hundert Männer, Frauen und Kinder sind zwischen 2022 und 2023 getötet worden. Genau hier, wo wir jetzt sind.

Wir laufen durch das Bergdorf, biegen ab, gehen Sandwege entlang, treten durch ein kleines Eisentor, steigen Steintreppen hinauf. Sträucher wuchern wie in einem verwunschenen Garten, an ihnen hängen runzlige rote Früchte. »Hier wird Kaffee angebaut«, sagt Abu Firas, »hundert Prozent Arabica.« Er zwinkert mir zu. Die Kaffeekirschen sind vertrocknet. Umso tiefer wir den verschlungenen Wegen folgen, desto sicherer bin ich mir: Die Kaffeesträucher sind bloß ein Feigenblatt. Hier wird etwas anderes angepflanzt, nämlich die Droge Qat. Viele Meter wachsen die mehrstämmigen Sträucher in die Höhe. Gartenschläuche bewässern die Erde, denn Qat ist eine durstige Pflanze. In Saudi-Arabien ist jedes Rauschmittel strengstens verboten. Gefängnis droht. Manchmal sogar die Todesstrafe. Abu Firas rupft eine Handvoll Blätter von den Zweigen und reicht sie mir, ich stecke sie in den Mund, kaue, der Saft schmeckt bitter, nach einer Weile wird mein Mundraum taub. Außerdem bilde ich mir ein, mich fitter zu fühlen, weniger müde. Über die Mundschleimhaut wird der Wirkstoff Cathin, ein Amphetamin, aufgenommen.

»Früher war Qat legal«, erzählt Abu Firas. Doch irgendwann verbot König Faisal das Rauschgift. Die Legende geht so: Vor vielen

Jahrzehnten wollte ein Beduine aus einem anderen Dorf zum ersten Mal Qat kauen. Die Einwohner Fayfas erlaubten sich einen Spaß und wuschen die Blätter zuvor mit Whisky statt mit Wasser. Der Bedu kaute und wurde so betrunken, dass er herumpöbelte wie ein Irrer. Der König erfuhr davon und untersagte daraufhin in ganz Saudi-Arabien den Anbau und Konsum der Qatpflanze. Ganz Saudi-Arabien? Nein! Ein von unbeugsamen Saudis bevölkertes Dorf hörte nicht auf, dem Bann Widerstand zu leisten. »Entweder Qat, oder wir schließen uns dem Jemen an!«, postulierten sie. König Faisal willigte mürrisch ein. Seitdem drückt man beide Augen zu, solange die Droge in Fayfa bleibt und nur privat gekaut wird.

»Eine schöne Geschichte«, sage ich, und Abu Firas lacht. Ich bin froh, dass ich Dschazan doch noch eine Chance gegeben habe. Und ja, da ist immer beides: das Schöne und das Schreckliche. Und tausend Nuancen dazwischen. Für uns war es heute ein erquicklicher Ausflugstag, entlang der grünen Hänge von Fayfa, mit Blumen im Haar, Qat im Mund und Nancys Liedern auf den Lippen. Für etliche Geflüchtete hingegen ist Fayfa keine Idylle, sondern eine Gefahrenzone, die sie so schnell wie möglich verlassen wollen.

»Vielleicht hört der Krieg bald auf«, meint Abu Firas. Auch er hat die Nachrichten der letzten Tage gelesen. Eine Delegation aus Saudi-Arabien ist in Sanaa eingetroffen und führt in diesem Augenblick Gespräche mit den Huthi. »So lange geredet wird, wird nicht geschossen«, sagt Abu Firas, als wir zum Auto zurückgehen.

Ein Junge läuft uns nach und fragt nach Geld. Er ist Jemenit, illegal hier. Sein Name ist Sami. Eine verschleierte Frau steht einige Meter abseits. Sie trägt ein Baby auf dem Arm, ein kleines Mädchen hängt am Zipfel ihrer Abaya. Ich winke der Frau zu, sie winkt zurück. Über die Berge sei er gekommen, erklärt Sami, mit seiner Mutter und vier jüngeren Schwestern, aus dem Nordwesten des Jemen. Die Karawanenwege der Weihrauchstraße führten einst durch diese Region, heute regieren dort die Huthi-Rebellen, immer wieder schlagen Raketen der saudischen Koalition ein. Der Vater sei schwer krank und mit einer Tochter im Jemen geblieben. Einen Monat habe die Flucht gedauert, sagt Sami. Schmuggler brachten sie vor einer Woche über die Grenze. Jetzt leben sie unter einem Baum.

Sami ist zehn Jahre alt, schätzt er. So genau weiß er das nicht. Und doch ist er nun verantwortlich für die Familie, muss Riyal ranschaffen. Dabei ist er scheu, wirkt zart wie ein Windhauch, blickt oft nach unten. Was er sich wünsche, frage ich. Arbeit finden, antwortet Sami, er mache alles, egal was. Und wenn er sich einen Beruf aussuchen könne, irgendeinen, frage ich, würde er gerne Pilot werden wollen oder Lehrer? So wie andere kleine Jungen? Er versteht nicht, was ich meine. Welche Träume er habe? Keine Träume. Nur Arbeit finden, egal was. Wir gehen die Straße entlang. Unter unseren Füßen Risse im Asphalt. Neben mir der gebrochene Blick des Jungen.

Am Abend lese ich in der *Saudi Gazette*, dass die Regierung allein in dieser Woche 16982 Menschen wegen Verstößen gegen Aufenthalts-, Arbeits- und Grenzschutzbestimmungen festgenommen hat. Darunter waren auch 371 Jemeniten, als sie versuchten, die Grenze zu überqueren. Sie wurden umgehend abgeschoben. Das Innenministerium warnt, dass jeder, der die Einreise eines »Eindringlings« in das Königreich erleichtert oder ihm irgendeine Hilfe gewährt, mit einer Freiheitsstrafe von bis zu 15 Jahren und einer Höchststrafe von 1 Million Riyal bestraft wird.

Später holt mich Abu Firas ab, nicht als Tourguide, wie er betont, sondern als Freund. Er möchte, dass ich Dschazan-Stadt besser kennenlerne und nicht den Abend im Hotel verhocke. Statt Jogginghose trägt er jetzt einen schneeweißen Thawb, was ihm augenblicklich etwas Herrschaftliches verleiht. Mit dabei seine Frau Noora (die dritte) und die neunjährige Tochter Alia im rosa Kleidchen. Die Kleine babbelt nimmermüde, möchte sich mit mir fotografieren lassen. Ihren Lockenkopf ziert ein Haarreif mit Bärchenohren. Ich sage ihr auf Arabisch, dass sie sehr hübsch sei und ihr Haarreif herzallerliebst, und ihre Bäckchen leuchten vor Freude.

Wir cruisen durch das nächtliche Dschazan, laufen durch den Suq, spazieren die Corniche entlang, Abu Firas spendiert Eiscreme und raucht eine Zigarette nach der anderen. »Tagsüber durfte ich ja nicht«, sagt er achselzuckend. Die Hafenstadt bleibt trotzdem blass. Ringsumher Beton und Straße. Hellgrau. Dunkelgrau. Sandgrau. Ich denke an Sami. An seinen Blick, ohne Hoffnung. Alia ist fast genauso alt wie er, und doch lebt sie auf einem anderen Planeten, sternenweit entfernt.

Was werden wir mit unseren Händen sammeln,
was werden wir sammeln, um ein wenig lebendig zu bleiben.

Sabah al-Kharrat-Zwein

FARASAN-INSELN

جزر فرسان

Der Zufall ist oft der beste Reisegefährte. Etwa vierzig Kilometer vor der Küste von Dschazan sind die Farasan-Inseln ins Rote Meer getupft, ein kleines Archipel aus Koralleninseln. Nur drei der rund neunzig Eilande sind bewohnt und sollen mit ihren zuckerweißen Sandstränden, ihrem türkisblauen Wasser und den saftig grünen Mangrovenwäldern aussehen wie das Paradies. Und auch die Deutschen sind leider schon hier gewesen; aufgrund der strategischen Lage am Roten Meer hatten sie im Zweiten Weltkrieg auf einer der Inseln einen Stützpunkt errichtet.

Von Abu Firas erfahre ich, dass auf der Hauptinsel just morgen das große Papageifischfest gefeiert wird. Einmal im Jahr – im März oder im April – kommt es in den seichten Gewässern vor Farasan zu riesigen Massenansammlungen von Langnasen-Papageifischen, *Hareed* genannt, die wegen ihres papageienschnabelähnlichen Gebisses ihren Namen erhalten haben. Manche Exemplare sind einen halben Meter lang. Die Gründe, warum die Fische Jahr für Jahr ausgerechnet immer wieder vor den Farasan-Inseln Rast machen, sind unbekannt. Der genaue Zeitpunkt ihrer Einkehr scheint dabei vom Mondzyklus abzuhängen. Fünf Tage nach dem Eintreffen der ersten Papageifische, wenn die Mehrzahl der Tiere die Lagune erreicht hat, treiben Hunderte von Männern die Schwärme in ein Stellnetz und nehmen so mehreren Tausend Fischen jegliche Fluchtmöglichkeit. Auf ein Signal hin stürzen sich die Inselmänner mit Handnetzen bewaffnet ins Wasser, um innerhalb von fünfzehn Minuten so viele Fische wie möglich zu fangen.

»Das musst du sehen«, meint Abu Firas und kündigt meinen Besuch einem Bekannten an, der sich um mich kümmern soll.

Es gibt eine Fähre. Um 15.30 Uhr von Dschazan nach Farasan und um Mitternacht zurück. Kostenlos.

Am Eingang des Hafens prüfen zwei Polizisten und eine Polizistin nacheinander meinen Pass. Verschwinden damit im Kabuff, rufen jemanden an, sagen irgendetwas auf Arabisch ins Telefon, das ich nicht verstehe. Nach ein paar Minuten erhalte ich meinen Pass unkommentiert zurück und darf durch. Ich setze mich in den Wartesaal zu den Männern. Hier hat man Tageslicht und kann den Trubel beobachten. Der separate Frauenbereich hingegen ist ein Raum ohne Fenster, in dem man auf graue Wände starrt, abgeschottet vom Geschehen wie Aussätzige. Dafür mit leidigem Kinderlärm.

Im Herrenbereich fläzen sich zig Männer und Burschen auf den Bänken und Teppichen und hoffen, heute Abend so viele Fische wie möglich mit bloßen Händen zu fangen. Ein Halbstarker mit Bartflaum trägt ein Shirt mit der Aufschrift »Relation*shit*«, was lustig ist, weil er sicherlich noch nie eine Beziehung geführt hat. Die meisten Jünglinge haben Shorts an und fühlen sich cool mit ihren Sonnenbrillen und Badelatschen. Sie unterscheiden sich nicht von deutschen oder französischen Jugendlichen. Aber etwas ist anders: Zwischen den jungen Männern scheint eine intime Vertrautheit zu bestehen, wie sie bei uns eher unbekannt ist. Sie liegen auf dem Teppich aneinandergelehnt, fast muss man sagen gekuschelt. Sie sind zärtlich zueinander, achtsam, suchen körperliche Nähe. Ein Bursche drückt seinem Kumpel einen Pickel auf der Nase aus.

Um 16 Uhr sitzen wir immer noch herum, dann folgt die Durchsage auf Arabisch: Das Schiff kann aufgrund starken Seegangs nicht ablegen. Um 18 oder 19 Uhr vielleicht. Inschallah. Einige Menschen stehen auf und gehen. Ich entscheide mich, in der Wartehalle auszuharren, weil »inschallah« keine valide Aussage ist und ich den Anschluss nicht verpassen will. Und jetzt nervt Ramadan so richtig. Keine Cafés, in denen man bei einem Cappuccino verweilen könnte, keine Chance, einen Schluck aus meiner kleinen Wasserflasche zu nehmen oder einen Keks zu essen. Bloß warten in einer kargen Halle. Endloses Warten. Wie Wladimir und Estragon, die an einem nicht näher bestimmten trostlosen Ort auf einen gewissen Godot warten, der nie erscheint. Und so bleibe auch ich sitzen, bewege mich nicht vom Fleck, harre aus, warte und warte. Stundenlanges Warten, das sich in einer zur Ewigkeit gedehnten Gegenwart bleiern über die Menschen und Dinge legt.

Immerfort warten in diesem Land. Auf Uber, auf Museen, die öffnen, auf Zusagen, auf Schiffe, in Drive-thrus, auf Bestätigungsmails, auf den Abend, auf den Adhan, auf Antworten. Und keine Information, wann oder ob wir jemals ablegen werden. An der Wand die Gesichter der drei Herrscher, die an uns vorbeiblicken. Als die Sonne langsam tiefer sinkt, dämmert mir, dass ich die weißen Zuckerstrände, das türkisblaue Wasser und die sattgrünen Mangrovenwälder Farasans niemals sehen werde, denn für morgen ist meine Abreise aus der Region geplant.

Um meine Enttäuschung über diese Erkenntnis abzudämpfen, rufe ich mir in Erinnerung, dass die Strände auf den Farasan-Inseln nur deshalb so blütenweiß sind, weil es sich um Papageienfischkacke handelt. Die Tiere knabbern nämlich mit ihrem schnabelförmigen Mund kleine Algen von den Korallenbänken ab, dabei fressen sie auch Kalkpartikel, die sie jedoch nicht verdauen können. Die Fische kacken also Sand. Diese Vorstellung hilft für etwa vier Minuten. Dann wird mir schmerzlich bewusst, dass ich die kreideweiße Inselfischkacke tatsächlich niemals sehen werde, draußen wird es düster, so wie mein Gemüt.

Ich grummle vor mich hin, bis plötzlich einige Männer umherlaufen, dabei Wasserflaschen und Plastikschälchen mit Datteln verteilen. Jemand kredenzt mir gleich drei kleine Wasserflaschen und eine Plastikschale mit zehn Datteln. Der Adhan erklingt. Ein Polizist spricht mich auf Arabisch an, zeigt mit seinem Finger auf den Frauenbereich. Ich lächle, lehne ab, sage so etwas wie »Hier ist es besser« und befürchte, dass er mich dennoch hinfortscheucht, in diese Kammer ohne Fenster. Doch auch er lächelt, nickt, scheint zu verstehen, überreicht mir eine vierte Wasserflasche und wünscht mir alles Gute.

Nach dem Iftar verneigen sich die Männer auf den Teppichen. Ich habe das Gefühl, dass ich nicht so ungeniert zuschauen darf, obwohl sie so ungeniert beten.

Und irgendwann, als ich schon nicht mehr damit rechne, beruhigt sich die See, und das Warten ist vorbei, um 19.30 Uhr legen wir endlich ab. Draußen ist es stockdunkel, das Rote Meer ist schwarz geworden. An Bord soll auch ein hoher Prinz zugegen sein, heißt es. Nach eineinhalb Stunden erreichen wir Farasan Island.

Abu Firas' Bekannter Muhammad wartet am Pier auf mich. Auf der Rückbank seines Hyundai liegt ein Fischernetz. »Ich will heute viele Fische fangen«, sagt er, »aber wir müssen uns beeilen.« Wir rasen die Uferstraße entlang, links und rechts dunkle Palmen, mehr werde ich von Farasan nicht sehen.

Muhammad ist vor 42 Jahren auf der Insel geboren worden und hat nie woanders gelebt. »Ich mag es hier«, sagt er. Sogar Urlaub macht er am liebsten auf Inseln. Seine Flitterwochen verbrachte er auf den Malediven. Sein Job hingegen ist weniger paradiesisch: Muhammad arbeitet bei der Drogenfahndung, nimmt Dealer hoch, meistens handeln sie mit Captagon-Pillen, erkennbar an dem Doppelhalbmond-Logo, das der Droge ihren arabischen Straßennamen »Abu Hilalain«, Vater der beiden Halbmonde, verpasst hat.

In den letzten sechs Jahren haben die saudischen Behörden an den Grenzen des Landes sechshundert Millionen Pillen abgefangen. Captagon ist leicht zu produzieren und günstig zu kaufen. Der enthaltene Wirkstoff Fenetyllin gehört zur Gruppe der Amphetamine, unterdrückt Schmerzen sowie Müdigkeit und kurbelt den Gewichtsverlust an. Auch die strengen sozialen Normen, Einsamkeit, Arbeitslosigkeit und Langeweile lassen zahlreiche junge Saudis zu Rauschgiften greifen. Und so hat sich die Golfmonarchie inzwischen zum größten Drogenabnehmer im Nahen Osten entwickelt. Saudi-Arabien ist Pillenland. Und daher sind in den letzten

Jahren eine Reihe von Drogenrehabilitationszentren entstanden, denn das Königshaus hat den »Krieg gegen die Drogen« ausgerufen. Etwa achtzig Prozent des nach Saudi-Arabien geschmuggelten Captagons kommen aus Syrien, wo es industriell in Chemiefabriken hergestellt wird und Assads Regime über Wasser hält. Die Hisbollah aus dem Libanon unterstützt den Handel logistisch. Versteckt in Granatäpfeln, Teepackungen, Autoreifen oder Mehlsäcken gelangen die kleinen weißen Pillen über Häfen und Landesgrenzen ins Königreich.

»Drogen sind ein Riesenproblem«, meint Muhammad, »deshalb gehen wir hart gegen Schmuggler vor.« Letztens hätten sie einen Dealer geschnappt, der Schulkindern Pillen schenken wollte, erzählt er, »um sie schon früh abhängig zu machen.«

Wer mehrmals bei schwerem Drogenhandel erwischt wird, dem droht die Todesstrafe. Muhammad findet das richtig. »Die Dealer zerstören Leben. Dafür müssen sie bestraft werden.«

Nach einer Viertelstunde Vollgas erreichen wir die Lagune, in der das Hareed-Fest stattfindet. »Der Prinz kommt auch gleich«, sagt Muhammad, als er die vielen Polizisten und Spezialeinheiten sieht. Da die Wachleute ihn kennen, lässt man uns durchfahren bis zur Veranstaltungshalle, die direkt am Meer liegt und in der sich der Prinz einfinden wird. Wir parken zwischen dicken SUVs, und Muhammad holt einen Kescher aus dem Kofferraum.

»Geh einfach in den Saal und schau dir von dort das Spektakel an«, meint er, »da sind zwar keine Frauen, sondern nur die Prinzengesellschaft und das Militär, aber das ist egal.« Dann spurtet er Richtung Wasser.

Ich atme tief ein, richte meine Abaya, mache auf locker und versuche, so selbstverständlich wie möglich zu wirken, als ich zum Eingang der Prinzenhalle laufe. Doch der schwer bewaffnete Soldat an der Tür hält mich zurück, will mich wegschicken. Ich behaupte, eingeladen zu sein, aber das überzeugt ihn nicht. »Nur Prinzen«, brummt er. Und jetzt passiert etwas, das wahrscheinlich einzig in Arabien möglich ist: Vier mir völlig unbekannte saudische Männer, die abseits stehen, kommen hinzu, diskutieren mit dem Soldaten und konstatieren, dass ich doch Gast in seinem und ihrem Land sei. Der Schwerbewaffnete nickt daraufhin und lässt mich durch, die Männer lächeln und heißen mich willkommen. Einfach so. *Welcome to Saudi Arabia.*

Ahmad nimmt sich meiner an. Er spricht ausgezeichnet Englisch, arbeitet im Ölministerium, sein Onkel ist der Sheikh von Farasan. Er führt mich in die Halle, die mit dicken roten Teppichen ausgelegt ist. Von der Decke leuchten kaltweiße Neonröhren, hinter einer breiten Fensterfront erstreckt sich eine Loggia. Überall wimmelt es von Polizisten und Militär in unterschiedlichen Farben. Mehrere Tarngefleckte tragen Helme mit Kameras, dazu Schutzwesten und Maschinenpistolen. Neun goldene Sessel im Louis-quinze-Stil sind mit Blick auf das Meer aufgestellt, für den Prinzen und sein Gefolge. Dahinter Stuhlreihen für die restlichen Gäste, die allesamt wichtige Positionen in der Regierung bekleiden.

Wir treten auf den Balkon, von hier aus lässt sich die gesamte Lagune überblicken. Das Wasser schimmert grün, der Himmel ist schwarz. Noch hat der Wettlauf nicht begonnen, die Inselmänner warten mit ihren Netzen einige Meter außerhalb, auch Muhammad. Erst wenn der Prinz eingetroffen ist und den Startschuss abgefeuert hat, werden sie losrennen. »Noch vor zehn Jahren war das hier ein winzig kleines Fest«, erzählt Ahmad, »doch mittlerweile ist es in ganz Saudi-Arabien berühmt.«

Die gefangenen Fische werden nicht verkauft, sondern entweder selbst gegessen oder an bedürftige Familien verteilt. Während wir auf den Prinzen warten, muss ich ein halbes Dutzend Interviews für Snapchat und Tiktok geben. Ich erzähle immer das Gleiche, nämlich wie liebenswürdig die Saudis sind und wie spannend das Reisen hier ist. Nichts als die Wahrheit.

Um 23 Uhr erheben sich alle Gäste, und Prinz Muhammad bin Abdul Aziz bin Muhammad Al Saud betritt den Saal. Er ist groß und rund, ist Vizegouverneur von Dschazan und ein Cousin von MbS, er sagt: »As-salamu ’alaikum«, die Männer antworten: »Wa ’alaikum as-salam«, die Nationalhymne wird gespielt, wir bleiben stehen.

Durch die Shemaghs hindurch beluchse ich den Prinzen. Wie eine feiste Version von Muhammad bin Salman schaut er aus. Die gleichen Gesichtszüge. Er tritt ins Freie, schießt mit einer Pistole in den Nachthimmel, und endlich stürmen Hunderte Fischer los, rennen ins seichte grüne Wasser, füllen die Netze. Ich werde von diversen Saudis nach vorne auf den Balkon geschoben, in die Nähe des Prinzen, zwei bewaffnete Soldaten müssen weichen, damit ich besser sehen kann.

Die ersten Fischermänner schleppen ein volles Netz mit Fischen heran, zeigen dem Prinzen ihre Beute wie bei einem Stierkampf. Der Prinz gratuliert von der Loggia herab, die Tiere winden sich, Muhammad entdecke ich nicht, zu viele Menschen, dann eilt der nächste Bursche herbei, in den Armen ein Papageifisch so groß wie ein Kleinkind. Der zappelt noch und kriegt sofort ein paar Faustschläge auf den Schädel verpasst. Der Prinz lächelt wohlwollend, zig Handys sind auf ihn gerichtet, Fotos werden geschossen, Videos gedreht, drei Drohnen kreisen über uns.

Nach fünfzehn Minuten ist alles vorbei, der Wettbewerb ist so schnell zu Ende, wie er angefangen hat. Die Prinzengesellschaft kehrt zurück in den Innenraum, lässt sich in die Goldsessel sinken. Und dann ist es so weit: Die Reisende aus Deutschland soll dem Prinzen vorgestellt werden. Ahmad bahnt sich einen Weg durch die Menge. Die Entourage macht Platz, Prinz Muhammad bin Abdul Aziz erhebt sich, extra für mich, gibt mir die Hand, fragt auf Englisch, woher ich komme und wie mir das Fest gefallen habe. Ich lobe alles und bedanke mich aufrichtig, er lächelt. Dutzende Kameras sind auf uns gerichtet, es blinkt und blitzt. Nach 56 Sekunden verabschieden wir uns wieder, und der Prinz kürt den Sieger, einen jungen Mann, der achtzig (!) Kilogramm Fisch gefangen hat. Was er gewinnt, werde ich nie erfahren, denn ich bin in Eile, in einer halben Stunde legt die Fähre ab. Wie Cinderella haste ich nach draußen, halte Ausschau nach meiner Kutsche, da kommt auch schon Muhammad um die Ecke gebogen. Sechs Fische sind es geworden. Die muss er allerdings allein essen, denn seine Frau mag keinen Fisch. Wir geben Vollgas zurück.

Drei Minuten vor Mitternacht erwische ich das Schiff. Das letzte, wie sich herausstellen wird, denn die nächsten Tage tobt die See. Einen Schuh habe ich nicht verloren, dafür einen Prinzen getroffen. Wieder einmal klappte alles irgendwie doch noch. Typisch Saudi-Arabien. Dann blinkt mein Handy. Abu Firas besteht darauf, mich später vom Hafen abzuholen und zum Hotel zu fahren, obwohl ich problemlos ein Taxi nehmen könnte. Auch das ist typisch. Diese ernsthafte Großzügigkeit. Diese unbedingte Gastfreundschaft. Ohne die ich nicht durchs Land käme. Ein Land, das mich ob seiner Ambivalenz verzweifeln lässt. Ein Land, das tiefen Abscheu hervorruft, aber ebenso leises Berührtsein. Ein Land mit multipler Wesenheit.

Saudi-Arabien ist weder Himmel noch Hölle. Es ist ein kompliziertes Land, in dem verschiedene Realitäten gleichzeitig nebeneinander existieren. Ein erzkonservatives Königreich *und* eine junge Nation mit technologiebegeisterten Digital Natives. Saudi-Arabien ist Abgeschlossenheit *und* Weltoffenheit, ist Beduinenromantik *und* futuristische Städteplanung, ist rote Linie *und* Ausreizung der Grenzen. Saudi-Arabien ist Gottesfurcht *und* Exzess, ist Absolutismus *und* Chaos. Tinder *und* Todesstrafe, Tabu *und* Tabubruch. Brutal *und* sanft. Saudi-Arabien ist das Einerseits *und* das Andererseits. Das Himmelblaue *und* das Finsterschwarze.

Es gibt kein Entweder-oder, sondern nur das Sowohl-als-auch. Und vielleicht müssen wir wieder lernen, die Gleichzeitigkeit des Ungleichzeitigen auszuhalten.

Als die Fähre eineinhalb Stunden später am Pier von Dschazan anlegt, wartet Abu Firas bereits am Tor. Am nächsten Morgen besteht er genauso vehement darauf, mich zur Busstation zu bringen. Nicht als Tourguide, betont er, sondern als großer Bruder. »Du hast jetzt eine Familie in Dschazan.«

HIDSCHAZ

الحجاز

Busfahrt in den Hidschaz, eine Region und Gebirgslandschaft im westlichen Saudi-Arabien, in dem die beiden heiligen Stätten des Islam liegen – Mekka und Medina. In die Ödnis sind kleine Moscheen getupft. Tankstellen für Gläubige. Lange Zeit wurde den Hidschazis aufgrund ihrer Lage am Roten Meer eine größere Weltoffenheit zugesprochen als den Nadschdis in Zentralarabien. Auch ihr religiöses Leben war von Toleranz geprägt, da sie seit Jahrhunderten mit Pilgern aus aller Welt und ihren mannigfachen Traditionen konfrontiert wurden. Und weil sie auf die Einkünfte angewiesen waren, tolerierten sie diese Andersartigkeiten. Im Gegensatz zu den umliegenden Gebieten war der Nadschd dafür nicht Teil des Osmanischen Reiches oder anderer Kolonialmächte.

Busfahrer Eddie kommt aus Ghana und arbeitet seit fünf Jahren in Saudi-Arabien. Es reicht ihm. Das Land sei zu teuer geworden, sagt er. Fünfhundert Dollar Lohn im Monat. Dafür ist er fast jeden Tag zwölf Stunden auf Achse. Seine Frau und die drei Töchter leben in Ghana. Während einer Pause zeigt er mir Fotos auf dem Handy, alle tragen bunte Kleidung und große Sonnenbrillen. Er fragt, ob ich ihn nach Deutschland holen könne.

Farblos flimmerndes Land. Die Straße ist pfeilgerade, eine dunkelgraue Linie zwischen zwei leeren Ebenen, zwölf Stunden lang. Gottverlassen, abweisend. Über uns der Staubhimmel, grausame Landschaft. Häuserskelette. Saudi-Arabien ist menschenfeindlich, aber anders als vermutet. Im Straßengraben häufen sich Plastikflaschen, Dosen, Verpackungen, immer wieder sehe ich verunglückte Autos, zerbeult, zerdrückt, die niemandem mehr gehören.

Auf den Verkehrsschildern ist eine stilisierte Kaaba abgebildet. Mekka ist nah. In der Ferne der Schatten einer Kamelherde. Gelegentlich taucht eine Tankstelle aus dem Wüstensand auf wie eine Fata Morgana. Oder ein Spielplatz mitten im Nirgendwo. Schaukeln und Rutschen sind bedeckt mit Sand und Verlassenheit. Immer wieder trübe Satellitenvororte und die grässliche Vorstellung, hier aufwachsen, hier leben zu müssen.

Fährt man in eine Ortschaft hinein, so sind die Straßenränder mit Rosen und Ringelblumen bepflanzt. Und futuristische Laternen leuchten in Neongrün oder Neonblau. Das einzig Farbenfrohe im Farblosen. Ein ausgesetzter Gastarbeiter pickt mit einer Zange im Beet herum, von morgens bis abends. Den Eingang eines jeden Trabantenstädtchens markiert stets ein Kreisverkehr, in dessen Mitte riesenhafte Skulpturen aus dem Alltag aufgestellt sind: eine sieben Meter hohe Teekanne oder ein gigantischer Blumentopf, bisweilen auch zwei gekreuzte Krummsäbel oder ein Kampfjet. Entlang der Schnellstraße stecken alle paar Kilometer Schilder im Sand mit der Aufforderung »Lobpreise Gott«. Das Kind hinter mir furzt laut, ein schwefeliger Geruch hängt über den Polstern.

Mein Handy blinkt. Khaled aus Buraida schreibt mir, dass er mich auf Snapchat gesehen habe, gratuliert mir, Lamis schickt Herzchen, ebenso Amani, ihr Vater entdeckte mich auf Tiktok, Adil sendet drei Daumen-hoch, Michelle einen virtuellen Blumenstrauß, und Abu Firas verschickt ein Emoji mit Sonnebrille. Tatsächlich haben mehrere Accounts mit Hunderttausenden Followern meinen Handshake mit dem Prinzen geteilt, sogar der offizielle Kanal der Königsfamilie Al Saud, Millionen Menschen klickten sich durch die Videos und wissen nun Bescheid über mich. Ich kann nicht mehr abhandenkommen. Saudi-Arabien hat mich im Blick.

Mit Mekka wird alles beschrieben, was nicht Mekka ist. Das Mekka der Hühnchen-Sandwich-Liebhaber. Das Mekka für Weihnachtsschmuck. Das Mekka für Schnäppchenjäger. Das Mekka zum Fliegenfischen. Das Mekka für Brettspielfreunde. Das Mekka der Bierliebhaber. Was ist das echte Mekka? Das Mekka der Mekkas natürlich. Oder genauer: *Makkah al-Mukarramah*. Die Heilige. Die Stadt Gottes. Ein magnetischer Pol des Glaubens.

Abermillionen Menschen richten sich mehrmals täglich wie eine Kompassnadel zur Kaaba hin aus. Jenem schwarzen Würfel, der eingehüllt ist in ein ebenso schwarzes, mit goldenen Koransuren bestícktes Tuch, der *Kiswa*. Hin zu diesem fensterlosen Haus Allahs, dessen Innenraum leer ist, einst von Adam gebaut und von Abraham und seinem Sohn Ismael wieder errichtet, so heißt es, das zentrale Heiligtum des Islam, im Hof der Großen Moschee, in der Frauen und Männer gemeinsam beten.

Den ganzen Tag wird der Kubus umkreist, die ganze Nacht, niemals reißt der Menschenstrom ab. Ein Nichtmuslim vermöge sich nicht auszumalen, was es für einen Muslim bedeute, in Mekka beten zu dürfen, so sagte man mir. Das Verzehren nach dem Heiligtum vibriert im Murmeln des Glaubensbekenntnisses, es fließt aus den Händen derer, die das schwarze Tuch berühren. Frauen und Männer flehen, weinen, videofonieren mit Verwandten am anderen Ende der Welt, knipsen, schubsen, drängeln, klammern sich an die Türschwelle der Kaaba wie Ertrinkende.

Die Geschichte rund um Mekka verlief nicht immer friedlich. Da waren Schlachten und Scharmützel. Im Jahr 1979 geschah hier etwas, das Saudi-Arabien maßgeblich verändern sollte. Etwas, das eine konservative Wende einleitete. Am 20. November 1979 besetzte eine Gruppe von rund fünfhundert militanten Wahhabiten die Große Moschee von Mekka *(al-Masdschid al-Haram)*, in deren Mitte die Kaaba steht. Die Terroristen nahmen mehrere Hundert Pilger als Geiseln, postierten Scharfschützen auf den Minaretten. Sie wollten mit ihrer Besetzung den damaligen Modernisierungskurs im Land stoppen und die prowestliche Familie Al Saud stürzen, verlangten eine Rückkehr zur Lebensweise der »frommen Altvorderen«. Kinos, Kunst und Fernsehmoderatorinnen waren für sie Ausdruck von Gottlosigkeit.

Doch Gewalt und Waffentragen sind in der Großen Moschee verboten, was die saudische Führung vor theologische und militärische Probleme stellte. Es brauchte zwei Wochen und die Erstellung einer Fatwa, die das Mitführen von Waffen erlaubte, bis sich die Regierung zum Angriff durchringen konnte. Mithilfe französischer Spezialeinheiten (»Ungläubige« aus fundamentalistischer Sicht) gelang es den saudischen Truppen, die Besatzer zu überwältigen. Mehr als tausend Menschen starben. Der Anführer und 63 seiner Gefolgsleute wurden zwei Monate später öffentlich hingerichtet.

In Mekka waren sie gescheitert, doch die Terroristen hatten mit ihrer wahhabitischen Sittenstrenge gleichwohl politischen Erfolg. Denn nach 1979 gewannen die radikalen Kräfte an Macht und Einfluss, auch weil das Königshaus hoffte, revolutionäre Ideen somit im Keim zu ersticken. Zeitgleich wurde im Iran der Schah gestürzt; ein ähnliches Schicksal wollten die Al Saud um jeden Preis verhindern. Eine Zeitenwende setzte ein. Die Religionspolizei trat drakonischer auf, verbot Musik und Tabak, Frauen verschwanden gänzlich aus der Öffentlichkeit, Kinos mussten schließen. Das Land wurde konservativer, antiliberal und reaktionär.

Mekka war immer schon Mittelpunkt religiöser Interessen gewesen, auch wenn die Frühgeschichte der Stadt im Dunkeln liegt. Bereits in vorislamischer Zeit war die Kaaba Zielort einer Wallfahrt und wurde von arabischen Stämmen als Heiligtum des Gottes Hubal verehrt, ebenso huldigten hier die Menschen Allah und den altarabischen Göttinnen al-Lat, Manat und al-Uzza. Die Kaaba war zudem nicht der einzige quaderförmige Schrein auf der Halbinsel; vielmehr existierten mehrere Gebäude dieser Art, um ebenfalls vom lukrativen Pilgergeschäft zu profitieren, so auch in Nadschran und Sanaa. Um 570 wurde Muhammad in Mekka geboren. In den Bergen soll er dann göttliche Offenbarungen empfangen haben.

Über den Erzengel Gabriel teilte Gott ihm die Suren mit, so die Überlieferung, die später im Koran verschriftlicht wurden.

Der Islam ist keine Wüstenreligion, die plötzlich vom Himmel fiel. Er ist eine Stadtreligion, erwachsen in Mekka, einer wuseligen Metropole, in der Menschen aus allen Teilen der Halbinsel handelten, Götter und Geister anbeteten, aßen, tranken, lachten, liebten und Gedanken austauschten. Nicht nur Muhammad, auch seine Hörer kannten die Bibel, und sie hatten philosophisches Wissen. In Arabien wurden dieselben Probleme diskutiert wie in der umliegenden spätantiken Welt. Die Entstehung und Entwicklung des Islam muss deshalb überregionalgeschichtlich betrachtet werden. Denn neben den Monotheismen Judentum und Christentum gab es im ersten Jahrtausend auch die griechische Philosophie, das römische Recht, den Zoroastrismus und den Manichäismus. Ebenso armenische, syrische und mittelpersische Einflüsse und Bräuche. Der Koran ist folglich eine Schrift der Spätantike, eingebettet in einen Kontext vielfältiger Religionen, Weltanschauungen, Rechtsprechungen und Riten.

Die Mekkaner lehnten Muhammad und den Monotheismus ab. Sie fürchteten um ihr Pilger-Business. Der Verschmähte wanderte 622 mit seinen Anhängern nach Yathrib (später Medina) aus. Nach einigen Kriegen gegen die Mekkaner eroberte Muhammad 630 Mekka und islamisierte die (bereits bekannten vorislamischen) Wallfahrtsrituale an der Kaaba, die bis heute von Muslimen und Musliminnen nachgeahmt werden. Siebenmal führen die Pilger den Umlauf *(Tawaf)* um die Kaaba durch, entgegen dem Uhrzeigersinn, damit der Gläubige symbolisch ins Paradies zurückkehrt und alle Sünden hinter sich lässt.

Mekka ist aber nicht nur das Zentrum des Glaubens, Mekka war und ist eine Geldquelle. Der viertägige Hadsch, die große Pilgerfahrt, die jeder Muslim wenigstens einmal im Leben ableisten sollte, sofern er körperlich und finanziell dazu in der Lage ist, schafft temporär mehr Jobs als die Ölindustrie. Während des Hadsch werden zwei bis drei Milliarden US-Dollar Einnahmen generiert. Täglich. Mindestens 5000 Dollar muss der Gläubige für die Pilgerfahrt zahlen, die von Reiseagenturen organisiert wird, je nachdem welches Paket er bucht. Und ohnehin wollen die Millionen Pilger essen und shoppen. Hierfür müssen sie nicht lange laufen. Direkt gegenüber der Großen Moschee versorgt ein KFC die hungrigen Wallfahrer mit panierten Hähnchenschenkeln und Pommes rot-weiß. In der imposanten Hochhausgruppe samt 601 Meter hohem Makkah Clock Royal Tower, der größten Turmuhr der Welt – vis-à-vis zum Haus Gottes –, befinden sich Luxushotels, Restaurants sowie Food Courts, und in der riesigen dreistöckigen Shoppingmall warten Sneakers von Nike, Dessous von Nayomi oder Mini-Kaabas vom Souvenirstand auf die Kaufbereitschaft der Beseelten. All das nur ein paar Meter von der heiligsten Stätte des Islam entfernt. Materialismus und Moschee, Kapitalismus und Kontemplation. Mehr Ambiguitätstoleranz geht nicht.

Trotz der Duldsamkeit von scheinbar unvereinbaren Widersprüchen ist Nichtmuslimen der Besuch Mekkas strengstens verboten. Ein Checkpoint an der Autobahn überprüft stichprobenartig, ob die Einreisenden muslimisch sind. Konvertiten müssen dann eine Bescheinigung ihrer Moschee vorzeigen. Die ganze Stadt ist Sperrzone. Auch ich kenne nur die üblichen Fotos und Videos aus TV und Internet oder die Clips, die mir Adils Kumpel Turki auf dem Handy von seiner Umra zeigte. Auf dem Display sah ich die Kaaba und die Shoppingmall, die betenden und bummelnden Menschen. Mekka bleibt unwirklich.

Und doch waren da in der Vergangenheit immer wieder Europäer, die sich unerlaubt Zutritt verschafften, obwohl ihnen damals noch die Todesstrafe drohte. Einer der berühmtesten Eindringlinge war der britische Abenteurer, Offizier, Orientalist und Konsul Sir Richard Francis Burton (1821–1890). Verkleidet als afghanischer Derwisch vollzog er 1853 als Nichtmuslim den Hadsch. Er lieferte daraufhin eine detaillierte Beschreibung der Stadt und der islamischen Pilgerfahrt. Burton hatte sich akribisch auf die Reise vorbereitet, sprach fließend Arabisch, liebte die Kultur, übte die Riten; setzte er als Nichtmuslim doch sein Leben aufs Spiel. Den ersten Blick auf die Kaaba beschrieb er so: »Ich kann wirklich sagen, dass von allen Betern, die sich weinend an den Vorhang klammerten oder ihre schlagenden Herzen an den Stein drückten, für den Moment keiner eine tiefere Emotion empfand als der Pilger aus dem hohen Norden.«

Ibrahim: »Wie läuft deine Reise?«
Ich: »Hey, ich bin unterwegs nach Dschidda. Manchmal ist es schwierig wegen Ramadan.«
Ibrahim: »Haha, ich verstehe. Eines Tages, wenn wir uns im echten Leben treffen, musst du mir all die Geschichten erzählen.«

DSCHIDDA

جدّة

Nicht einmal jeder zweite Deutsche verfügt über einen Reisepass, lese ich auf *Spiegel Online*. Ich wundere mich noch, dann rollt der Bus abends endlich in Dschidda am Roten Meer ein, der wichtigsten Hafenstadt Saudi-Arabiens.

Muhiuddan aus Bangladesch macht den besten Preis. Er geht so stramm zu seinem verbeulten Auto, dass ich ihm nachrennen muss. Später weiß ich, warum. Muhiuddan ist illegal im Land. Vor zwei Jahren war er noch bei der Fast-Food-Kette Albaik angestellt, erzählt er. Doch sein letzter Kafil hat ihn nicht bezahlt und ihm seine Papiere nicht ausgehändigt. Muhiuddan beschwerte sich beim Arbeitsgericht. »Keine Chance«, sagt er und lächelt entmutigt. Jetzt hat er wegen der fehlenden Aufenthaltsgenehmigung viele Tausend Riyal Schulden. Erwischt ihn die Polizei, wird er abgeschoben. Er lebt von der Hand in den Mund, seine Schrottkarre ist sein einziger Besitz, sie klingt, als würden wir auf den Felgen fahren. Die Klimaanlage pustet heiße Luft aus dem Schlitz.

Der Verkehr ist dicht und laut, Autos wechseln die Spur, drängeln. Vier Millionen Menschen leben in dieser zweitgrößten Stadt nach Riad. Es wird gehupt, Kinder klettern zwischen Rückbank und Beifahrersitz hin und her, schon von Weitem sehe ich an der Corniche den Wasserstrahl der Fahd-Fontäne dreihundert Meter in die Höhe schießen. Breite Boulevards, verspiegelte Fassaden, flirrende Hitze. Vorbei an Ikea, das Werbeplakat preist für 39 Riyal LED-Ramadan-Laternen mit dem Namen »Gokvälla« an. Dann wieder diese wunderlichen Kreisverkehrskulpturen. Ein Auto auf einem fliegenden Teppich. Eine Meereswelle aus Beton. Ein leuchtender Globus. Ein Segelschiff aus Metall. Der Fahnenmast mit der saudischen Flagge, 171 Meter hoch, bis 2021 der höchste Fahnenmast der Welt. Ein kolossaler Zirkel mit Winkelmaß. Eine Stahlfaust. Ein meterhoher Bücherstapel aus Stein. Ein Betonblock, in dem vier Autos stecken.

Als wir mein Hotel erreichen, fragt mich Muhiuddan, ob ich ihm ein Visum für Deutschland beschaffen könne.

»Inschallah«, antworte ich.

Der junge Mann, der meinen Rucksack in den ersten Stock trägt, heißt Saddam Hussein.

»Wirklich?!«, frage ich.

»Ja«, sagt er und lächelt, halb verlegen, halb stolz.

Das Zimmer riecht nach Zigaretten. An der Wand hängt ein Bild von der Seine in Paris, im Hintergrund ist Notre-Dame zu erkennen. Das gebuchte Frühstück fällt wegen Ramadan aus. Stattdessen wird abends ein freudloses Iftar aus Reis und Hühnchen serviert. Im Speisesaal steht ein kleinkindgroßer Eiffelturm aus Plastik.

Spaziergang im Kiez. Vor einem Coffeeshop pickt ein Bangladescher mit einer Zange Kaugummi aus den Fugen des Gehwegs. Er ist betagt und grau, vielleicht Mitte sechzig, hat wahrscheinlich die letzten dreißig Jahre damit verbracht, Abfall in Saudi-Arabien aufzusammeln.

Ich glaube längst nicht mehr an den neoliberalen Gedanken »Du musst es nur wollen, dann schaffst du alles«, oder noch schlimmer: »Lebe deine Träume!« Was soll so ein Satz einem jemenitischen Bettlerjungen sagen, der unter einem Baum schläft? Oder einem bangladeschischen Gastarbeiter, der in Saudi-Arabien Müll einsammelt und selbst wie Müll behandelt wird?

Wie viel Geld oder Erfolg oder Glück man erhaschen kann, hängt stark davon ab, in welchem Land man geboren und in welchem Milieu man aufgewachsen ist. Und ja, auch welches Geschlecht man besitzt.

Ich reiche dem Bangladescher einen Schein, obwohl Almosen seit ein paar Tagen unter Strafe stehen; ein neues Gesetz droht mit 1000 Riyal Bußgeld für jede milde Gabe, die man rüberwachsen lässt, das sind knapp 250 Euro. Der Grund: Das Regime will nicht, dass Touristen von Straßenreinigern angesprochen werden und denken könnten, es lebten arme Menschen im Königreich. Die Gastarbeiter sollen arbeiten, nicht betteln. Tatsächlich ist dies ein zutiefst unislamisches Gesetz, denn zu den fünf Säulen des Islam gehört die Armenhilfe.

21 Uhr. In der Altstadt herrscht Ramadan-Trubel. Mondsichellampions schaukeln im Frühlingswind, Lichterketten flackern, bunte Papierfähnchen wehen, es duftet nach frisch gebackenem Fladenbrot, in den Dachcafés wird Shisha geraucht und Fruchtsaft getrunken. Tausende Menschen lustwandeln durch die Gassen, vorbei an Stadtvillen, Moscheen, Suqs und Piazzas.

Das riesige Saudi-Arabien ist nicht aus einem Guss. Die Unterschiede zwischen den Regionen, zwischen den Küsten, zwischen den Stämmen und Familien und zwischen den Köpfen sind groß. Während der Nadschd Fremden gegenüber lange Zeit abweisend und verschlossen blieb, war Dschidda das Gegenstück zur Wüste, Saudi-Arabiens Tor zur Welt. Ein Ort des Austauschs und des Handels. Seefahrer, Kaufleute, Pilger und Reisende steuern die Stadt am Roten Meer seit Jahrhunderten an. Schon damals herrschte hier ein babylonisches Sprachengewirr, unterschiedliche Ethnien und Religionen trafen aufeinander.

Der historische Stadtkern, al-Balad genannt, ist mit seinen über dreihundert Kaufmannshäusern aus dem 19. Jahrhundert wahrlich entzückend und daher seit 2014 als UNESCO-Weltkulturerbe eingetragen. In den meisten halb verfallenen Altstadthäusern wohnten bis dato arme Arbeitsmigranten. Allerdings müssen diese allmählich weichen, denn immer mehr Häuser werden restauriert, Boutiquehotels sind geplant, Souvenirläden eröffnen, Events finden statt, seit Kurzem zeigt das hundert Jahre alte Freiluftkino wieder Filme.

Hart grenzt sich die Altstadt mit den turmartigen Herrenhäusern aus Korallenstein und den schweren Teakholztüren vom modernen Dschidda mit seinen Highways ab. Die bejahrten Domizile mit ihren aus indischem Redwood geschnitzten *Roschan* ragen bis zu sieben Stockwerke in die Höhe. Die braunen, grünen oder blauen Roschan sind Fenstererker, die der Luftzirkulation dienten. Sind ihre Schnitzereien engmaschiger, so wohnten dort betuchte Frauen, die ohne Tuch von außen nicht gesehen werden durften. Sie selbst hatten jedoch freien Blick auf die Herren in den Gassen.

Ebenso Fatimah al-Hazazi. Die scharfsinnige junge Frau interessierte sich allerdings weniger für Männer als für Wissen. Anfang des 20. Jahrhunderts eröffnete sie in ihrem Wohnhaus eine der ersten heimlichen Mädchenschulen des Landes. Die Spießbürger jener Zeit lehnten die Bildung für »Weibsbilder« ab, doch davon ließ sich die gewitzte Fatimah nicht beirren und unterrichtete in ihrem Altstadthaus Französisch und Italienisch. Auch andere smarte Damen widersetzten sich den Biedermännchen und gaben Mädchen in ihren Häusern Unterricht in Lesen, Schreiben, Mathematik und Naturwissenschaften.

Ob sich die Geschichte mit Fatimah realiter so zugetragen hat, ist ungewiss. Außer Zweifel steht jedoch, dass in Dschidda 1955 die erste offizielle Mädchenschule eröffnet wurde, worauf die Dschiddawis bis heute stolz sind. Im Premierenjahr waren insgesamt dreißig Mädchen eingeschrieben, im zweiten Jahr stieg die Zahl auf einhundert Schülerinnen. 1970 wurde die erste Universität nur für Frauen gegründet. Diesmal in Riad. Heute gilt die Princess Nourah bint Abdulrahman University, geleitet von einer Frau, als größte Frauenuniversität der Welt.

1992 hatten Saudi-Araberinnen eine durchschnittliche Alphabetisierungsrate von 57 Prozent, im Jahr 2017 waren es 99 Prozent. Im Jahr 2023 gehört die Hochschulabschlussquote der Frauen zu den höchsten weltweit. Und wer weiß, vielleicht hat Fatimah ja doch den Grundstein für diese Entwicklung gelegt.

Ich setze mich in ein Café, trinke *Sobia*, ein regionales Kaltgetränk, das aus Gerste, trockenem Brot, Hafer und Rosinen hergestellt wird. Dann noch Zucker, Kardamom und Zimt. Wer das Gebräu zu lange stehen lässt, erhält Alkohol. Ein älterer Mann, der am Nebentisch Zeitung liest, sagt »welcome«. Der Gruß führt zur Unterhaltung. Majid ist Rentner und verbringt seine Freizeit am liebsten in al-Balad. Aufgewachsen ist er in Mekka. Er kann sich noch an die Besetzung der Großen Moschee im Jahr 1979 erinnern und an die konservative Wende, die daraufhin losbrach. »Sie waren wie die Taliban«, sagt er. Alles wurde verboten. Kinos, Musik, Spaß. Majid war noch ein junger Mann. Die Prohibitionen schmerzten ihn. »Das war nicht mehr das Saudi-Arabien, wie ich es kannte.«

Den Wandel, den Salman und MbS nun eingeleitet haben, befürwortet er, insbesondere für seine Enkel, aber Klubs und Alkohol dürfe es hier nicht geben, betont er. »Nicht so wie in Dubai.« Immerhin sei Saudi-Arabien die Hüterin der zwei Heiligen Stätten, das Land trage Verantwortung. »Extreme sind nie gut. Weder in die eine noch in die andere Richtung.«

Majid wägt seine Worte sorgfältig ab, und doch übt er weit mehr Kritik, als ich von Saudis normalerweise gewohnt bin. Er fragt mich, was deutsche Medien über Saudi-Arabien berichten. Ich bin ehrlich, möchte nicht lügen und erzähle, dass unsere Presse skeptisch ist und die meisten Deutschen ein eher negatives Bild von Saudi-Arabien haben.

»Das ist schade«, sagt Majid.

Es ist spät geworden. Ich steige zu Saiful ins Taxi. Dieses Mal denke ich an meine Abaya und ziehe den Zipfel ins Auto, bevor ich die Tür zuschlage. Seit dreißig Jahren arbeitet der Bangladescher in Dschidda. Seine drei Kinder hat er nur alle zwei Jahre gesehen, sie sind inzwischen erwachsen, gründen eigene Familien. Saiful fährt vorsichtig, drängelt nicht, hupt nicht. Sein Auto ist nicht verbeult, der Fond nicht mit Plastik ausgeschlagen, die Sitze sind frisch gesaugt, die Klimaanlage pustet kalte Luft aus dem Schlitz, am Spiegel hängt ein Duftbaum: Mango-Papaya. Saiful mag Saudi-Arabien. Er lebt gerne hier. Doch die Preissteigerungen der letzten Zeit kann er sich nicht mehr leisten. »Nächstes Jahr kehre ich heim.« In Bangladesch hat er ein Stück Land gekauft, möchte dort Reis anbauen. Er zeigt mir auf dem Handy Fotos seiner Heimatstadt. Es ist grün und hügelig. Ganz anders als Dschidda.

Wir fahren am halb fertigen Rohbau des Jeddah Tower vorbei, Kräne stehen herum, Sand ist aufgeschüttet, und doch ist kein einziger Bauarbeiter zu sehen. Der Wolkenkratzer sollte mit 1007 Metern das höchste Bauwerk der Welt werden, fast elfmal so hoch wie die Freiheitsstatue. Der Auftragnehmer ist das Bauunternehmen der Bin-Laden-Gruppe. Der Architekt ist Adrian Smith, der auch den Burj Khalifa in Dubai entworfen hat. Im Januar 2018 wurden die Arbeiten bei einer bisher erreichten Höhe von 256 Metern eingestellt; die geplante Wiederaufnahme im Jahr 2020 fand nicht statt. Gründe unbekannt. Mittlerweile ließ die Stadt verlauten, dass das Projekt weitergeführt werden soll. Inschallah.

»Der Turmbau zu Babel«, feixt Saiful.

Als junger Mann litt er unter Panikattacken. Warum, weiß er nicht. Vor drei Jahrzehnten ist er deshalb nach Mekka gepilgert. »Als ich die Kaaba berührte, war ich geheilt«, sagt er lächelnd. So entschied er, Bangladesch zu verlassen und als Gastarbeiter in Saudi-Arabien anzuheuern. »Ich war glücklich hier«, er lächelt noch immer, »doch jetzt ist es Zeit zu gehen.«

Er ist in Dschidda aufgewachsen. Sein Vater kam aus dem Jemen, seine Mutter war die zehnte von zweiundzwanzig Ehefrauen und stammte aus Syrien. Obwohl sein Name übersetzt »Löwe« bedeutet, beschrieb ihn ein Jugendfreund als scheu, höflich, fast mädchenhaft. Sein Lächeln wirkte sanft. Er verbrachte seine Schulferien beim Bergsteigen in der Türkei oder auf Safari in Kenia. Schon früh besaß er mehrere Limousinen und Pferde, aber der Reichtum füllte nicht die Leere in seinem Herzen. Der Vater hatte sich einst vom armen Gepäckträger zum millionenschweren Bauunternehmer hochgearbeitet, doch trotz des sozialen Aufstiegs wurde er als Jemenit in der saudi-arabischen Gesellschaft nie gänzlich akzeptiert. Er starb bei einem Flugzeugabsturz, als sein Sohn zehn Jahre alt war.

In seinen Teenagerjahren wandte sich der Junge der Religion zu, klammerte sich an Normen, wurde sittenstreng, kehrte sich sogar von Musik und Fernsehen ab. Sein Studium der Betriebswirtschaft schmiss er hin. Im Laufe seines Lebens heiratete er fünf Frauen, zwei von ihnen trugen den Doktortitel. Vierundzwanzig Kinder setzte er in die Welt. Dann, als die Sowjets in Afghanistan einmarschierten, ging er nach Pakistan und schloss sich der Widerstandsbewegung an. Er begann, »Gotteskrieger« zu rekrutieren, und errichtete Ausbildungscamps für arabische Freiwillige, gründete eine terroristische Vereinigung, nannte sie »die Basis«, wurde bei seinem erbitterten Kampf gegen die Sowjetarmee vom US-Geheimdienst CIA unterstützt.

Nach dem Abzug der sowjetischen Truppen kehrte er nach Saudi-Arabien zurück, begriff sich selbst als großer Anführer und wollte deshalb in seiner Heimat ebenfalls eine politische Rolle spielen. Mehrfach plädierte er in der familieneigenen Moschee in Dschidda für die Notwendigkeit, *Dschihad* gegen die USA zu führen, gegen die »Ungläubigen«. Als dann Saddam Hussein in Kuwait einmarschierte, nahm Riad bereitwillig das Angebot aus Washington an, Hunderttausende amerikanische Soldaten zum Schutz in Saudi-Arabien zu stationieren. Er betrachtete die Einladung an Nichtmuslime als Sakrileg und versuchte, die saudische Führung zu überzeugen, ihm die Möglichkeit einzuräumen, eine Freiwilligenarmee von 100 000 Mann aufzustellen, um das Königreich zu verteidigen. Vergeblich. Er erhielt eine Abfuhr, ihm wurde klargemacht, dass er kein Mitspracherecht in der Politik seines Landes besaß. Er ging. Verlor die saudische Staatsbürgerschaft.

Der 11. September 2001 ist eine Zäsur in der Weltpolitik. Die Attentate trafen auch Saudi-Arabien vollkommen unvorbereitet. Fast 3000 Menschen starben an diesem Tag in New York, Washington, D. C. und Pennsylvania. Es war seine Idee, sein Plan. Fünfzehn der neunzehn Attentäter waren saudische Staatsbürger. Auf seinen Kopf setzte die US-Regierung fünfzig Millionen Dollar aus. Er war der weltweit meistgesuchte Terrorist.

In der Nacht zum 2. Mai 2011 erschossen ihn US-Soldaten bei der Erstürmung seines Anwesens in einem Vorort in Pakistan, weit entfernt von den Frontlinien seines Heiligen Krieges. Ein Bild, das bleibt: Verwelkt und grimmgrau sitzt er eingewickelt in eine Decke vor einem kleinen Röhrenfernseher, zappt mit einer Fernbedienung durch die Programme und schaut sich Aufnahmen von sich selbst an. Trotz dieses unheroischen Endes geht seine Saat in anderen Köpfen auf. Zwar erklärte der Großmufti Saudi-Arabiens sowohl al-Qaida als auch den »Islamischen Staat« zu den größten Feinden des Islam, aber die Ideologie der Wahhabiyya ist so verschieden nicht.

Mit Ihrer Zusammenarbeit hat die Aufsichts- und Antikorruptionsbehörde (Nazaha) während des Monats Ramadan 1612 Kontrollbesuche eingeleitet, um ihre Mandate und Pflichten wahrzunehmen und um außerdem Ermittlungen gegen 131 beschuldigte Personen durchzuführen und 74 Bürger und Einwohner zu verhaften (mehrere Personen wurden gegen Kaution freigelassen) im Einklang mit der Strafprozessordnung. Unter ihnen sind Mitarbeiter in saudischen Ministerien (Innenministerium, Verteidigung, Nationalgarde, auswärtige Angelegenheiten, Gesundheit, kommunale, ländliche Angelegenheiten und Wohnungsbau) und der Zakat-, Steuer- und Zollbehörde wegen ihrer Beteiligung an verschiedenen Straftaten (z. B. Bestechung, Amtsmissbrauch, Geldwäsche und Fälschung). Gegen die Festgenommenen wird derzeit ein Strafverfahren zur gerichtlichen Verfolgung eingeleitet.
Um öffentliche Gelder zu schützen und zu bewahren, können Sie der Nazaha-Behörde über unsere gebührenfreie Nummer

(980) den Verdacht auf Finanz- oder Verwaltungskorruption melden.

SMS der Nationalen Antikorruptionskommission an meine saudische Handynummer

Regen. Ringsumher Regen im Land. Als wolle er alles wegspülen, das Alte und das Neue. Heute und morgen werde ich fasten. Kein Wasser. Kein Essen. Will wissen, wie sich Ramadan anfühlt. Schon oft habe ich gefastet, nach Buchinger, sprich mit Suppen und Tee. Jetzt ist mein Mund trocken, ich bin durstig, zähle die Stunden, bis ich endlich trinken kann. Es ist zehn Uhr morgens.

In der *Saudi Gazette* lese ich, dass die Verkehrspolizei auf der Autobahn von Dammam nach Riad ein Kind aufgefunden hat, das von seinen Eltern offenbar vergessen worden war. Die Story findet ein frohes Ende: Mittlerweile wurde das Mädchen der Familie in »gutem Gesundheitszustand« übergeben. »Alhamdulillah«, gepriesen sei Gott, heißt es in der Erklärung. Es gibt sie noch; die heiteren Neuigkeiten. Insbesondere in Saudi-Arabien, denn abgesehen von den regelmäßigen Meldungen über verunglückte Busse, berichten die saudischen Tageszeitungen allzeit Erfreuliches aus dem Königreich. Kritische Artikel sind nicht zu finden. Nur Erfolgsgeschichten. So fiel die Arbeitslosenquote in Saudi-Arabien um vier Prozent, so stellt die Polizei im Krieg gegen die Drogen über drei Millionen Captagon-Pillen sicher, so feiert Saudi Aramco den höchsten Jahresgewinn aller Zeiten, so ist die Inflation in Saudi-Arabien auf 2,7 Prozent gesunken – der niedrigste Stand seit acht Monaten –, so verzeichnen die saudischen Häfen einen Anstieg des Containervolumens um 21 Prozent, so klettern die saudischen Aktien weiter steil nach oben, so wird eine neue Airline angekündigt oder ein neues Megabauprojekt vorgestellt, so steigt im Königreich die Überlebensrate bei Krebs und immer so fort. Saudi-Arabien ist das Land der guten Nachrichten.

Weil draußen nichts los ist, beschließe ich, die Ausstellung »Keep Smiling« der saudischen Künstlerin Daniah al-Saleh zu besuchen. Ihre Arbeiten reflektieren die allgegenwärtige Verwendung von Emojis. Es gehe um die Banalität eines Piktogramms, das in den meisten schriftlichen Kommunikationen die Raffinesse der Ausdruckssprache ersetzt habe, so erklärt al-Saleh ihren Ansatz. Sie verbindet dabei digitale Elemente, Fotografie und Acrylmalerei miteinander. Macht Videoinstallationen, lässt menschliche Gesichter zu Emojis werden und lächelnde Münder in verzerrte Fratzen umschlagen. Ohnehin fällt mir auf, dass sich saudische Kunst oft an asiatischer Populärkultur ausrichtet, seien es japanische Animes oder K-Pop. Mich interessiert, wie frei die Kunst in Saudi-Arabien sein darf, welche Umwege sie nimmt und wo ihre Grenzen liegen. Im Internet lese ich, dass die Galerie, die al-Salehs Werke ausstellt, geöffnet hat. Auch an Ramadan.

Im Jahr 2022 nahm al-Saleh an der allerersten *Diriyah Biennale* teil, einer internationalen Schau für zeitgenössische Kunst. Über sechzig Künstler und Künstlerinnen kamen in Riad zusammen, viele stammten aus Saudi-Arabien oder anderen arabischen Staaten. Der Titel der Biennale »Feeling the Stones« war dem chinesischen Sprichwort »von Stein zu Stein tastend den Fluss überqueren« aus der Zeit der Reform- und Öffnungspolitik der späten 1970er-Jahre in China entlehnt. Der Titel bedarf wohl keiner weiteren Interpretation. Für 2024 ernannte die *Diriyah Biennale Foundation* die deutsche Kuratorin Ute Meta Bauer zur künstlerischen Leiterin. »Saudi-Arabien befindet sich auf dem Weg eines bedeutenden sozialen und kulturellen Wandels. Ich betrachte dies als eine einzigartige Gelegenheit, diesen besonderen Moment durch Kunst festzuhalten«, sagte sie in einem Interview. Der Titel diesmal lautet »After Rain«. Wieder braucht es keine Interpretation. Nach dem Regen, nach dem reinigenden Gewitter trage die klare Luft diesen speziellen Geruch, den jeder kenne, sagte Ute Meta Bauer.

Die Kunst ist nicht nur wichtig für Saudi-Arabien, um sich als weltläufig und avantgardistisch zu präsentieren. Kunst ist ebenso ein Instrument der Soft Power. Wie das funktioniert, hat das Emirat Abu Dhabi mit seinem Louvre vorgeführt. Auch Katar investiert horrende Summen in die Kreativbranche. Und gewiss gibt es Beschränkungen. Die saudischen Künstler und Künstlerinnen arbeiten thematisch frei, solange sie keine Kritik an der Regierung üben, Gott beleidigen oder Nacktheit zeigen. Vor einer offiziellen Ausstellung wird jedes einzelne Objekt von der staatlichen Behörde überprüft und abgenickt. Saudische Künstler bewegen sich im Bewusstsein der roten Linien, was ihre Arbeit durchaus befruchten kann, da sie zweimal mehr um die Ecke denken müssen.

Und doch gibt es auch in Saudi-Arabien mittlerweile Kunsträume, in denen lokale Kulturschaffende ohne staatliche Kontrolle Netzwerke bilden und ihre Kunstwerke zeigen können. Noch fehlt den jungen Künstlern die Möglichkeit einer flächendeckenden künstlerischen Ausbildung, ebenso die nötige Infrastruktur, um ihre Kunst allerorten auszustellen. Bislang hat sich nur in Dschidda oder in kleinen Kollektiven eine dynamische Kunstszene etabliert. Aber es geschieht einiges. Das Misk Art Institut, ein 2017 staatlich gegründetes Kunstinstitut, will Kunstschaffende mit Stipendien und Hunderten Programmen unterstützen. Das Königshaus kündigte zudem an, für die kommenden Jahre 64 Milliarden US-Dollar in Kunst und Unterhaltung zu stecken. Insbesondere junge Künstlerinnen werden als »Motoren des Wandels« durch öffentliche und private Förderprogramme protegiert.

Und auch bei »After Rain« ist er wieder mit dabei: Ahmed Mater. Der 45-Jährige gehört zu den international renommiertesten saudischen Kunstschaffenden, und er ist einer der wichtigsten zeitgenössischen Künstler der Arabischen Halbinsel. Zu Maters Ausdrucksformen zählen Malerei, Fotografie, Kalligrafie sowie Installationen, Performances und Videos. Seine Arbeiten wurden in den großen Häusern weltweit ausgestellt. Unvergessen seine Fotodokumentation »Desert of Pharan« über die totale Kommerzialisierung von Mekka zu einem Zentrum des religiösen Massentourismus. Die Fotos zeigen die unbequeme Seite der heiligen Stadt. Man sieht Gastarbeiter auf Baustellen oder in ihren fipsigen Schlafkammern, daneben Luxushotels, Reisebusse und Zeltstädte. »Kunst muss politisch sein und politische Veränderungen bewirken«, sagte Mater in einem Interview.

Voller Vorfreude auf die Ausstellung von Daniah al-Saleh rufe ich ein Taxi und mache mich auf den Weg zur Galerie. Eine Stunde später seufze ich laut, denn ich stehe vor verschlossenen Türen. *Welcome to Saudi Arabia.*

> *Prognosen des Nationalen Zentrums für Meteorologie deuten darauf hin, dass es in der Region Makkah al-Mukarramah (Dschidda-Rabigh) von Mittwoch bis Donnerstag leichten Regen geben wird, und der Zivilschutz ruft alle dazu auf: Seien Sie vorsichtig, und halten Sie sich an die Anweisungen. Möge Gott Güte und Segen regnen lassen, sodass sich sein Nutzen im ganzen Land ausbreitet. Ihre Zusammenarbeit ist unser Ziel. Und Ihre Sicherheit ist unser Ziel.*
>
> SMS des Zivilschutzes an meine saudische Handynummer

Ich habe Kopfweh, mir ist schummrig, und mein Hals ist so ausgedörrt wie das Leere Viertel. Mir gefällt das Fasten nicht. Und dann begehe ich einen saudummen Anfängerfehler. Eine Stunde vor Iftar ist meine Esslust so gewaltig, dass ich über den saudischen Lieferdienst *Hunger Station* jede Menge frittiertes Zeug bestelle, das ich mir zum Fastenbrechen einzuverleiben gedenke. Die Tüte kommt, ich richte auf dem Hotelzimmerbett Falafel, Hummus, Sambusas, Teigröllchen, Kibbeh, Fladenbrot und Bibsi her, warte diszipliniert, bis der Muezzin ruft. Und esse alles auf. Zwanzig Minuten später bestraft mich der Himmel mit Magenkrämpfen. Morgen werde ich es besser machen, verspreche ich mir hochheilig und nippe an der Bibsi.

Um mich abzulenken, klicke ich mich auf Instagram durch Fotos der saudischen »first public all-women psychedelic rock band«. Die Frauen tragen Tattoos unter ihrer Abaya, schütteln ihre Mähnen zum Takt, singen, spielen E-Gitarre und Schlagzeug und sprechen sich für die Legalisierung von LSD in der medizinischen Forschung in Saudi-Arabien aus. Und während die jungen Musikerinnen in ihrem Probenkeller in die Saiten hauen, sitzt zeitgleich in einem anderen Keller eine junge Frau, weil sie es wagte, ohne Abaya aus dem Haus zu gehen und sich auf Social Media gegen die Unterdrückung von Frauen einzusetzen. Manahel al-Utaibi wurde deswegen zu elf Jahren Haft verurteilt.

Diese Widersprüche. Dieses Land.

Am Abend spaziere ich die Corniche entlang. Viele Hundert Saudis, Expats und Gastarbeiter sind unterwegs. Flanieren, schlecken Eis oder sitzen im Gras. Kinder lassen Drachen steigen, im Hintergrund schießt die Fahd-Fontäne wie ein turmhoher Geysir in die Höhe.

Ein Schild mahnt: »No fishing«, daneben stehen Männer, die angeln. Sowieso ist die Verbotsliste auf den Hinweistafeln recht allumfassend angelegt: Tiere füttern verboten, Fußball spielen verboten, Haustiere verboten (Hund, Katze, Vogel), laute Musik verboten, spucken verboten, fotografieren verboten, Waffen verboten, skaten verboten, Shisha rauchen verboten, Blumen pflücken verboten, widerspenstiges Verhalten verboten (was immer das heißen mag), Feuerwerk verboten, Glasflaschen verboten, auf Palmen klettern verboten, Müll wegwerfen verboten und das Skurrilste: schreiben verboten.

Immerhin das Sitzen ist erlaubt. Und so ist die Wiese rappelvoll mit Menschen, die sich auf Picknickdecken lümmeln und den lauen Frühlingsabend genießen. Eine Gruppe junger Leute winkt mich zu sich. Unter ihnen sechs Saudis – Männer wie Frauen –, ein französisches Pärchen und ein Deutscher. In Plastikschälchen liegen Datteln, Sambusas, Baklava und Blätterteigröllchen. Muhammad schenkt mir Kaffee in ein Papptässchen ein und fragt mich sogleich aus: »Woher kommst du, seit wann bist du unterwegs, was hast du gesehen?« Er trägt Thawb, aber keinen Shemagh.

Die Gesprächsthemen der Gruppe kreisen um Musik, Ramadan, Bücher und Reisen. Franzose Clément erzählt, dass er und seine Freundin Louise morgen mit dem Schiff nach Ägypten übersetzen werden. Einen Monat sind sie durch Saudi-Arabien gereist. Ihre Augen leuchten, wenn sie von ihren Begegnungen berichten. »Die Leute hier sind so unfassbar freundlich«, schwärmt Louise. Auch Nick nickt. Er ist Mitte dreißig, kommt aus Berlin und ist seit zehn Tagen mit dem Motorrad im Land unterwegs.

Zuerst freue ich mich, auf einen Deutschen zu treffen, und Nick scheint sympathisch. Aber nach einer halben Stunde geht er mir auf den Senkel, versucht er doch, die picknickenden Saudis vom Atheismus zu überzeugen. Ein wenig erinnert mich sein Sendungsbewusstsein an eine frühere Version meiner selbst. Auf meinen ersten Reisen in den Nahen Osten dachte auch ich noch, über Gott diskutieren zu müssen, lernte dann aber irgendwann, wie bescheuert und blasiert ich mich verhielt. In Ländern, in denen Religion eine wichtige Rolle spielt, stößt man mit so einer Haltung schnell auf Ablehnung und Misstrauen.

In Saudi-Arabien habe ich fast niemanden getroffen, der oder die nicht auf irgendeine Weise an die Existenz Gottes glaubt oder sie zumindest für möglich hält. Immerhin gehört der Islam seit 1400 Jahren zur Identität des Landes. Hier ist er entstanden. Trotzdem heißt das nicht, dass nicht auch gläubige Saudis offen sind für Neuerungen. Hingegen gibt es Atheisten, die missionarisch und fundamentalistisch unterwegs sind. Ich war eine von ihnen. Es fängt ja stets mit der guten Absicht an. Freilich bleibe ich streng ungläubig. Jedoch behalte ich dies auf Reisen mittlerweile meistens für mich.

Nick nicht. »Du solltest mal Yuval Noah Harari lesen«, erklärt er einem Saudi, »dann wirst du deine Meinung überdenken.«

»Das Problem ist nicht Gott«, mischt sich Muhammad ein, »das Problem ist MbS.« Jetzt wird es heikel, befürchte ich, und Muhammad fährt fort. »Dass MbS das Land liberalisiert, hat nämlich nichts mit Freiheit zu tun. Die Regierung interessiert sich einen Scheißdreck für Menschenrechte. Es geht nur um wirtschaftliche Interessen. MbS ist unser Problem. Und nicht Gott.«

Ein anderer Saudi mahnt an, das Thema zu wechseln. »Lasst uns lieber über Partys reden.«

»Eine Drecksregierung ist das«, schnaubt Muhammad. Es ist das erste und einzige Mal, dass ich so deutliche Kritik am Königshaus vernehme. Muhammad fängt sich. Er weiß, dass er aufpassen muss. Die Gruppe spricht wieder über Musik, tut so, als sei nichts geschehen. Und mir fällt das Warnschild ein: »Widerspenstiges Verhalten verboten«.

MbS: »Salam.«
Ich: »Salam.«
MbS: »Kommst du zurück nach Riad?«
Ich: »Mal sehen. Momentan bin ich in Dschidda.«
MbS: »Riad wird anders sein, nachdem du mich kennengelernt hast. ;-)«
Ich: »Besser oder schlechter?«
MbS: »Natürlich besser.«
Ich: »Inschallah.«

Hilah öffnet die Tür. »Ahlan wa sahlan«, ruft sie, ich überreiche Pralinen, sie verteilt Wangenküsschen. Es ist immer wieder ein kleines Wunder für mich, wenn ich eine Frau, die ich mit Niqab kennengelernt habe, plötzlich ohne Gesichtsschleier anschauen darf. Wenn ihr Erscheinungsbild keine Spekulation mehr ist. Hilah hat ein breites Lächeln, das mich an die Schauspielerin Julia Roberts erinnert, Fältchen kräuseln sich um ihre Augen, sie ist Ende dreißig, wirkt aber etwas älter. Vielleicht weil sich durch ihr schwarzes Haar Silberfäden ziehen.

Hilah sprach mich gestern in einem Café an und lud mich für heute zum Iftar in ihr Haus ein. Sie arbeitet als Koranlehrerin in einer Mädchenschule und besitzt 1200 Bücher. Das weckte meine Neugier, und ich nahm ihre Einladung an. Hilah führt mich ins Wohnzimmer, auf dem Teppich sitzen elf Frauen um einen Sufra herum, dazu ein Säugling und neun Kinder in verschiedenen Größen. Hilah erklärt mir die Verwandtschaftsverhältnisse: Die ältere Dame auf der Ecke ist ihre Mutter Wafa, neben ihr sitzt Thuraya, sie ist die Enkeltochter des Bruders von Hilahs Vater, in ihrem Arm schläft ein Baby, drei Wochen jung, die beiden Frauen ihr gegenüber sind Hilahs Cousinen Kamra und Abeer, die Frau links daneben heißt Hind, sie hat Hilahs Cousin geheiratet oder ihren Bruder – ich komme nicht mit –, die Dame rechts ist ihre Tante (Name nicht verstanden), neben ihr sitzt Hilahs fünfzehnjährige Tochter Deema und Hinds Tochter Nasra. Des Weiteren noch drei Frauen, deren Namen und Verwandtschaftsgrad ich nach zwei Sekunden wieder vergessen habe, weil mein Gehirn streikt. Dazwischen hocken, rennen, schlafen oder hüpfen mehrere Kinder, unter ihnen auch ein vielleicht dreijähriges Mädchen mit Downsyndrom.

Alle Frauen und Mädchen tragen die gleichen Dschalabiyas aus blauem Stoff, auf dem gelbe Sterne und Monde aufgenäht sind, sogar das Baby hat eine winzig kleine Dschalabiya an. »Meine Mutter hat sie für uns geschneidert«, sagt Hilah, und Wafa lächelt bescheiden. Die Mittsechzigerin spricht kein Englisch, bietet mir auf Arabisch Kaffee an, doch ich lehne dankend ab, möchte mit den Frauen zusammen warten, bis der Adhan ruft. »Meine Mutter ist die Chefin der Familie«, sagt Hilah, »schon als sie jung war, hatte sie das Sagen.«

Ihre Geschichte geht so: Als kleines Mädchen durfte Wafa nicht zur Schule gehen. Ihr Vater erlaubte es ihr nicht. Aber Wafa war anderer Meinung. Mit acht Jahren beschloss sie, das väterliche Verbot zu ignorieren, schlich sich morgens aus dem Haus, rannte in die Schule und setzte sich in den Klassenraum. Die Lehrerinnen wussten nicht, wer das Mädchen war. Und doch kam es jeden Tag wieder. Irgendwann gab der Vater auf und erlaubte Wafa den Besuch der Schule. Sie machte ihren Abschluss, studierte Erziehungswissenschaft, wollte Lehrerin werden. Es waren die 1980er-Jahre, kurz nach der konservativen Wende, und auch dieses Mal verwehrte der Vater seiner Tochter die Eigenständigkeit. Sie solle lieber als Hausfrau daheimbleiben, meinte er. Wafa schmiedete einen Plan. Sie instruierte Dutzende Menschen aus ihrem Umfeld; Cousins, Tanten, den Bäcker, den Metzger, den sudanesischen Fahrer, die beiden Gärtner aus Pakistan. Und jeden Tag klingelte einer von ihnen an der Tür des Vaters und fragte: »Warum lässt du deine Tochter nicht als Lehrerin arbeiten?« Das ging einige Wochen so, bis der Vater endlich kapitulierte und Wafa Lehrerin wurde.

»So funktioniert das hier«, lacht Hilah und verschwindet in die Küche. Dort bereitet Hausmädchen Grace die Plastiktellerchen vor. Den halben Tag hat sie zusammen mit Hilah und Wafa Sambusas gerollt, Kibbeh gebraten, Spinat gehackt, Teigröllchen gebacken, Hühnchen und Reis gekocht. Grace ist 29 und Mutter von zwei Söhnen, sie leben in Uganda bei der Oma. Mit sechzehn wurde Grace das erste Mal schwanger, mit zwanzig erneut. Die Ehe zu ihrem Mann hielt nicht. In Kampala hat sie in einem Kinderbekleidungsgeschäft gejobbt, doch bald darauf kündigte sie. »Zu wenig Geld.« Sie zuckt mit den Schultern. »Deshalb bin ich vor eineinhalb Jahren nach Saudi gekommen.« Leicht fiel ihr die Entscheidung nicht. »Ich vermisse meine Jungs schrecklich«, sagt sie. Aber sie braucht das Geld, um ihren Söhnen eine anständige Schulbildung zu finanzieren. Ihr Vertrag in Saudi-Arabien läuft bald aus. Sie fragt, ob ich sie nach Deutschland holen kann.

»Noch fünfzehn Minuten«, ruft Hilah und trägt eine Schüssel Suppe ins Wohnzimmer. Kamra winkt mich zu sich. Sie ist dreißig, hat Betriebswirtschaftslehre studiert, aber schon mit achtzehn geheiratet und wegen ihrer drei Schwangerschaften nicht im Beruf gearbeitet. Ihre sechsjährige Tochter springt um uns herum, die beiden älteren Söhne, elf und acht, brechen das Fasten heute mit dem Vater bei den Schwiegereltern. Kamra hat sich immer ein Mädchen gewünscht. »Als der erste Sohn geboren wurde, habe ich geweint. Als der zweite Sohn geboren wurde, habe ich geweint«, sagt sie, während sie ihrer Tochter die Haare zu einem Zopf bindet. »Aber man darf das Schicksal nicht beeinflussen, das ist haram.«

Dennoch rebellierte Kamra. Heimlich. Sie wollte sich nicht allein auf Gott verlassen. Nicht mehr. Und so ging sie zu einem Arzt, »Ägypter«, raunt sie bedeutungsvoll. Der empfahl ihr und ihrem Ehemann eine vegetarische Diät über einige Wochen. Ihrem Mann erzählte sie nichts, er ist gottesfürchtig, hätte das nie erlaubt. Doch Kamra erdachte eine List, und so verkündete sie ihrem Mann, sie beide müssten endlich ein paar Kilo abspecken. Er schaute auf sein Bäuchlein und war einverstanden. Fortan kochte Kamra jeden Tag Blattgemüse, Früchte und Reis. Ob Zufall oder nicht: Das nächste Kind wurde ein Mädchen. Ihr Mann ahnt bis heute nichts.

Es sind oft die Frauen im Nahen Osten, von denen man im Westen am wenigsten weiß, aber die am meisten zu erzählen haben. Hind hört uns mit halbem Ohr zu, fragt mich, ob ich ebenfalls Nachwuchs habe. Ich verneine. Mitleid huscht über ihr Gesicht. Sie ist etwas jünger als ich und Mutter von vier Kindern, der älteste Sohn studiert seit einem Semester in Riad, die zwei jüngsten Söhne toben durch das Haus, kreischen oder daddeln auf ihren iPads herum. Teenietochter Nasra scrollt durch ihr Smartphone. Hind streicht sich über ihre Augenbrauen, sie sind tätowiert. »Vor fünf Wochen«, sagt sie, »aber nicht gut geworden.« Die Farbpigmente haben sich in der Haut ungleichmäßig verteilt. »Zum Glück trage ich draußen Niqab.« Sie lacht. Seit drei Jahren ist sie geschieden. »Wenn man nicht mehr glücklich ist, muss man sich trennen.« Jetzt sucht sie einen neuen Mann. »Es wird Zeit.« Sie zwinkert.

Nasra schaut von ihrem Handy auf und schüttelt den Kopf. »Sie will nicht, dass ich mir einen neuen Mann suche«, Hind schmunzelt.

»Warum nicht?«, frage ich das Mädchen.

»Erst wenn ich ausgezogen bin«, meint sie streng, und Hind kichert.

Währenddessen will mir Thuraya ihren speichelnden Säugling in die Arme drücken, doch ich lehne dankend ab, obschon ich weiß, dass eine Verneinung unhöflich daherkommt. Aber es geht nicht anders, ich kann mit Babys nichts anfangen. Thuraya sagt »kein Problem«, gleichwohl bemerke ich ihre Enttäuschung.

»Noch drei Minuten!« Hilah klatscht in die Hände. Auf dem Sufra stehen mittlerweile 65 kleine Plastikschüsselchen und Tellerchen gefüllt mit Datteln, Sambusas, Teigtaschen mit Feta, Teigtaschen mit Ei, Teigröllchen mit Spinat, Teigröllchen mit Hühnchen, Muffins, *Kanafeh* – eine warme Süßspeise aus Käse und Zucker –, dazu die süßen Bällchen Loqaymat und diverse Soßen. Ich staune, und Hilah sagt: »Weil du unser Gast bist.«

Als der Adhan erklingt, bin ich wie immer die Erste, der Kaffee und Datteln gereicht werden. Hind und Kamra wickeln sich in Tücher und beten. Hilahs Tochter Deema setzt sich neben mich. Fünfzehn ist sie, langes schwarzes Haar fällt ihr über den Rücken. Sie verehrt Taylor Swift und Lana Del Rey. Und sie liebt Horrorfilme und Gruselbücher. Momentan liest sie ein Buch über eine Zombie-Apokalypse. »Viele Tote«, sagt sie knapp. Derweil schreien die Kinder, fegen herum, schauen Videos, zupfen an den Ärmeln ihrer Mütter, ein Junge hämmert auf einen Topf.

»Willst du mal Kinder haben?«, frage ich Deema.

»Um Gottes willen«, antwortet sie geradewegs.

»Warum nicht?«

»Ich mag sie nicht. Sie nerven.« Herrliche Deema. Auch die Ehe lehnt sie ab. »Lieber forensische Medizin studieren und Leichen aufschneiden«, sagt sie und grinst.

Um die jungen Frauen Saudi-Arabiens brauche ich mir keine Sorgen zu machen. Die wissen, was sie wollen, denke ich.

Unterdessen packt Abeer Teigröllchen und Sambusas auf meinen Teller. Mit 38 Jahren hat sie bereits drei Töchter und zwei Söhne. Sie spricht leise, und ich muss mich konzentrieren, sie zu verstehen, denn die Kinder um uns herum quieken und zocken auf ihren Handys lautstark Spiele, zeitgleich plappern die anderen Frauen, und der Fernseher plärrt. Abeer sieht übermüdet aus, verquollen. Vorgestern war sie in einer Klinik, hat sich die Augenringe unterspritzen sowie Wangen und Lippen aufpolstern lassen. Das Ergebnis ist nicht wie gewünscht. »Ich sehe noch müder aus«, nuschelt sie und hofft, dass sich ihr Gesicht in den nächsten Tagen zurechtrücken wird.

Mit neunzehn wurde sie verheiratet, die Ehe war arrangiert. Weder durfte sie den jungen Mann vorher treffen noch mit ihm telefonieren. Sie wusste nicht, wie er ausschaute oder wie seine Stimme klang. Zum ersten Mal sah sie ihn auf ihrer Hochzeitsfeier. »Ich habe weinen müssen«, sagt sie. Aus Erleichterung, dass er kein Grottenolm war und weil sie unter der enormen Anspannung litt. »Ich war total verängstigt«, gesteht sie und saugt die Luft ein, als wolle sie für eine Zeit lang unter Wasser tauchen.

Nach der Feier gingen sie in ein Hotel. Ich frage nach der Hochzeitsnacht, Abeer antwortet ohne Scheu: »Ich wollte noch nicht mit ihm schlafen. Ich hatte Angst. Wir haben uns dann ein wenig unterhalten.« Auch er sei gehemmt gewesen, wusste nicht, was er machen sollte, erzählt sie. Die Situation überforderte ihn genauso wie sie. Eine Woche verbrachten sie im Hotel. »Wir haben jeden Tag ein bisschen mehr geredet und uns kennengelernt.« In der letzten Nacht, bevor sie das gemeinsame Appartement bezogen, sei es dann passiert.

»Ich hatte Glück mit meinem Mann«, sie lächelt, »er ist gut zu mir. Aber meinen Töchtern wünsche ich das nicht. Diese ganze Angst. Sie sollen sich zeigen dürfen. Und sich verlieben können.«

Nach drei Runden Kaffee nimmt mich Hilah an die Hand, führt mich in den ersten Stock und zeigt mir ihr Bücherzimmer. Das Regal erstreckt sich die gesamte Wand entlang und reicht bis zur Decke. Knapp 1200 Bücher stehen sorgfältig aufgereiht nebeneinander. Die meisten sind auf Arabisch, auch die religiöse Literatur, doch entdecke ich ebenso Dutzende ins Englische übersetzte Werke von Nietzsche, Foucault oder Tolstoi.

Hilah zieht *Jane Eyre* von Charlotte Brontë aus dem Regal, auf Arabisch. »Eins meiner Lieblingsbücher«, sie blättert durch das abgegriffene Buch, »ich mag willensstarke Frauen.«

»Weil du selbst eine bist?«, frage ich.

Hilah lächelt vielsagend. Tatsächlich hat sie den Eigensinn ihrer Mutter Wafa geerbt. Sie studierte, wurde Koranlehrerin, gibt jungen Mädchen privat Englischunterricht, ließ mehrere Heiratskandidaten abblitzen und entschied sich mit Ende zwanzig für einen Mann, der es mit ihrer Intelligenz aufnehmen konnte, einen Professor an der Universität, der heute wegen der vielen Gästinnen das Haus räumen musste. Als ihre Tochter Deema noch ein kleines Mädchen war, erzählte Hilah ihr von den berühmten selbstbewussten Araberinnen der Geschichte, wie Zenobia – Herrscherin Palmyras in Syrien –, oder Shajar ad-Durr, die als Haremssklavin zur einzigen Sultanin des islamischen Ägypten aufstieg, wenn auch nur für kurze Zeit.

»Mir ist es wichtig, dass Frauen gebildet und unabhängig sind«, erklärt Hilah, »und dass sie dies im Einklang mit ihrer Kultur sein können.«

Für Hilah bilden Tradition und Emanzipation keinen Widerspruch. Sie sagt: »Ihr im Westen müsst verstehen, dass sich saudische Frauen saudisch emanzipieren. Und nicht westlich. Es ist ein Feminismus, der an unsere Traditionen geknüpft ist. Für euch erscheint das wie ein Gegensatz. Ist es aber nicht.«

Hilah schiebt *Jane Eyre* zurück ins Regal. »Es gibt noch viel zu tun«, sagt sie, »aber wir wissen um unsere Rechte, und wir gehen unseren Weg. Einen saudischen Weg. Und wir erwarten vom Westen Respekt, nicht Mitleid.«

Im Erdgeschoss gibt es wieder Essen. Diesmal Kabsa und Käse-Makkaroni. Hind packt eine bauchige Kelle Reis auf meinen Teller, dazu die dickste Hähnchenkeule und einen Klecks Makkaroni, gleichzeitig reicht mir Kamra drei Sambusas und zwei Teigtaschen mit Spinat. Wafa füllt derweil ein Schüsselchen mit Kanafeh für mich, und Abeer gießt mir Vimto ein. Die ganze Nacht werde ich Bauchschmerzen haben, und doch bin ich bewegt. Von der Liebenswürdigkeit meiner Gastgeberinnen. Von ihrem Freimut. Ihrer Gewitztheit. Ich beobachte die Frauen um mich herum, wie sie lachen und plaudern, und ich erkenne, dass jede für sich eine Widerstandskämpferin ist. Hilah lehnt sich mit ihren 1200 Büchern gegen Dummheit auf, Wafa wehrte sich gegen die Verbote ihres Vaters, Kamra hörte nicht auf Gott, Hind entschied sich gegen eine unglückliche Ehe, Abeer will für ihre Tochter keine arrangierte Heirat, Grace kämpft gegen ihre Armut, und Deema widersetzt sich dem typisch weiblichen Rollenbild. Es sind diese kleinen Kämpfe, die Großes bewirken können.

Freiheit
Wird die Zeit kommen
Damit meine Ideen schweifen können
Durch die weite Wüste
Durch die Hohlräume des Leeren Viertels?

NIMAH ISMAIL NAWWAB

Die Tage in Dschidda. Für den Ortsnamen gibt es zwei Erklärungen: Nach der ersten bedeutet Dschidda »Seeküste«, da die Stadt an der Küste liegt. Die zweite Erklärung ist charmanter; danach heißt Dschidda übersetzt »Großmutter«. Denn hier sei Eva begraben, glauben Muslime.

Taxifahrer Fadel erzählt, dass Adam nach der Vertreibung aus dem Paradies in Sri Lanka landete und Eva in Arabien. Warum das so war, erzählt er nicht. Von Gott soll Adam dann den Befehl erhalten haben, nach Mekka zu wandern. Dort errichtete er die Kaaba und vollzog die Umra. In der Ebene Arafat bei Mekka traf er Eva wieder, die in islamischer Tradition Hawwa genannt wird. Von einem Engel lernten sie die Riten des Hadsch, die die Menschen bis zum heutigen Tag verrichten.

Adam starb im Alter von 960 Jahren in Mekka. Der genaue Ort ist nicht bekannt. Hawwa wurde in Dschidda beerdigt. Deshalb sei Dschidda so alt wie Adam und Eva, sagt Fadel und setzt mich vor einem Friedhofstor im Viertel Ammariya ab. Hinter der Mauer soll Eva der Legende nach irgendwo begraben liegen, es gibt allerdings keine Markierung mehr. Jahrhundertelang wurde ihr Grab von kinderlosen Ehefrauen und schmachtenden Jungfrauen besucht, die sich Glück erhofften. Bis die Wahhabiten die Ruhestatt 1928 zerstörten. Einhundertzwanzig Meter lang und drei Meter breit soll der Grabplatz gewesen sein. Eva war offenbar eine hochgewachsene, ziemlich schlanke Frau.

Für Nichtmuslime ist der Zutritt zum Friedhof verboten. Auf meinem Haar liegt ebendarum ein Schleier. Ich rüttle am Tor, aber es ist verschlossen.

Es gibt keine Fenster, und der Eingang läuft über Eck. Evas Töchter bleiben ungesehen, tief vergraben in geheimen Räumen, sodass kein Mann auch nur einen Zentimeter nackte Frauenhaut erspähen kann. Aus den Lautsprecherboxen tönt klassische Musik, es riecht nach Haarspray und heißen Locken.

Morgen endet Ramadan. Und ich habe einen Termin für eine Maniküre in einem Schönheitssalon vereinbart. Es ist 22 Uhr. Zwei Saudi-Araberinnen sitzen an der Anmeldung. Sie sind geschminkt, ihre Haare luftig geföhnt. Eine Kundin hockt auf dem Stuhl im Eingangsbereich und wartet darauf, dass ihre Augenbrauenfarbe trocknet. An der Bar schlürft eine Frau im Sommerkleid einen Erdbeer-Mocktail mit Schirmchen. Ihre Lippen sind rot, die Wimpern getuscht. Wir lächeln uns an.

Neun Frauen warten mit mir in der Sofaecke, fünf weitere sind in Behandlung, jüngere wie ältere, fast alle saudisch. Indonesische Friseurinnen und Kosmetikerinnen wuseln um sie herum. Vom Kopftuch platt gedrückte Haare werden mit Rundbürsten in Form geföhnt, gezwirbelt oder hochgesteckt. Die Frauen haben die Abayas abgelegt, tragen Jeans, Tops, Dschalabiyas, Sneakers, Sandaletten, High Heels. Sie tippen ins Handy, telefonieren oder unterhalten sich. Eine schaut verloren in die Ferne. Eine andere macht

Fotos von ihren lackierten Fußnägeln. Die Föhne rauschen, Parfüm wird versprüht, zum Haarspraydampf mischt sich nun Vanille und Patschuli.

Eine Mitarbeiterin nimmt sich meiner an und beginnt meine Fingernägel zu feilen, zu polieren und zu lackieren. Zartrosa. Nach dreißig Minuten ist das Werk vollbracht, saudischer Kaffee wird kredenzt. Bevor die Kundinnen gehen, ziehen sie vorsichtig das Kopftuch über das frisierte Haar und den Niqab über das geschminkte Gesicht. Ich leere das Kaffeetässchen, verlasse vergnügt den Salon, spaziere mit frisch lackierten Nägeln hinaus in die Nacht. Umhüllt von einer Wolke aus Vanille und Patschuli.

Willst Du Dein Land verändern,
verändere Deine Stadt.
Willst Du Deine Stadt verändern,
verändere Deine Straße.
Willst Du Deine Straße verändern,
verändere Dein Haus.
Willst Du Dein Haus verändern,
verändere Dich selbst.

Arabisches Sprichwort

Es gibt dreierlei Elendszustände: Krankheit, Fasten und Reisen, sagt ein arabisches Sprichwort. Ich bin erkältet. Der ständige Wechsel von der Bruthitze zur klimatisierten Eiseskälte fordert seinen Tribut. Ich schniefe, und meine Ohren fallen zu. Die gute Nachricht: Der Neumond ist aufgegangen, Ramadan ist vorbei. Alhamdulillah, Gott sei es gedankt. Endlich keine Sambusas mehr. Die nächsten drei Tage wird Id al-Fitr gefeiert, das Zuckerfest. Die Menschen freuen sich über das Ende der Fastenzeit, gratulieren sich gegenseitig, und wie bei uns an Weihnachten bekommen die Kinder

Spielzeug und Geld geschenkt. Mit dem Fest danken die Muslime Allah dafür, dass sie das Fasten und alle damit verbundenen Anstrengungen überwunden haben.

Ich bedanke mich auch und verlasse Dschidda. Vor dem Fenster eine gelbsüchtige Landschaft ohne Versuchungen, ohne Zierde. Würde der Bus von hier aus immer weiter geradeaus fahren, dann erreichte ich das verrückteste und selbstbewussteste Bauprojekt der Welt. NEOM heißt das Megavorhaben, das im Nordwesten am Roten Meer entsteht. Eine ökonomische Entwicklungszone auf einer Fläche so groß wie Belgien. Ein futuristischer Stadtstaat samt Hafen, Skiresort, Technologiepark, Airport und Freizeitstätten. Das Kofferwort NEOM bedeutet »Neue Zukunft« und setzt sich aus dem altgriechischen »neo« für neu und dem Buchstaben »m« für »mustaqbal« (arabisch: Zukunft) zusammen.

Das Prunkstück dieser gigantomanischen Idee bildet die Bandstadt *The Line*; ein 170 Kilometer langer Strich in der Landschaft, wie eine Arterie, errichtet aus Stahl und Glas, 200 Meter breit und so hoch wie das Empire State Building. Die Stadt soll als verspiegelte schnurgerade Mauer vom Golf von Aqaba durch die Wüste bis in die Berge führen, das entspricht einer Distanz von Frankfurt nach Köln. Kritiker nennen *The Line* daher spöttisch die »titanische Kokslinie«. Ein unterirdischer Highspeed-Transitzug soll die beiden Enden miteinander verbinden, in maximal zwanzig Minuten. Das funktioniert mit Solarstrom, Wasserstoff und KI. Wer die Videos von *The Line* auf Youtube gesehen hat, denkt unweigerlich an Science-Fiction oder an den Blockbuster *Avatar*; künstliche Wasserfälle, hängende Gärten, ein unechter Mond, schwebende Vehikel, eigene Biosphäre, In-vitro-Gemüsefelder.

Fünfhundert Milliarden US-Dollar soll das Unterfangen kosten (wahrscheinlich mehr). Vorsitzender des NEOM-Verwaltungsrates ist – wer hätte es gedacht – Muhammad bin Salman.

Die Kritiker bleiben kritisch. Eine lineare Form, die sich mit vollständig verspiegelter Außenseite durch eine Wüstenwildnis fräst, sei architektonisch gewagt, sagen sie.

Mit den Gründungsarbeiten für die gewaltigen Gebäude wurde inzwischen begonnen. Bekannte internationale Architekturbüros sind mit der Konzeption beauftragt, Bauunternehmen (auch aus Deutschland) legen die Fundamente, und zahlreiche externe Investoren sind eingeladen, sich finanziell zu beteiligen. Im Jahr 2030 sollen die ersten zwei der neun Millionen Menschen in die Spiegellinie einziehen, die komplette Fertigstellung ist für 2045 geplant. Indes streuen anonyme Insider schon jetzt Zweifel, ob das Vorhaben zeitlich überhaupt einzuhalten sei.

NEOM vermarktet sich als zentrale Lösung im Kampf gegen die Klimakrise. Denn in *The Line* wird es keine Straßen und keine Autos geben. Die Einwohner gleiten in diesem saudischen Silicon Valley mit E-Flugtaxis in eines der vielen Start-ups, während die Lebensmittellieferungen per Drohne kommen und autonome Roboter die Penthousewohnungen putzen, so der Plan. Das Leben in der Millionenstadt soll zu hundert Prozent klimaneutral und fußgängerfreundlich, Schulen, Arztpraxen, Freizeiteinrichtungen, Metro und Parks innerhalb von fünf Minuten fußläufig erreichbar sein.

Doch ist das Mammutwerk evident nachhaltig? Der Bau ist es jedenfalls nicht. Auf mindestens 1,8 Milliarden Tonnen Kohlenstoffdioxid werden die Emissionen für die Konstruktion von *The Line* geschätzt, heißt es in einem Artikel der *Süddeutschen Zeitung*. Das ist mehr als das Doppelte, was Deutschland pro Jahr ausstößt.

Mittelfristig visiert Saudi-Arabien tatsächlich eine CO_2-freie Energieversorgung an, denn irgendwann sind die Ölreserven ausgeschöpft. Und schon heute produziert der Golfstaat durch Einsatz von Erdgas »blauen« Wasserstoff. Deutschland wird diesbezüglich von Saudi-Arabien zukünftig vermutlich profitieren, insbesondere in Sachen Energiewende. Denn in der Wüste ist viel Sonne, viel Platz, viel Wind. Der saudische Plan sieht vor, in den nächsten Jahren – neben Öl – zu einem global führenden Exporteur von »grünem« Wasserstoff zu werden. Grüner Wasserstoff ist im Gegensatz zu blauem Wasserstoff vollkommen klimaneutral. In NEOM soll dafür die weltgrößte Anlage entstehen, Thyssenkrupp hilft bereits bei der Errichtung.

Momentan geht das Projekt eher schleppend voran. Angeblich aus Kostengründen. Und noch besteht die Gefahr, dass dieses Prestigeprojekt ein für saudische Verhältnisse typischer Rohrkrepierer werden wird, wie der Jeddah Tower, die Metro in Riad oder ungezählte Neubauten, die im ganzen Land unvollendet herumstehen. Genauso wie Apps und Online-Registrierungen, die nicht zu Ende gedacht sind, weil plötzlich keine ausländischen Passnummern oder internationalen Kreditkarten akzeptiert werden und »Error« aufblinkt. Oder weil sich direkt alles aufhängt und sich tagelang niemand in der Verantwortung sieht, den Fehler zu beheben. Saudi-Arabien ist Errorland. Und doch trauen sich die Saudis, groß und zukunftsweisend zu denken. Im Ausland mag man das als Größenwahn abtun. Saudis argumentieren hingegen, dass aus Europa nichts mehr kommt. »Europa ist rückständig«, sagte mir jemand, »da sind keine technischen Entwicklungen, keine Innovationen.« Also macht man es selbst (mit importierter Hilfe freilich), und zwar schneller, höher und besser als alle anderen.

Ob das gelingt, wird sich zeigen. Ich bin unschlüssig, halte Erfolg wie Misserfolg oder irgendetwas dazwischen für möglich. Tatsächlich ist das Gelingen momentan aber nachrangig, geht es doch eher um die Bindung der Bevölkerung an visionäre nationale Pläne. Denn gegenwärtig schaffen diese Megaprojekte, sei es im Bauwesen, im Sport oder im Entertainment, einen Zusammenschluss der meisten Saudis hinter dem Königshaus. Sind doch all diese Vorhaben Teil des Personenkultes um MbS, die ihn auch international bekannter machen. Spreche ich mit jungen Saudis, spüre ich ihren Stolz. Endlich zeigen wir der Welt unsere Stärken, so der Tenor.

Neben den Zweifeln gibt es allerdings eine fasslich düstere Seite des titanischen Vorhabens. Zum einen die bisher noch unklaren Arbeitsbedingungen der zahllosen Arbeitsmigranten. Zum anderen die Zwangsräumung der rund 20 000 Beduinen, die dort seit Jahrhunderten leben. Für sie ist kein Platz mehr. Die Regierung bietet zwar Entschädigungssummen an. Doch wer sich weigert, landet hinter Gittern. Abdulrahim al-Huwaiti war einer der lautstärksten Kritiker. Er sprach von »Zwangsumsiedlung« und »Staatsterror«.

Im Jahr 2020 stürmten Sicherheitskräfte sein Haus und erschossen ihn, angeblich aus Notwehr.

Dass Geld und Menschenrechte keine Rolle spielen, macht die Realisierung dieser schönen neuen Welt gewiss einfacher.

Der Bus biegt ab. *The Line* sehe ich nicht, dafür eine andere Stadt, die während meiner ersten Reise durch Saudi-Arabien für Nichtmuslime noch verboten war und die mir damals fast zum Verhängnis wurde.

MEDINA

المَدِينَةُ المُنَوَّرَة

Al-Madinah al-Munawwarah, die erleuchtete Stadt, die Stadt des Propheten, umgeben von weitläufigen Vulkanfeldern im Hinterland des Hidschaz. Tatsächlich leben in Saudi-Arabien nur zwei Prozent aller Muslime weltweit. Das vergisst man schnell, liegen im Königreich mit Mekka und Medina doch die wichtigsten Pilgerstätten des Islam. Jeder gläubige Muslim, jede gläubige Muslimin träumt davon, eines Tages in den heiligen Moscheen dieser beiden Wallfahrtsorte beten zu dürfen.

Hier in Medina hat der Prophet gewirkt, hier ist er gestorben. Hier war das Leben stets friedlich, anders als in der Schwesterstadt Mekka. Muhammad – sein Name bedeutet »der Vielgepriesene« – arbeitete als Karawanenführer und Kaufmann, reiste umher, heiratete die fünfzehn Jahre ältere Kauffrau Khadidja, stieg zu ihrem Geschäftspartner auf und bekam mit ihr sechs Kinder. Um zu meditieren und nachzudenken, zog er sich oft in eine Höhle im Berg Hira zurück.

Laut Überlieferung seiner späteren Ehefrau Aisha erschien ihm dort eines Tages im Alter von vierzig Jahren der Erzengel Gabriel. Seitdem empfing Muhammad regelmäßig göttliche Offenbarungen. Er lehrte seinen Anhängern in Mekka, dass es nur einen Gott geben könne und nicht mehrere.

Die Führer seines Stammes waren von der neuen Lehre nur mäßig begeistert. Der Alltag geriet gefährlich für Muhammad, und so siedelte er mit seinen Getreuen im Jahr 622 nach Yathrib um, dem späteren Medina. Diese Emigration bezeichnet man als Hidschra. Sie ist der Beginn der islamischen Zeitrechnung.

In Medina zeigte sich Muhammad weniger als Prediger, denn als Staatsmann und Politiker. Er erließ eine Gemeindeordnung, die sich mit Glaubensfragen und Problemen des sozialen Zusammenlebens der muslimischen Gemeinschaft, der *Umma*, auseinandersetzte. Viele Stämme der Umgebung traten zum Islam über. Nur Mekka blieb eisern, es kam zu einigen Feldzügen, doch schon 630 eroberte Muhammad seine Heimatstadt zurück. Der Islam breitete sich aus.

Die historische Einordnung der Person Muhammad gestaltet sich schwierig. Die Quellenlage ist dünn, und spätere Deutungen sehen in ihm entweder den Friedensbringer oder den Kriegsherrn. Vielleicht stimmt ja beides. Vielleicht war Muhammad ein ambivalenter Mensch, der mal dies, mal das versuchte. Der Widersprüche in sich barg. So wie alle Menschen in allen Zeiten. Seine Entscheidungen lassen sich zudem nur im Bezugsrahmen des 7. Jahrhunderts begreifen, in dem niemand von uns gelebt hat.

Muhammad starb am 8. Juni 632 in Medina. Sein Leichnam wurde unter dem Haus seiner Frau Aisha begraben. Heute befindet sich sein Grab innerhalb der *al-Masdschid an-Nabawi*, der Prophetenmoschee, sie ist nach der Großen Moschee in Mekka die zweitheiligste Moschee der Welt.

Vor drei Jahren war ich das erste Mal in Medina. Damals galt die Innenstadt noch als Sperrgebiet für Nichtmuslime, nur am Stadtrand durften sie sich aufhalten, obwohl ihnen Medina aus islamischer Sicht nicht eindeutig untersagt ist. Im Koran gibt es keine Stelle, die Nichtmuslimen den Besuch verbietet. Wohl aber den Besuch Mekkas.

Der Bangladescher an der Rezeption sprach kein Englisch, er rief den Manager, einen Saudi, der auch kein Englisch verstand. Meinen Pass konnten sie nicht lesen, und dass eine Frau allein eincheckte, ohne Mahram, hatte sie offenbar misstrauisch gemacht.

Das Hotel lag drei Kilometer von der Prophetenmoschee entfernt. In jener Zeit wusste ich nicht, dass ich mich bereits im heiligen Bezirk und damit auf verbotenem Terrain befand. Wohl aber erinnerte ich mich an ein Schild, das der Überlandbus, in dem ich saß, passiert hatte. »Haram«, heilig, stand darauf geschrieben. Auch an Checkpoints fuhren wir vorbei. Doch da war es schon zu spät. In der Ferne sah ich die zehn Minarette der Prophetenmoschee in den Himmel ragen. Ein Anblick, so gewaltig, dass es mir den Atem verschlug.

Seit Ende 2022 dürfen sich Nichtmuslime in Medinas Zentrum frei bewegen, inoffiziell wohlgemerkt. Die Regierung scheint die Zaungäste zu billigen, sofern sie nicht auffallen (die Moschee bleibt ihnen strengstens verwehrt). Dennoch ist das Besuchsverbot sowohl von Mekka als auch von Medina in den Bedingungen für das saudische E-Visum weiterhin aufgeführt.

Der Saudi überreichte mir die Zimmerkarte, lächelte freundlich, ich war arglos, nahm den Aufzug, fuhr in den zweiten Stock und zog die Zimmertür hinter mir zu, legte das streng gebundene Kopftuch ab, das keine einzige Haarsträhne herzeigte, und ließ mich erschöpft aufs Bett fallen. Fünf Minuten später klopfte es. Schnell wickelte ich mir den Schleier um den Kopf (zum Glück) und öffnete die Tür.

Der Saudi und der Bangladescher schauten mich an, finster entschlossen, lächelten nicht mehr. Ein mulmiges Gefühl durchflutete mich. Wortlos hielt mir der Saudi sein Handy unter die Nase. Ich las die Übersetzung auf Google Translator und begriff sofort den Ernst der Lage. »Is your religion Islam?« Mein Herz trommelte gegen die Rippen. Sage ich Nein, kann es brenzlig für mich werden, vielleicht werden sie die Polizei rufen, immerhin ist dies hier Saudi-Arabien, ein autokratisches Regime. Sage ich Ja, können sie von mir verlangen, dass ich das islamische Glaubensbekenntnis rezitiere, das mir aber nur zur Hälfte einfällt. »Is your religion Islam?« Mein Herz klopfte so laut, dass ich mir einbildete, sie hörten es. »Is your religion Islam?«

»Ayuwa«, ja, sagte ich. Und lächelte dabei so unbefangen, wie es mir möglich war. Die beiden nickten sich zu und gingen. Ich schloss erst die Tür, bevor ich wieder ausatmete, und bebte vor Aufregung. Sofort griff ich nach meinem Handy, öffnete Youtube, ließ mir die sieben Gebetshaltungen erklären und machte sie nach. Ich rechnete mit weiteren Überprüfungen, lernte sodann die Namen der Gebete auswendig: *Fadschr, Dhuhr, 'Asr, Maghrib, Ischa.* Ebenso übte ich die Schahada, das Glaubensbekenntnis: »Ashhadu an la ilaha illa Allah wa ashhadu ana Muhammadan rasulu Allah«, ich bezeuge, dass es keinen Gott außer Gott gibt, und ich bezeuge, dass Muhammad der Gesandte Gottes ist.

Die nächsten zwei Tage achtete ich darauf, erst nach den Gebetszeiten mein Zimmer zu verlassen, damit niemand meiner Rechtschaffenheit misstraute. Ich wollte hier sein, in Medina, wollte die Heiligkeit mit meinen eigenen Augen sehen, aber ich wollte dabei nicht auffliegen. Nachts schaute ich *Mekka.tv.* Die gesungenen Suren, die immer gleichen Bewegungen der Gläubigen und ihre nimmer endenden Umkreisungen der Kaaba bändigten meine Zweifel, ließen mich bald einschlafen. Und doch träumte ich unruhig.

Die hydraulisch ausklappbaren Sonnensegel spannten sich über uns wie riesenhafte Laubblätter, boten Schatten. An den Säulen hingen Ventilatoren, die unablässig zirkulierten und stoßweise feuchten Nebel versprühten. Tausende Gläubige aus Arabien, Afrika, Asien, aus der gesamten islamischen Welt, schlenderten, saßen oder schliefen im Innenhof der Moschee. Ich ging über den Marmorboden wie über einen vereisten See, von dem ich nicht sicher war, ob er mich aushalten würde. Doch nichts passierte. Niemand wunderte sich über mich, ich war ein Mensch unter vielen Tausend Menschen. Etliche trugen bunte Bändchen mit Anhängern um den Hals, sie gehörten zu verschiedenen Reisegruppen, oft aus Indonesien, dem Land mit den meisten Muslimen weltweit. Ich sah Frauengesichter, Männergesichter, Kindergesichter, Greisengesichter, Soldatengesichter, Gastarbeitergesichter, Pilgergesichter. Aus Pakistan, der Türkei, Kirgisistan, Oman, Senegal, Afghanistan, Marokko, Aserbaidschan, Jordanien, Usbekistan, Ägypten, Indien, Malaysia. Die Kopftücher und Gewänder waren gelb, blau, schwarz, grün, weiß, violett.

Trotz des Trubels empfand ich die Atmosphäre in dem riesigen Areal als gelassen. Als sei jetzt und hier die Reise für viele Menschen an ihr natürliches Ende angelangt. In den vergangenen Jahren hatte ich schon einige Schreine und Moscheen besucht, und häufig erlebte ich Gedränge und Geschubse. Aber hier in Medina war es anders. Irgendwie friedlich. Ich schrieb diesen Tag auf die Liste meiner unvergesslichen Erlebnisse. All den Menschen aus all den Ecken dieses Planeten verdankte ich eine glückliche Verzauberung. Ich war fasziniert von der Ruhe und Inbrunst, von der Hingabe und Zwanglosigkeit, die der Ort von den Gläubigen aufsog und sogleich an sie zurückgab. Ein Kreislauf von Werden und Vergehen. Und immer so fort.

Das erste Gebäude, das auf dem heutigen Platz der Prophetenmoschee stand, war das Haus von Muhammad mit angrenzender Moschee, errichtet im Jahr 622. Mit den Jahrhunderten wuchs das Gotteshaus, wurde erweitert, brannte ab, wurde neu aufgebaut und wieder erweitert. Heute ist drinnen wie draußen Platz für bis zu 1,3 Millionen betende Menschen.

Viele kommen in Rollstühlen, auch Kinder. Ich sah Kranke, Alte, Versehrte, Humpelnde, Einbeinige – die Pluderhose am Stumpf zusammengenäht –, ebenso Verwachsene, Kleinwüchsige, Windschiefe. Sie alle kamen her, weil sie auf Heilung hofften, auf ein letztes Wunder Gottes, auf seine Hilfe. »A million candles burning for the help that never came«, sang Leonard Cohen einst.

Dass zeitgleich und unmittelbar neben der heiligen Prophetenmoschee das westliche Milliardenunternehmen H&M die neuesten Fashiontrends bewarb und unter das pilgernde Volk brachte, wirkte sonderbar auf mich. Das modische Angebot war zurückhaltender als in unseren Stores, kein *fancy stuff*, dennoch hingen Sommerkleidchen auf den Bügeln. Die Hoffnung auf Rettung und das Bedürfnis nach Konsum, nur ein paar Meter voneinander getrennt. Wunder und Wunderliches in stiller Koexistenz.

Bei Starbucks (direkt neben H&M) bestellte ich mir einen Eiskaffee mit Rosensirup, als mich eine Frau ansprach, die ein ebenso helles Gesicht hatte wie ich. Kate war Britin, aus Birmingham, verheiratet mit einem Britisch-Pakistaner, der soeben seine Bestellung aufgab. Sie trug einen dunkelgrünen *Dschilbab*, ein langes, weites Gewand, das von Kopf bis Fuß reichte und einem Zelt glich.

»Bist du Muslimin?«, fragte sie und kniff die Augen zusammen.

»Tabaan, alhamdulillah«, aber sicher, Gott sei es gedankt, konterte ich, und Kate lächelte gutheißend. Prüfung bestanden.

»Seit wann?«, wollte sie wissen.

»Erst seit zwei Monaten«, antwortete ich rasch, um eine Fachsimpelei zu vermeiden.

Jetzt leuchteten ihre Augen, auf ihrer Nase tanzten die blassen Sommersprossen. »Schwester, wie schön, ich freue mich!« Kate war seit zwanzig Jahren Muslimin. Als sie volljährig wurde, konvertierte sie. »Bist du allein hier?«, fragte sie weiter.

»Mein Mann kommt später nach«, gab ich zurück und überlegte, ob Kate nicht bei der Religionspolizei anheuern wollte; entwickelte sich unser Gespräch doch zu einem Verhör.

»Machst du schon Da'wa?« Sie legte den Kopf schief. Ich verstand das letzte Wort nicht. »Da'wa«, wiederholte sie und zog ihr Tuch tiefer in die Stirn.

Tatsächlich hatte ich diesen Begriff nie zuvor gehört. Also erklärte ich ausweichend, dass alles noch so neu für mich sei und ich mich erst einfinden müsse, bevor ich den nächsten religiösen Schritt täte.

»Das verstehe ich, Schwester«, sagte sie milde, »so erging es mir damals auch. Nimm dir Zeit.«

Ihr Mann kam mit zwei Bechern Kaffee hinzu, und ich verabschiedete mich, täuschte ein dringendes Bedürfnis vor. Später im Hotel googelte ich nach der Übersetzung des mir unbekannten

Wortes. *Da'wa* bedeutet »Ruf zum Islam« und meint die missionarische Aktivität.

Bei McDonald's auf der anderen Seite des Areals war (Achtung: Wortspiel) der Teufel los. Große Papiertüten gingen wie am Fließband über die Theke, Männer wie Frauen hockten sich auf die Stufen, fischten Pommes aus den Pappschachteln und steckten Strohhalme in XXL-Bibsi-Becher. Wie weltlich, dachte ich.

Am Abend der Adhan. Er klang süffig und malzig wie schwarzer Tee mit Zucker, ich zeichnete ihn mit meinem Handy auf. Zahllose Menschen strömten in die Moschee oder auf die Teppiche im Innenhof.

»Hello!« Eine Frau tippte mir auf die Schulter. Sadia war mit ihrem Ehemann und dem Teenagersohn aus Pakistan angereist, um die Umra zu absolvieren. Die beiden Männer waren für das Abendgebet bereits in die Moschee gegangen. Weil ich am Tor stand, außerhalb des Innenhofes, fragte sie mich – neugierige Sadia –, warum ich keine Anstalten machte, zum Maghrib einzutreten.

Ich schaltete schnell, antwortete bedauernd, dass ich meine Tage hätte. Denn einer menstruierenden Frau ist das Verrichten der Gebete nicht erlaubt.

Sadia riss die Augen auf. »Ich auch«, erwiderte sie. Eigentlich wollte sie mit ihrer Familie gemeinsam die Umra vollziehen, gestern waren sie in Mekka, doch dann kam ihr die Periode dazwischen. Sie hatten lange sparen müssen für die Reise. »So ist das manchmal«, sagte sie lächelnd, aber die Enttäuschung stand ihr ins Gesicht geschrieben.

Unser Gespräch wurde jäh unterbrochen, weil ein Mann in Uniform auf uns zustiefelte und uns in den Innenhof scheuchte. »Yalla«, rief er barsch und wies uns an, auf einen der vielen Teppiche das Gebet zu verrichten. Der Schreck fuhr mir in die Knochen. Zig Frauen hatten sich bereits versammelt, sie zupften ihre Tücher zurecht, stellten sich in eine Reihe, während Sadia und ich uns auf den Teppich setzten, denn beten war ausgeschlossen. Sie durfte nicht, ich konnte nicht. Und doch spulte ich im Kopf die auswendig gelernten Gebetshaltungen ab: stehen, beugen, knien.

Die Frauen hoben die Hände hoch bis zu den Schultern, sagten: »Allahu akbar«, im Notfall würde ich ihre Bewegungen um eine Sekunde zeitversetzt nachmachen, überlegte ich. Eine Greisin bedeutete mir mit einem Kopfnicken, ebenfalls aufzustehen. Ich nickte zurück und lächelte, blieb aber sitzen, und auch Sadia rührte sich nicht. Die Frauen richteten ihre Augen auf den Boden, legten ihre Hände auf die Brust, die rechte auf die linke, »subhanaka Allahumma wa bihamdika wa tabaraka asmuka wa ta'ala jaddukka wa la ilaha ghairuk«, ich traute mich kaum, Luft zu holen, war durch die Gefahr, aufzufliegen, so erstarrt, als hockte ich in einem Gefrierschrank. »Allahu akbar«, die Frauen beugten die Rücken, »subhana rabiyya-l-azim«, ich blickte brettsteif auf meine Hände, die gefaltet in meinem Schoß lagen, »subhana rabiyya-l-azim«, versuchte dann, mich zu beruhigen, indem ich mich auf die Muster und Farben der Hidschabs konzentrierte. »Subhana rabiyya-l-azim.« Die Frau neben mir trug rosa Blumen, das Mädchen vor mir dunkelblaue Kringel, die alte Dame daneben einheitlich grün.

Sadia holte ihr Handy aus der Tasche und begann zu telefonieren, »sami'a llahu li-man hamidah, rabbana wa laka l-hamd«, und so seltsam ich das auch fand, so zuversichtlich wirkte ihre Unbekümmertheit auf mich in diesen nicht enden wollenden Minuten. »Allahu akbar«, die Frauen warfen sich zu Boden, berührten mit ihrer Stirn den Teppich, »subhana rabbiyya-l-a'la, subhana rabbiyya-l-a'la, subhana rabbiyya-l-a'la«, sie richteten den Oberkörper auf, »Allahu akbar«. Ich fragte mich, wie lange das noch so weitergehen sollte, denn mein Nervengerüst war vom Einsturz bedroht, sie verbeugten sich erneut, Sadia legte auf, die Frauen drehten den Kopf nach rechts, »as-salamu 'alaikum wa rahmatu-llah«, sie drehten den Kopf nach links, »as-salamu 'alaikum wa rahmatu-llah«, dann war das Gebet endlich vorbei.

Die längsten zehn Minuten meines Lebens. Flugs erhob ich mich vom Teppich, nahm Abschied von Sadia und machte mich davon.

AL-'ULA

العلا

Busfahrt in die Oase al-'Ula. Im Internet lese ich, dass Metallica demnächst in Riad auftreten soll. Sachen gibt's. Der Bus schnurrt derweil vierhundert Kilometer Richtung Norden.

In al-'Ula liegt die antike Ausgrabungsstätte Hegra oder auf Arabisch Mada'in Salih (benannt nach einem Propheten), eine alte Handelsmetropole, die ursprünglich von den Nabatäern errichtet wurde und bis vor wenigen Jahren nahezu unbekannt war. Erst 2008 wurde die Stätte von der UNESCO auf die Liste des Weltkulturerbes gesetzt.

Ähnlich wie in der jordanischen Nekropolis Petra haben die Nabatäer auch in Mada'in Salih Gräber in die Felsen geschlagen. Über einhundert sind es, und so langsam rückt die vorislamische Zeit ins nationale Bewusstsein. Tatsächlich ist al-'Ula mittlerweile zum wichtigsten touristischen Aushängeschild des Golfstaates avanciert. »al-'Ula the world's masterpiece«, heißt es in saudischen Werbebroschüren. Kleiner geht's nicht.

Die Unterkunft, die ich über das Internet gefunden habe (ich musste lange suchen), liegt in einem zweistöckigen Mietshaus. Im Treppenflur funktioniert der Lichtschalter nicht, ich leuchte mit meinem Handy. Die Nummern an den Haustüren sind auf Arabisch, ich klopfe an Tür Nummer ٣, sie öffnet sich einen Spalt, und ein Mann überreicht mir den Schlüssel. Ich schließe Tür Nummer ٤ auf, die Wohnung dahinter besteht aus einem Zimmer mit zwei

Einzelbetten. Keine Möbel, bloß ein Kühlschrank, der auf die höchste Kältestufe gestellt ist. Die Matratzen sind in Plastik eingeschlagen und knistern bei jeder Bewegung. Das Badezimmer mit Hocktoilette ist klimperklein.

Viel misslicher als das Interieur ist die Lage meiner Wohnung. Das fällt mir allerdings erst am nächsten Morgen auf. Al-'Ula ist eine halbe Autostunde entfernt. Doch offenbar operiert hier weder Uber noch Careem. Taxis scheint es ebenfalls nicht zu geben, auch keine Menschen oder Shops. Also laufe ich eine staubige Straße entlang, passiere Rohbauten, an denen niemand mehr baut, eine verlassene Tankstelle, in der Ferne die zackigen Felsen, windgeformt, aus Sandstein und Granit, typisch für den Nordwesten der Halbinsel. Ich werde niemals ankommen, befürchte ich. Der Eindruck verstärkt sich, als mir in den nächsten zwanzig Minuten kein einziges Vehikel begegnet, das mich auflesen könnte.

Die wenigen Wohnhäuser und die verwaisten Rohbauten liegen längst hinter mir. An Wasser habe ich nicht gedacht, und ich überlege umzukehren, als am Horizont plötzlich ein Auto flimmert, ein weißer SUV. Der Wagen nähert sich, fährt mir entgegen, wird dann langsamer und stoppt schließlich auf meiner Höhe. Das Fenster auf der Fahrerseite gleitet hinab.

»Can I help you?« Ein Mann mit Sonnenbrille schaut mich an.

Ich nenne mein Ziel.

»Mada'in Salih?«, wiederholt er, »das ist weit weg, steig ein, ich bringe dich hin.« Er lächelt, ich überlege kurz, blicke auf die ewig lange, einsame Straße vor mir und klettere auf den Beifahrersitz. »Welcome«, sagt der junge Mann, stellt sich als Abdulkarim vor, wendet den schweren SUV und fährt zurück in die Richtung, aus der er gekommen ist.

»Wohnst du hier?«, will ich wissen.

Er schüttelt den Kopf. »Ich bin Soldat. Helikopterpilot. Für die Königsfamilie.«

Ich hebe überrascht die Augenbrauen, frage halb im Scherz: »Für MbS?«

Abdulkarim nickt. »Ja, auch!«

Ich bin perplex. Es stellt sich heraus, dass der Kronprinz seinen Besuch in al-'Ula angekündigt hat, und Abdulkarim soll ihn abholen und zu seinen Terminen chauffieren. »Bis jetzt ist er aber noch nicht hier«, erklärt er, »deshalb habe ich Zeit.«

»Wie ist MbS so?« Ich bin schrecklich neugierig, Abdulkarim lacht.

»Sowohl Kronprinz als auch König sind sehr witzig, ich mag ihren Humor. Die sind meistens gut drauf und immer freundlich.«

Was für ein Zufall, denke ich. Derlei Fügungen des Schicksals passieren mir nur auf Reisen; da ist der Fahrer des einzigen Autos weit und breit ausgerechnet der Pilot von MbS und König Salman. Am Fenster zieht eine rissige hellbraune Landschaft vorbei, Felsen ragen wie Wirbelknochen in den Himmel.

Abdulkarim ist 36, verheiratet und hat vier Kinder. Das Gesicht seiner Frau sah er erst in der Hochzeitsnacht. »Aber meine Mutter und meine Schwester hatten ihre Schönheit gelobt, deshalb war ich unbesorgt«, sagt er. Als Abdulkarim dann den Schleier der Braut lüftete und ihr ins Gesicht blickte, war er glücklich. »Wir sind uns sofort in die Arme gefallen.« Das ist zwölf Jahre her, und doch wirkt er noch genauso verliebt wie am Tag der Hochzeit.

Nach zwanzig Minuten fahren wir durch das Städtchen al-'Ula, links und rechts der Straße krümeln Ruinen, zerbrochene Lehmhäuser, ein Teil des jahrhundertealten Ortskerns wurde mittlerweile für den Tourismus wieder aufgebaut. Sogar die Bibel weiß von dieser Oasensiedlung an der Weihrauchstraße, damals hieß der Ort Dedan.

Eine Viertelstunde später parken wir am Eingang zu Mada'in Salih. Bevor ich aussteige, will ich noch wissen, warum er mir geholfen hat. Abdulkarim lächelt. »Das ist unsere Kultur.«

Ich lächle zurück, wir reichen uns die Hand, er hupt zum Abschied. MbS wird nicht mehr kommen.

Im Gegensatz zu Petra darf Mada'in Salih (Hegra) nicht ohne Aufsicht betreten werden. Wer Geld hat, bucht sich einen privaten Guide und einen Jeep. Wer wenig Geld hat, nimmt den Shuttlebus.

Mit mir sitzen rund zehn Männer und Frauen im Bus, durchweg Saudis und offenbar alle miteinander verwandt. Wir gondeln auf festgelegten Wegen durch zerklüftete Wüstenschluchten, stoppen an ausgewählten Tempelgräbern, steigen aus. Gemeißelt aus hoch aufragenden, honigfarbenen Felsen erheben sich die Gräber aus dem Sand. Mada'in Salih ist anders als Petra. Weitläufiger, jedoch nicht so bombastisch. Zwischen den Tempeln muss man Strecke zurücklegen. Auch sind die Fassaden schlichter als in Petra. Und trotzdem ist die Stätte ein Wunderwerk menschlichen Schaffens. Erst vor Kurzem haben Archäologen damit begonnen, die vielen Gräber und Felsinschriften rund um Hegra und al-'Ula freizulegen.

Unsere zugeteilte Reiseleiterin heißt Nouf. Sie ist Mitte zwanzig, trägt Niqab und auf ihrem schwarzen Kopftuch einen Strohhut. Um ihren Hals baumelt ein Mitarbeiterausweis, das Foto ihres Gesichts ist mit schwarzem Packband abgeklebt. Als Kind sei Nouf mit ihren Eltern oft hier gewesen und habe im Schatten der Felsgräber Sandburgen gebaut, erzählt sie. Die Gräber haben die Jahrhunderte der erbarmungslosen Sonneneinstrahlung in erstaunlich gutem Zustand überstanden. Und gleichwohl weiß man bislang zu wenig über jene altarabische Stammesgesellschaft und über die monumentalen Grabtempel, die vor über 2000 Jahren in den Stein gemeißelt wurden. Der Wüstensand birgt immer noch Geheimnisse, denn die Nabatäer hinterließen kaum Schriftzeugnisse.

Während die Gräber die Jahrtausende überdauert haben, sind die einstigen Wohnhäuser längst zerfallen. In vorislamischer Zeit herrschte der semitische Volksstamm über das heutige Jordanien sowie über Teile der Sinaihalbinsel, Israels, Syriens und Saudi-Arabiens. In Petra und Hegra liefen etliche Karawanenwege zusammen, hier rasteten die Kamele, beladen mit Seide aus China, Gewürzen aus Indien, Perlen aus dem Roten Meer und Weihrauch aus dem Oman. Als das Nabatäerreich, dieses große arabische Reich der Geschichte, im Jahre 106 zur römischen Provinz degradiert wurde, war der Niedergang der Metropolen besiegelt.

Es ist ein unbeschreibliches Gefühl, fast allein hier sein zu dürfen. Keine tausend Reisegruppen, keine Millionen Menschen in Flipflops und kurzen Hosen, die sich auf den durchgebogenen Rücken von elenden Eseln an den Felsgräbern vorbeischleppen lassen. Ich fühle mich sehr beschenkt, betrachte die Inschriften und die aus dem Stein geschlagenen Adler und Schlangen, schaue in die Tempel hinein, sehe die Grabnischen, in denen einst die Toten gelegen haben. Hunderte Bronzearmbänder, Ringe, Glasperlenketten sowie Kämme, Kosmetikdosen, bestickte Taschentücher und Münzen fanden sich hier.

Schlusspunkt der zweistündigen Tour bildet Hegras Wahrzeichen, die »einsame Burg«, Qasr al-Farid. Tatsächlich wirkt das riesige, in einen Monolithen gehauene Grab wie ein Bollwerk in der Wüste. Als wäre es vom Himmel gefallen. Es ist unvollendet geblieben.

Auch Nouf schaut andächtig die Felswand hinauf. »Ich möchte nie von hier wegziehen«, sagt sie, »Mada'in Salih gehört zu mir, ich gehöre zu Mada'in Salih.«

Ich: »Glaubst du, dass du die wahre Liebe finden wirst?«
Ibrahim: »Ich hoffe es.«

Sein Lächeln ist taghell wie die Sonne über al-'Ula. Salem lässt die Gebetskette durch seine Finger gleiten. In der Brusttasche seines Thawbs klemmt ein Kugelschreiber. Vor 63 Jahren wurde er hier in der Altstadt geboren, an der einstigen Weihrauchstraße, ist in einem der Lehmhäuser aufgewachsen, umgeben von alten Steinen, in die viele Jahrhunderte Geschichte eingesickert sind. Wir gehen die schattigen Gassen entlang, bleiben an jeder Ecke stehen, berühren die kühlen Lehmmauern und die Risse darin.

»Hier war ein Obsthändler«, sagt Salem, »da drüben ein Kupferschmied.« Er zeigt auf einen zugenagelten Eingang. Jetzt ist die Vergänglichkeit in die brüchigen Gemäuer eingezogen. Sein Vater war Bauer und Landarzt, erzählt Salem.

»Beides zugleich?«, frage ich.

»Ja.« Sein Gesicht wirft tausend Falten, wenn er lacht. Es sind die ockerfarbenen Gassen seiner Kindheit, durch die wir streifen. Auch in Salems Sonnengesicht hat sich die Geschichte jener dahingesunkenen Oasenstadt eingegraben.

Der Stadtkern von al-'Ula wurde im 12. Jahrhundert errichtet, so vermutet man, und noch in den 1980er-Jahren lebten Menschen hier, bis die letzten Bewohner fortgingen und in moderne Wohnungen und Häuser mit Klimaanlagen und Einbauküchen zogen. Salem zeigt auf morsche Holztüren oder auf die Kerben in den Mauern, daran haben Bauern ihre Messer gewetzt, auch sein Vater. Bis zu seiner Rente hat Salem im Büro des Bildungsministeriums gearbeitet. Heute führt er Touristen durch die Altstadt, zumeist Golfaraber. Zwei Söhne und eine Tochter hat er. Der eine Sohn ist weggezogen, in die Großstadt, der andere Sohn ist in al-'Ula geblieben. Die Tochter arbeitet im Tourismus. »Sie sorgt dafür, dass al-'Ula weiterlebt.«

Salems Geburtshaus steht nicht mehr, es wurde abgerissen, musste weichen für eine Straße. »Tut immer noch weh«, sagt er, doch dann lächelt er wieder taghell, seine Falten wellen sich: »Ohne diese Maßnahmen wäre das Dorf vermutlich ganz zerfallen, so bleibt es wenigstens erhalten.«

Im Jahr 2017 beschloss die Regierung, al-'Ula umfassend zu restaurieren. Es folgten flächendeckende Entwässerungen sowie die Stabilisierung und Konservierung zahlreicher Häuser und Hauptstraßen in dem jetzt wieder zugänglichen Gelände.

Salem grüßt jeden der Gastarbeiter, die uns entgegenkommen, »as-salamu 'alaikum«. Gehen wir an einer Moschee vorbei, so murmelt er »la illaha illa Allah«, es gibt keinen Gott außer Gott. Er liebt al-'Ula, indes möchte er nicht mehr in die bejahrten Lehmziegelbauten seiner Kinderzeit zurückkehren. »Wir haben uns an die Moderne gewöhnt. Und das ist auch gut so«, sagt er, gleichwohl werden seine Augen weich. Die leise Wehmut bleibt.

»Das alte Leben verschwindet«, sage ich, »überall im Land.«

Er grüßt einen Gastarbeiter, »as-salamu 'alaikum«, erwidert dann: »Ja, doch das ist der Lauf der Dinge. Alles verändert sich«, er zwinkert mir zu. »Neue Leute bringen Neues. So soll es sein.«

Am Ende unseres Spaziergangs lege ich die Hand auf mein Herz, bedanke mich für die Zeit, die er sich nahm. Er lächelt sein Sonnenlächeln und sagt: »Unter dem Schutz Gottes sollst du weiterreisen.« Wir winken uns noch zu, dann verschwindet er in den ockerfarbenen Gassen seiner Kindheit.

Der Frühling ist deine Hand.
Deine Hand ist eine Trommel.

ARABISCHES SPRICHWORT

Übermorgen reise ich heim. Ich falte meine Shirts und Hosen, miste Tickets und Kassenbons aus, ordne meine Ausweispapiere. Tief unten im Rucksack stoße ich auf eine kleine pinke Plastiktüte, an die ich mich längst nicht mehr erinnern konnte. Darin der Niqab, den ich vor über zweieinhalb Monaten in Hofuf gekauft hatte. Ich habe ihn nicht gebraucht.

RIAD

الرياض

Zurück in Riad. Noch einmal spaziere ich über den Deera Square, den einstigen Hack-Platz, die Mittagssonne heizt die Stadt langsam auf, Palmen spenden Schatten, es riecht nach gebratenem Lammfleisch und warmen Pflastersteinen. Frühlingswind in meinen Haaren. Die letzte Enthauptung ist schon einige Zeit her. Jetzt kann man hier alkoholfreie Cocktails bestellen oder einen Cappuccino mit Kakaoherzchen auf dem Milchschaum trinken. Die Kellner räumen die Stühle nach draußen und wischen die Tische, junge Frauen telefonieren und kichern, Halbstarke laufen einem Ball hinterher. In der Mitte des Platzes ist noch der Abfluss für das Blut. Zwei Amerikanerinnen machen Fotos mit dem Handy.

Saudi-Arabien enthält Vielheiten. Da ist das Helle und das Dunkle. Das Schöne und das Schreckliche. Und alles dazwischen. Was aus der Ferne wie das eine erscheint, erweist sich aus der Nähe als etwas anderes. Die Wirklichkeit verzeichnet Risse, und die Menschen hangeln sich entlang zwischen Übergängen und Umbrüchen. Selten habe ich ein Land bereist, in dem die Außenwirkung und der vor Ort gewonnene Eindruck so weit auseinanderklaffen wie in Saudi-Arabien. Zwischen Erleben und Urteilen bestehe ein Unterschied wie zwischen Atmen und Beißen, sagte der Schriftsteller Elias Canetti.

Ich setze mich auf eine Steinbank, die Wärme des Mittags hängt darin, ziehe ein Buch aus der Handtasche, beginne zu lesen.

»Hello!« Ich schaue auf, und ein Junge steht neben mir, etwas pummelig, er trägt Brille und ein gestreiftes T-Shirt, ist nicht älter als zwölf, vielleicht dreizehn, und er möchte mir eine Flasche Wasser schenken, die er mir sogleich entgegenstreckt.

Ich lehne zuerst ab, denn so geht das Spiel, doch der Junge sagt in gutem Englisch und mit ernster Miene: »Es ist warm hier, Sie müssen trinken.«

Ich nehme die Wasserflasche an und lege zum Dank die Hand auf mein Herz. Er fragt mich, woher ich komme.

»Almaniya«, antworte ich, und seine Augen leuchten.

»Ich wusste es!«, sagt er keck.

»Wie das?«, entgegne ich.

»Alle deutschen Frauen sind schön!« Er grinst, und eine Zahnspange blitzt auf. Dann verabschiedet er sich und eilt zurück zu seinem Vater, der ein paar Meter von uns entfernt auf seinen Sohn wartet und ihm liebevoll über den Scheitel streicht.

Visionen, Erinnerungen,
Fortgeweht vom Wind des Wandels.

Nimah Ismail Nawwab

ZWISCHEN WERDEN UND VERGEHEN

Es gibt Orte, da hört die Welt auf. Zwei Stunden Autofahrt nordwestlich von Riad liegt die Bruchkante der Erde. Und sie heißt auch so: »Edge of the World«, Rand der Welt, weil die Welt dort abreiße, sagen die Saudis.

Der Grand Canyon Arabiens gehört zum Tuwaiq-Gebirgszug, der sich aus der Mitte der Halbinsel erhebt wie die Wirbelsäule eines Riesen. Rund tausend Kilometer pflügen sich die Felsen aus hartem Kalkstein durch die Wüste, durchschneiden sie.

Gewiss, die Welt kennt viele Enden, sei es Feuerland, das Kap der Guten Hoffnung, Finisterre oder Gibraltar. Für uns Menschen sind jene Ränder seit jeher Sehnsuchtsorte, angefüllt mit Leere und Einsamkeit. In der Realität ist man allerdings selten allein an ebendiesen Zipfeln, Küsten und Böschungen, sondern begegnet pausenlos Busladungen voller Touristen.

Der Rand der Welt in Saudi-Arabien war vor wenigen Jahren den meisten Erdbewohnern unbekannt, bis Instagram erfunden wurde. Seitdem wandern an den Wochenenden immer mehr Neugierige per GPS zum Steilhang, staunen über diese Offenbarung der Natur, lassen Drohnen am Saum entlangfliegen, und MbS sagte: »Der Geist der Saudis ist wie Tuwaiq, und nichts wird ihn bezwingen, bis das Gebirge einstürzt.«

An der Abbruchkante sind keine Zäune, keine Sicherheitsabsperrungen oder Schilder aufgestellt, die vor einem Absturz warnen. Die Natur ist noch genau so wie vor Erfindung der Zeit. Und ihr ist der Mensch einerlei. Hin und wieder hört man von jenen Unglücklichen, die mit dem Handy in der Hand sechshundert Meter in die Tiefe fielen, da, wo einst das Meer war. Und tatsächlich lassen sich Fossilien von Korallen, Muscheln oder Ammoniten finden, die hier vor 160 Millionen Jahren starben. Durch tektonische Bewegungen der arabischen Platte verschwand das Meer schließlich, und der Rand der Welt faltete sich auf. Der große Bruch. Dahinter das blanke Ende.

Ich habe eine Gruppentour gebucht. An einem Dunkin' Donuts in der Peripherie warten sechs Land Rover auf die Teilnehmer. Ich werde zu einer mittelalten Philippinerin und einem schwulen Pärchen aus Kalifornien ins Auto gesteckt. »Wir hatten echt Sorge einzureisen«, erklärt Jeff, »aber niemand hat uns behelligt. Auch in den Hotels nicht.« Ehemann Brad nickt. Der Vorsicht wegen haben sie trotzdem stets Einzelbetten gebucht. Lilibeth sitzt vorne, sie kommt aus Manila und arbeitet seit fünf Jahren als Krankenschwester in Riad. »Ich mag es hier«, sagt sie fröhlich. Ihre Kolleginnen sind nett und ihr Arbeitgeber fair. Auch das gibt es. Neben ihr am Steuer sitzt Bakr, unser saudischer Guide, der so ausschaut, als würde er gleich den Mount Everest besteigen. Er trägt ein Multifunktionstuch aus Merinowolle um den Hals und Wanderstiefel aus Leder an den Füßen. Dazu neongelbe Armstulpen sowie Schutzhandschuhe mit Knöchelprotektoren und gekürzten Fingerkuppen. Im Kofferraum liegen zwei Teleskop-Trekkingstöcke aus Superlight-Carbon. Ich trage das, was ich immer trage. Nur die Abaya habe ich mittlerweile abgelegt.

Wir fahren raus aus Riad, es gibt nicht viel zu sehen, bloß Sand und verwaiste Tankstellen, dreibeinige Hunde in der Ebene. Nach einer Stunde biegen wir scharf rechts ab, verlassen die Straße. Weiter durch ein mondgleiches Ödland, über Felsgeröll, Steinspitzen und Schottersand, durch Wasserläufe, Mulden und Gräben. Es ruckelt und rumpelt, der Untergrund wirft Falten. Lilibeth hüpft in ihrem Sitz auf und ab wie ein Flummi, Jeffs Cola schwappt aus der Dose. Die Natur um uns herum ist geizig. Sie rückt nichts heraus, nur graubraune Brocken, kaum Büsche. Staub wirbelt umher, legt sich wie Asche auf das Craquelé der Landschaft. Ein verblichener Himmel.

Nach einer weiteren Stunde aussteigen. Eine Viertelstunde lang einen Sandweg hinauflaufen, Bakr setzt die Trekkingstöcke ein, starrt ernst in eine Zukunft, die nur er zu kennen scheint. Im Arabischen bedeutet das Wort »Zukunft«, *mustaqbal*, wörtlich übersetzt: »das Akzeptierte, das Angenommene«. Aushalten, was kommt. Sich erreichen lassen. Gar berühren.

Wir feixen noch, nicht wissend, was uns an der Steilwand erwarten wird, gehen ohne Stöcke und ohne Erhabenheit. Wenn hinter der Anhöhe der Rand der Welt sein soll, wo ist ihre Mitte? Seit Pythagoras und Aristoteles wissen wir, dass die Erde rund ist. Jeder Fleck ist eine Mitte und jede Ecke ein Rand. In uns und um uns herum. Aber tatsächlich wissen wir fast nichts über die Regionen, die wir für die Ränder halten. Wir wissen nichts, solange wir die Orte und Menschen außerhalb unseres Gesichtskreises nicht wahrnehmen wollen. Solange wir unsere eigene Kultur als Mittelpunkt begreifen. Dabei liegt doch in dem Eigenen das Andere. Und in dem Anderen das Eigene.

Die Gedanken zersplittern, denn hinter dem Sandweg hört die Welt auf. Tatsächlich. Es ist ein Abbruch, der vor uns aufbricht, eine gewalttätige Weite. Wie ein Schlag aufs Herz. Scheu stehen wir da auf dieser Grenzmauer zwischen dem Einerseits und dem Andererseits und schauen hinaus in die Grenzenlosigkeit, in das Noch-nicht-Angefüllte. Werden still und fromm, ernähren uns vom Blick. Angenommen, der Bruch ist nicht das »Loch im Sein«, wie Sartre das Nichts beschrieb, sondern der Bruch ist ein Raum, der zwischen den Fragmenten liegt. Der sich füllen lässt mit neuen Bildern und Ansichten. Welche Möglichkeiten wir doch hätten.

Tief unten im Tal schlängeln sich die Linien früherer Flüsse. Adern ohne Blut, vor Jahrtausenden versiegt. Wie Nervenbahnen, die aufeinander zulaufen, sich verbinden, auseinanderstieben. Der flaue Seidenhimmel zergeht mit dem Anthrazit der Senke, verwischt das Oberhalb mit dem Unterhalb. Das Innere mit dem Äußeren. Als wenig später die uralte Sonne absäuft, hinterlässt sie keine Spuren im Raum, sie verflüssigt sich. Wie vor der Erschaffung der Natur. Es ist die Rückseite einer Landschaft, in der alles

Zeitliche abreißt. Die Risse im Asphalt kommen mir wieder in den Sinn, die Verschiebungen im Dasein. Und jener gebrochene Blick.

Am Ende des Horizonts jetzt ein Flackern. Die Lichter einer weit entfernten Stadt schimmern in die aufziehende Dunkelheit hinein. Sie waren vorher nicht zu sehen.

DANK

Ich danke allen Menschen, die mir unterwegs und daheim mit ihren Geschichten, ihrem Wissen, ihrer Expertise, ihrer Zeit, ihrer Freundschaft, ihrer Herzenswärme, ihrem Zuspruch, ihrer Kritik, ihrem Humor und ihrer Liebe zur Seite gestanden haben. Ohne sie ist nichts.

GESCHENKE VON SAUDIS AN MICH

2,5 Kilo Datteln
2 Kilo Mangos
Diverse Lebensmittel wie Suppen, Brot, Reis, Hähnchen, Joghurt, Schokolade, Kuchen, Säfte, Wasser
Etwas Oud und Kohle
61 Riyal
1 Portemonnaie
1 Gebetskette
1 Lippenstift
3 Gänseblümchen
2 kleine Körbe
1 Blumenkranz
2 Parfüms
1 kleine Tasse
1 große Tasse
1 al-Nassr-Fanschal
2 Dschalabiyas
2 goldene Armreife
2 Deko-Kamele
2 Deko-Adler
1 Deko-Lehmhäuschen
2 Armbänder aus Gummi
1 Dose saudischer Kaffee
1 kleine Kaffeekanne
2 Kühlschrankmagnete
1 Krummdolch-Schlüsselanhänger

2 kleine saudische Nationalflaggen
1 Flaggenanstecker
1 Flasche Rosenwasser
1 Flasche Rosenbodyspray
Und Dutzende Einladungen zum Kaffee, Tee, Frühstück, Mittagessen, Abendessen und Iftar.

ANMERKUNGEN

Das Buch ist radikal subjektiv und bleibt freilich nur ein Schnappschuss, da Politik und gesellschaftliche Entwicklungen insbesondere im Nahen und Mittleren Osten nicht prognostizierbar sind. Es beruht auf wahren Begebenheiten. Die Erlebnisse setzen sich aus zwei Reisen zusammen (2020 und 2023), unterbrochen durch die Coronapandemie. Jede Ähnlichkeit mit lebenden oder toten Personen sowie realen Geschehnissen ist aufgrund der politischen Sicherheitslage verändert und verfremdet worden. Nicht alles ist genau so geschehen. Ich erlaube mir literarische Freiheiten, und ich habe vieles im Dunkeln belassen.

Die Übersetzung der arabischen Orte und Termini folgt meistens den Konventionen des deutschen Sprachgebrauchs. Es gibt allerdings Ausnahmen wie zum Beispiel Eigennamen, wörtliche Rede oder bestimmte Bezeichnungen und Aussprüche.

Auf der zweiten Reise hat mich für ein paar Tage der Fotograf Lutz Jäkel begleitet, sodass ich neben meinen eigenen Aufnahmen auch einige seiner professionellen Fotos für den Bildteil und für das Cover nutzen darf. Er selbst wird auch einen Bildband zu Saudi-Arabien veröffentlichen.

Viele Informationen zu Land, Politik und Wirtschaft habe ich dem gut recherchierten Buch *Saudi-Arabien verstehen* von Dr. Martin Pabst entnommen.

Die Formulierung, dass Riad an einem »Verkehrsfluss« liegt, habe ich bei Roger Willemsen gelesen, der Ähnliches schon einmal in einem anderen Zusammenhang über eine andere Stadt geschrieben hat.

Im letzten Kapitel habe ich mich von Michael Oberts Buch *Die Ränder der Welt* inspirieren und seine Gedanken mit einfließen lassen.

Einige der Beobachtungen und Erklärungen über die Arabische Halbinsel habe ich so oder so ähnlich ebenfalls im Buch *Meine Reise ins Übermorgenland: Allein unterwegs von Jordanien bis Oman* niedergeschrieben.

QUELLENNACHWEIS DER ZITATE

Aisha Arna'ut, aus: »Das erste Stück«, in: *Die Flügel meines schweren Herzens. Lyrik arabischer Dichterinnen vom 5. Jahrhundert bis heute*, hrsg. von Khalid Al-Maaly, Zürich 2017, S. 99.

Muhammad bin Salman, »Saudi Crown Prince: The new Europe is the Middle East«, *Al Arabiya English*, 2018: www.youtube.com/watch?v=osE9xCDfuuU.

Rajaa Alsanea, aus: *Die Girls von Riad*, München/Zürich 2007. S. 13 f.

Jamal Khashoggi über Muhammad bin Salman, posthum veröffentlicht, aus: »Der Alleinherrscher«, *Der Spiegel*, 27. Oktober 2018, S. 94–95.

Rashed al-Majed, aus dem Lied »Ya Muhammad« von 2017.

Mona Karim, aus: »Zigarette aus Licht«, in: *Die Flügel meines schweren Herzens. Lyrik arabischer Dichterinnen vom 5. Jahrhundert bis heute*, hrsg. von Khalid Al-Maaly, Zürich 2017, S. 161.

Abdul Majeed Abdullah, aus dem Lied »Ya banat ar-Riyadh«, Datum unbekannt.

Muhammad bin Salman, »Saudi Crown Prince: The new Europe is the Middle East«, *Al Arabiya English*, 2018: www.youtube.com/watch?v=osE9xCDfuuU.

Rashed al-Majed aus dem Lied »All of us MBS« von 2019.

Nimah Ismail Nawwab, aus: »The Longing«, in: *The Hidden Layers. Poems*, Vista, USA, 2004, S. 5. (Auszug vom Englischen ins Deutsche übersetzt von Nadine Pungs)

Sabah al-Kharrat-Zwein, aus: »Wie die Entfernungen ausgelöscht werden«, in: *Die Flügel meines schweren Herzens. Lyrik arabischer Dichterinnen vom 5. Jahrhundert bis heute*, hrsg. von Khalid Al-Maaly, Zürich 2017, S. 105.

Nimah Ismail Nawwab, aus: »The Longing«, in: *The Unfurling. Poems*, Vista, USA, 2004, S. 2. (Auszug vom Englischen ins Deutsche übersetzt von Nadine Pungs)

Nimah Ismail Nawwab, aus: »Arabian Nights«, in: *Gathering the Tide: An Anthology of Contemporary Arabian Gulf Poetry*, hrsg. von Patty Paine, Samia Touati, Jeff Lodge, Ithaca 2011, S. 202. (Auszug vom Englischen ins Deutsche übersetzt von Nadine Pungs)

LITERATUR

Akers, Deborah S.; Bagader, Abu Bakr; Heinrichsdorff, Ava M. (Hrsg.): *Voices of Change: Short Stories of Saudi Arabian Women Writers*, Colorado 1997.

Al-Maaly, Khalid: *Die Flügel meines schweren Herzens. Lyrik arabischer Dichterinnen vom 5. Jahrhundert bis heute*, Zürich 2017.

Alsanea, Rajaa: *Die Girls von Riad*, München/Zürich 2007.

Anderson, Perry; Mourad, Suleiman: *Das Mosaik des Islam*, Berlin 2018.

Asad, Muhammad: *Die Botschaft des Koran – Übersetzung und Kommentar*, Ostfildern 2015.

Bauer, Stefan: *Der Retter von Riad: Mein Jahr in Saudi-Arabien*, Köln 2015.

Bauer, Thomas: *Die Kultur der Ambiguität. Eine andere Geschichte des Islam*, Berlin 2016.

Bauer, Thomas: *Warum es kein islamisches Mittelalter gab: Das Erbe der Antike und der Orient*, München 2020.

Fowden, Garth: *Before and After Muhammad. The First Millennium Refocused*, Princeton, Oxford 2014.

Halm, Heinz: *Der Islam. Geschichte und Gegenwart*, München 2015.

Halm, Heinz: *Die Araber: Von der vorislamischen Zeit bis zur Gegenwart*, München 2017.

Hourani, Albert: *Die Geschichte der arabischen Völker*, Frankfurt am Main 2016.

Kepel, Gilles: *Chaos: Die Krisen in Nordafrika und im Nahen Osten verstehen*, München 2019.

Koelbl, Susanne: *Zwölf Wochen in Riad: Saudi-Arabien zwischen Diktatur und Aufbruch*, München 2019.

Munif, Abd ar-Rahman: *Salzstädte*, München 2005.

Neuwirth, Angelika: *Der Koran als Text der Spätantike. Ein europäischer Zugang*, Berlin 2010.

Obert, Michael: *Die Ränder der Welt*, München 2008.

Pabst, Martin: *Saudi-Arabien verstehen: Geschichte, Religion, Gesellschaft*, Stuttgart 2022.

Pungs, Nadine: *Meine Reise ins Übermorgenland: Allein unterwegs von Jordanien bis Oman*, München 2020.

Raabe, Pauline: »Wir lassen einfach Taten sprechen«, *Zenith*, Ausgabe 02/2023, Berlin.

Riethmaier, Toni: *Inside Saudi-Arabien: Mein Leben als Deutscher in einem der verschlossensten Länder der Welt*, München 2017.

Rudolph, Ulrich: *Islamische Philosophie. Von den Anfängen bis zur Gegenwart*, München 2018.

Seidensticker, Tilman: *Islamismus. Geschichte, Vordenker, Organisationen*, München 2014.

Sons, Sebastian: *Auf Sand gebaut. Saudi-Arabien – Ein problematischer Verbündeter*, Berlin 2016.

Sons, Sebastian: *Die neuen Herrscher am Golf und ihr Streben nach globalem Einfluss*, Bonn 2023.

Steinberg, Guido: *Saudi-Arabien: Politik, Geschichte, Religion*, München 2014.

Wiedemann, Charlotte: *»Ihr wisst nichts über uns!« Meine Reisen durch einen unbekannten Islam*, Freiburg im Breisgau 2012.

Zenith: Persischer Golf, Reise zum Mittelpunkt der Erde, Ausgabe 02/2022, Berlin.

Von Wüsten, Weihrauch und Wolkenkratzern

Coverabbildungen vorbehalten

Nadine Pungs

Meine Reise ins Übermorgenland

Allein unterwegs von Jordanien bis Oman

Malik, 256 Seiten
ISBN 978-3-89029-524-4

Allein und mit Neugier im Gepäck erkundet Nadine Pungs die Arabische Halbinsel: von Jordanien über Kuwait, Bahrain, die Vereinigten Arabischen Emirate, Katar, Oman bis an die Grenze des Jemen. Sie reitet mit Beduinen durch die Wüste, übernachtet in Zelten und Wolkenkratzern, spricht mit Gastarbeitern und hat eine Audienz bei einer waschechten Prinzessin. Pungs sammelt Geschichten aus dem Orient und fügt aus ihren Begegnungen und Beobachtungen ein schillerndes Mosaik des heutigen Arabien zusammen.

MALIK

Leseproben, E-Books und mehr unter www.malik.de